万物科学

THE SCIENCE OF EVERYTHING

好奇之心，自由翱翔

[美] 斯蒂夫·米勒 / 著

高宝萍 / 译

经济科学出版社
Economic Science Press

图书在版编目（CIP）数据

万物科学 /（美）米勒著；高宝萍译. —北京：
经济科学出版社, 2012.9
（悦读文库）
ISBN 978-7-5141-2213-8

Ⅰ.①万… Ⅱ.①米… ②高… Ⅲ.①科学知识—普
及读物 Ⅳ.①Z228

中国版本图书馆CIP数据核字（2012）第175277号

策划编辑：李文彧
责任编辑：张　力
责任校对：隗立娜
责任印制：李　鹏

万物科学

[美]斯蒂夫·米勒　著

高宝萍　译

经济科学出版社出版、发行　新华书店经销

社址：北京市海淀区阜成路甲28号　邮编：100142

总编部电话：88191217　发行部电话：88191537

网址：www.esp.com.cn

电子邮件：esp@esp.com.cn

北京东海印刷有限公司印装

710×1000　16开　19.5印张　237千字

2012年9月第1版　2012年9月第1次印刷

ISBN 978-7-5141-2213-8　定价：39.80元

引 言

　　您是否对小小零件居然能组装成一部便捷的手机而感到诧异呢？您是否疑惑不解：为何庞大笨重的核磁共振仪能够清晰扫描人体的内脏器官，而又不留任何伤口呢？对于浩瀚宇宙，您是否也充满强烈的好奇心呢？我们认为我们至少了解几十亿年前宇宙的起源以及它的未来，但我们又如何去探知 140 亿年前宇宙的境况呢？

　　提到科学，时常闪现于我们脑海的不是大量的事实数据库，就是精英团队们埋头苦干的情景。但究其本质，科学远非如此简单。它是一个过程，是一个发现问题、解决问题的循序渐进的过程。科学家一旦发现问题，就会自问："我如何才能证明它是正确的呢？"一个疑问带来另一个疑问，他们就这样一步一个脚印构建出了一座庞大的知识殿堂，其涵盖的内容如此复杂丰富，绝非一个颇具规模的图书馆所能媲美。

　　科学领域出现重大突破并非常事，大众的旧有观念会因为某个人对于某一事物本质的洞察而彻底颠覆，即便如此，像牛顿发现重力原理、达尔文提出自然选择论、爱因斯坦发表相对论这样的突破则更为难得，他们对人类发展产生了深远影响。对于牛顿这样具有非凡之洞察力、在科学界独占鳌头的伟人，也曾发出这样的感慨："如果我能比别人看得更远，那就是因为我是站在巨人的肩膀上"。

一部手机系统绝不是凭借个人力量就能研制成功，它是一个逐步积累的过程。浪久以前，有些科学家就提出，无线电波可以通过某种方法来传输和检测。紧接着就有一批科学家致力于电波的调制工作，并用于声音复制方面。晶体管的发明使淂电子设备日趋微型。电路打印机技术、电池技术、计算机分类数字信号——一出现——每一个疑难问题都来自不同的学科。

本书试图呈现科学问题的背景知识。想要搞懂天空为什么是蓝的，就要了解一点儿光的知识，还要了解大气。一旦搞明白了这两者的工作原理，你的问题就迎刃而解。同时也就明白了为什么天空也会呈现出其他颜色。

如何使用这本书

全书共分为六个部分。第一部分是对科学的综述，包括对科学这一概念、研究科学的群体以及科学研究的意义的介绍。还简单介绍了推动当今科学研究的一些重大思想、理论。

第二部分到第五部分通过问答展现科学的各个领域，涉及物理学、生物学、地球与空间科学以及科学技术。实际上，各学科间的界限的划分并非如此清晰严格。在探究具体问题时，生物学、物理学、地球学、医学总是紧密交织、相互支撑的。

第六部分讨论了科学的起源和发展前景；涉及一些基本观点，基于这些观点，我们形成了对当今世界的认知框架；介绍了一些知名科学家，他们在构建了科学研究基础的众多成员中出类拔萃，以及我们得出的现有答案在未来会引领我们走向何方。附录部分提供的查询表可方便读者寻找更多科学问题的答案。

虽然标题是"Science of Everything"（《万物科学》），但本书并未涉及一切科学问题，只是泛泛而谈。每个问题的答案，都以科学研究为基础。一切问题的提出与解决都可以浓缩为两方面——细致观察和深入认知，这两点也在我个人的探索过程中尽可能得到体现。

附加

全书各部分穿插一些方框，列出附加信息，以补充相关内容。

科学箴言

引用科学家的原话，说明研究人员看待科学、生活以及身边事物的方式方法。

非常识

有时，人们的普遍认识与科学原理有差异；新的发现使原有的解释过于陈旧。在这种情况下，你会发现某些现象发生的原因和方式违背普遍认识。这里指出一些错误的概念。

定义

科学中有很多术语。这里解释一些鲜为人知的术语。

时事快报

这里列出一些与问题答案相关的有趣信息。

目录

第一部分 综观宇宙

第二部分　物理科学

第三部分   生物科学

12　生物学——医学和健康　133

第四部分　地球学和空间学

13　地质学——地底下的世界　147

第五部分 科技——付诸实践

第1部分

综观宇宙

所有科学现象的假设都源于一条规律：自然界的运行法则是放之四海而皆准。我们的生存并非受制于超自然力量的一时冲动，而是物质和能量的相互作用所致。那么，物质和能量相互作用的原因、方式何在？我们的任务就是探究其中的明法细则。

本部分讨论科学在我们的世界和生活中的作用，同时略谈几则理论——它们构成科学研究的基础，是基于观察而形成的对宇宙现象的种种解释。

什么是科学

"科学是客观事实；正如房子由石头堆砌而成，科学也是由事实累积而成的。但是，也正如一堆石头并不代表一座房子一样，一组客观事实也不能称之为科学。"

——昂利·彭加莱（1854—1912）

对于很多人来讲，科学只不过是既定课题的一组孤立的客观事实而已——它们来源于系统的观察和实验。科学让整个世界变得通俗易懂，让人们在大多数情况下可以预测身边的事情。

然而，科学并非仅仅是一些客观事实，它是观察世界的一种方法。科学方法遵循的过程是：提问、观察、解释。例如，在厨房烧饭，给一锅炖肉添加调料。如果前一次炖肉的味道有点儿淡的话，那么这一次就多加一小撮香草，炖肉就会恰到好处。再比如，农民种小麦，他们必须尝试各种各样的小麦种子，以确保特定土壤的最优化。还可以看看蹒跚学步的幼儿，他们在沙滩造房子，一遍又一遍，唯恐自己的"大工程"坍塌。这就是科学研究的实例。这些人没有研究经费、没有学术论文，但每个人都在运用科学方法。科学就是一个系统了解自然界的方法。

定义

科学家（scientist）指的是那些具有一门或多门学科高层次知识的人。定义很简单，但是大家要记住的一点是：人们至今难以忘怀的科学家以及正致力于研究的科学家，都是能够将知识付诸实践的人。

时事快报

2007年公共科学图书馆杂志《计算生物学》的在线研究表明，人类大脑的信息存储量大于500个记忆点，但不确定的是这些记忆点是存在于大脑的一个部分，还是分布在1000亿个大脑细胞（成人大脑的平均细胞数）当中。在神经科学中，科学家运用他们的大脑来研究我们的大脑，但仍然不能确定大脑的运行机制。

❓ 科学是人类的自然行为吗

如果让你觉得乏味的事情是记住左脑、右脑的行为差异的话，那么就记住这样一个事实：一些人青睐于实用性和逻辑性行为，而一些人则是倾向于创造性和纯理论性行为。顶级科学要求二者的平衡性。科学是一种自然的行为，因为人类天生就愿意探究事物的机制。

新生儿依恋父母，因此可以轻而易举地察觉出爸爸、妈妈的不同点，这使得他们不太像科学家，是吧？然而，从咿呀学语到蹒跚学步，婴幼儿都经历了反复练习，实践了通过对大脑符号不断检验、修正而获取正确结果的科学探究过程。

自盘古开天起，人们就在用科学，只是并未意识到而已。早期的猎人通过观察和实验学会了制造狩猎工具。那时，人们把一块特定的石头磨得很尖，用于杀死动物。采集食物的人们注意到在某个季节、以恰当的方法把种子埋在土壤中，它就会生根发芽。于是，农业就发展起来了。从此，人类的食物就更充足、更有营养了。

❓ 科学是有法可循的

伊拉克阿拉伯穆斯林科学家伊本海萨姆（也被称作海桑）率先奠基了现代科学方法。1021年，他在著作《光学手册》中记录了他的方法（关于这位科学家及其著作详见22章）。他的科学方法由三段论构成：大前提、小前提、结论。希腊哲学家亚里士多德在他的逻辑学著作《前分析篇》中进一步深化了这一方法，使之成为现代科学方法的基础。

英国哲学家、理论学家罗伯特·格罗斯泰斯特当时受到海桑著作的影响，在他的对亚里士多德《后分析篇》的评论中，提出科学推理应该从宇宙法则转向可预测结果的特定事物上。这一观点又影响了英国方济各会修士罗吉尔·培根，他被称为"神秘博士"（极品老师）。培根推崇反复观察、反复试验的观点，强调对所有的结果都要进行一一验证。就其本身而论，他的所有实验都标注详细步骤，任何人都可凭此再现实验并验证其结果。培根真是个天才，罗马教皇克雷芒四世特别资助他，让他就一些科学问题著书立作。

但是，直到很久以后，科学都没有正式形成一项教规。中世纪，那些在我们今天看来是科学的调查研究，只能表述为"自然哲学"。科学与哲学的成长历程迥异，科学这一概念的形成是相对近期的事。今天，众所周知，科学就是通过科学方法获取知识的一门学问。

历经哲学、推测到反复验证结果，几个世纪发展起来的科学方法归结为以下几个步骤：

1. 提出问题。
2. 研究问题。
3. 通过研究，形成假设。
4. 通过实验，验证假设。
5. 分析事实，得出结论。
6. 将结果递交大型的科学机构。
7. 验证（或驳斥）结果。

不管是要确定DNA的结构，还是要探究火星上是否存在生命，任何一个领域的科学家都要以某种形式运用上述七个步骤。当然，证明一个假设是很耗时间的。1907年，阿尔伯特·爱因斯坦预测到光在重力场会扭曲，随后在相对论中就质疑牛顿的物理学。直到1919年，天文物理学家阿瑟·爱丁顿在观测日蚀现象时才证实了爱因斯坦的假设。

定义

假设（hypothesis）这个词来源于希腊语"hypotithenai"，意思是"猜想（suppose）"。它指的是对自然界或其他领域的某一现象进行假定式的解释。假设不同于理论，因为它们的正确与否有待于用科学的方法进行证明。

科学箴言

"那些只提出好的建议的人，一只手推着别人前进；那些既给好意见，又以身作则的人，两只手推着别人前进；那些只给忠告，但反道而行之的人，一只手推着别人向前走，另一只手却把别人向后拉。"

弗朗西斯·培根（1561—1626）

？ **谁在做科学研究**

假设有一个地方，人们在那做科学研究。我敢打赌，大家想到的地方就是一个实验室，里面有很多凳子，有无数台奇奇怪怪的仪器，有穿着白大褂的科学家们在忙碌着。当然，全世界的大

非常识

过去，人们认为"Made in China"（中国制造）这个标签意味着该产品质量差。但是，到了 21 世纪，人们的观点大大改变了，科学领域中也体现出这一点。据 2008 年 3 月 www. sciencewatch.com 的调查表明，1997—2007 年，在汤姆森物理学杂志发表的科学论文中，中华人民共和国世界排名高居第八。美国再次荣登榜首，但是中国科技实力现已世界闻名。

学、医院、制造公司里，这样的实验室比比皆是，大量的科学实验也是在这里完成的。可是，科学绝非局限于这种具有典型特色的场所。

事实上，人人参与科学研究。你不必是科学家；但当你了解到一个新的观点或一种新的产品，并开始尝试的时候，实际上你就在实践科学方法的最后一步。虽然人人都能够从科学的角度来看待问题，但本书旨在从更为普遍意义的角度来阐述科学——科学家井然有序的研究成果。如题目所示，科学以某种方式与你身边的万事万物紧密相关。然而，通过理解并实践上述科学方法的基本步骤，我们就能够更透彻地分析现实生活中的各种现象了。

科学是求知研究

一般来说，科学研究是为了改善人们的生活质量。从早期的制造工具，到观测天体以及气候对庄稼的影响，科学的发展致力于解释人类昔日的神话、迷信以及推测，从而改善了人类的生活条件。

未来是学无止境的。对有文字记载的史上人类文明和现代生活中的常规教育周期进行比较，人们可能会说，作为一个种族，我们几乎还没有高中毕业。对于如何应对天气，我们是有一些想法，但很少付诸行动。我们已将人送至月球，让机器人在火星上拍照片，再接他们回地球。尽管成绩可观，但从探秘家园到涉足人类的可能居住地似乎还要历时几十年之久。

不管怎么说，人类万年来的进步瞩目可观。科学、哲学乃至宗教这三大板块曾在人类思想中是不离不弃的，但是，现如今科学却可以分为三大类：生物科学、物理科学和社会科学。生物科学探讨生命体及相互关系；物理科学研究天文、化学及一切物质；社会科学囊括了和行为相关的一切，包括心理学和社会学。

科学和技术

已被证明的理论要公布于众，这是科学最神奇的地方。随着科学的发展，技术应运而生。始于美国太空计划的消费品就是一个很好的例子。网站http://spaceplace.nasa.gov/en/kids/spinoffs2.shtml上列出了一系列产品：碟形卫星信号接收器、耳温计、烟雾报警器、滑雪靴、驾驶杆控制器等等。

近年来，科学和技术息息相关。追溯科学上的重大成就，《科学技术回顾》就可作为源头资料。它由美国劳伦斯实验室印刷，每年6期。

科学思想浅显易懂

现在，人类面临着巨大的挑战，诸如气候变化、渔业缩水等，因此迫在眉睫的是让全世界的人都能够理解科学思想。实现这一点的条件是：只有人们意识到科学并非仅为"书呆子"的研究领域，它是可以被任何人所理解、所运用的。如果搞清楚了科学方法的基本步骤，你就可以"进行科学研究"了。让我们来看看好莱坞影星海蒂·拉玛吧：她懂得了跳频技术（无线电信号频率的快速、随意变化）后，就利用无线电波来遥控鱼雷的控制系统。拉玛是在和奥地利军火商丈夫参加会议时首次接触到"跳频"这一概念，当时会上正在讨论武器的设计。拉玛的技术申请了专利，它奠基了今天的抗干扰无线电技术。

理解科学思想的关键是基础知识，各种术语都隐匿在原理当中。本书中，读者会接触到各种各样的术语，它们的定义均始于最初的概念，读者会从中领略到科学发展的渐进性。看懂了术语，就有可能理解各种原理。具备此类基础知识之后，一般来讲，就可以进行科学事实的评价了。人人都可以理解科学思想，但有时，第一步还是要做到对基础知识的掌握。正如海蒂·拉玛通过观察和实验成就了一项重要技术，很多重大发明创造都是所谓的普通人实现的，他们并不畏惧涉猎科学领域。

时事快报

量子纠缠（quantmentanglement）是一种科学现象，指的是两个或更多的物体彼此相互联系。而对于这种关联性，科学家并没有完全弄明白。这一现象还被称为"幽灵效应"，即物体之间的相互关联就是两个光子在银河系可以分离，但是每个"相对体"都知道另外一个的所作所为。20世纪80年代，法国科学家阿兰·阿佩斯（AlainAspect）通过实验证实了这一点，但还有一些漏洞，对此出现了另外的一些解释，所以，评委会还在审定中。

非常识

中世纪的炼金术士潜心研究将铅转换成金子的方式，这在今天看来似乎很可笑。不管怎么说，虽然并非用了"点金石"，但这还是可以实现的。1980年，美国物理学家格伦·西博格（GlennSeaborg）通过物理方式将少量的铅转换成了金。而在此八年前，苏联物理学家们在一次核设施实验中偶然将铅质屏蔽材料转换成了金。现在，可使用粒子加速器将铅转换成金，但是成本太高，远远大于制造金。

注意事项

要想确定你的行为是属于真正的科学范畴的话就还要进一步研究因特网——这里指的不是网络的使用，而是最早组装网络的方法。最初的网络被称为阿帕网络（ARPAnet，美国官方的电脑网络，Internet的前身），是1973年斯坦福大学毕业生文特·瑟夫联合美国国防部高级研究计划署的杰作，由瑟夫公布了研究成果。ARPAnet链接了美国几所大学和实验室的电脑网络。

直到十年后网络才类似于今天的样子。1989年，英国计算机科学家蒂姆·伯纳斯·李爵士为欧洲核子研究组织效力，将网络发展为万维网。到1996年，180个国家的2500台电脑联网，而今天，似乎全世界都联网了。我们从这里得到的启发是：科学突破源于一个人或一群人的突发奇想，但最初的思想达到成熟期却常常需要花费几十年的时间，其间历经他人的检验和完善。

准确获取科学信息

科学信息的最佳来源似乎是新闻媒体，多种途径都能证实这一点。结构严谨的研究报告传递的科学信息是可读的，但网络的可靠性却总是不尽如人意。1938年10月30日哥伦比亚广播公司播出的H·G·威尔斯的原创广播剧《宇宙的战争》就极大地误导了公众。奥逊·威尔斯在剧中以新闻简报的形式展现节目的第一部分，以致全国上下一片恐慌，因为人们都认为地球正在被火星人霸占，

虽然这是获取错误信息的极端例子，但重大科学信息的发布需要经过主题遴选、裁剪编辑，甚至以新闻的形式阐述观点，那么，关于重要事实的准确性就差强人意了。读者要批判性地阅读、倾听、浏览。大多数的新闻报道都认证研究人员和研究机构。倘若并非如此，读者最好保留一点怀疑的态度，明白某篇文章可能只是推出一个新的观点，而不是报道科学思想。

在评价科学信息时，切记科学方法的几个步骤。倘若假设都被某人彻底验证了、数据都被某人透彻分析了、公布于众的科研结果都被某人一一检测了，那么这个某人到底是谁呢？优秀的记者会进行调查研究。然而，新闻工作者都心知肚明（读者不一定了解）："如果新闻的内容充满了流血事件，那么这则新闻总是会出现在头版，引人注意。"这尤其适用于电视新闻。科学信息中渗透情感因素的话，它对媒体的吸引力就大。要想以科学的角度来看待这一信息，我们就必须摒弃情感因素，而只注重科学事实。这是优秀科学家的做法。

因特网为科学信息的交流开辟了新途径，是获取最新信息的最佳途径。附录A中列出一些网站，读者可从中获取可靠的科学信息。基于令人质疑的新闻来源，对媒体报道的疑点问题的诸多警告同样适用于网络，甚至有过之而无不及。确定网络上科学"事实"的真实性，首先要确定消息的来源以及是否遵循合理的程序，还要确定公布消息的人员的偏好。

 时事快报

很多产品的广告都标榜"经科学验证（scienti-fically proven）"，但这肯定是误导。想要给这一用语找一个标准定义，可能办不到。如果看到它出现在广告中，那你就问一句"哪一家的科学？"

虽然有科学信息的报道，但并没有系统的新闻采访学。最接近新闻采访学的就是计算机辅助报道，它起源于个人电脑的兴起，涉及数据库、数据分析，允许记者使用经科学验证的数据支撑他们的结论。

统计学如何发挥作用

1895年，英国人李奥纳多·科迪尼提出世上的谎言有三种："谎言、该死的谎言、统计学"。虽说统计学可能会让普通人目瞪口呆，而且不时会用错，但不管怎么说，它是一门科学，一门数理统计科学。收集、分析数据以及研究成果的展示都要用到统计学。事实上，统计学作为一门学科，适用于所有的科学领域。统计学可用于"示范"数据，以此考虑各种任意变化因素和不确定因素，诸如源于某一地区民意调查的人口统计学。数理统计学可用于确定某事件发生的可能性，比如小行星飞往火星的结局会怎样。因此，虽然在1895年统计学可能被认为是不靠谱的，甚至很可笑，但是在当代，它却成为一门令人信服的学科，成为科学家们的手头工具。

科学是瞬息万变的

21世纪最具新闻报道性的科学话题是全球变暖。美国前副总统艾伯特·戈尔将这一中心论坛展现在公众面前，凭借影片《难以忽视的真相》一举将奥斯卡最佳纪录片奖和诺贝尔和平奖揽入怀中。

众多优秀的科学家都在激烈地探讨全球变暖这一现象。其中有"天气频道"的奠基人，他的题为"偶联模型如何模拟今天的气候"的研究成果刊登在2008年4月的美国气象学会通报上，该文的分析使得一些权威怀疑论者确信全球变暖的真实性以及由此对人类产生的影响。美国犹他大学气象学院的汤姆斯·瑞切勒和金俊苏对20年当中全球主要气候研究中心研发的50种国内国际模型进行了比较研究，其中包括国际间气候变化委员会（IPCC）2007年的报告。在总结研究成果时，瑞车勒声明："和过去相比，我们对基于模型的气候预测更有信心了。"

与此同时，2008年4月，世界气象组织首领宣布在太平洋循环的拉尼娜现象使得洋流水温异常下降，从而导致全球气温一年内有稍许低落。

有时，科学家必须平衡相互对立的科学数据，从而形成理论，来解释观测到的所有现象。关于全球变暖的研究就是一个实例，说明我们对自然界的理解发生了变化，并且也在不断深化。仅仅一代人的时期，对由温室效应带来的全球变暖的认识已经由对观测到的现象的预测性的解释，发展成被全世界的气候专家所接受的理论。这是一个极其复杂的问题，随着数据资料的增多，我们的认识会进一步提高。

抱歉，这不是科学

"伪科学（pseudoscience）"用于描述那些声称属于科学或貌似科学的知识，但它并未按照科学的方法来演化。伪科学经常用于小商小贩的宣传中，夸大药物疗效。他们推断，如果产品听起来很有效，公众就会信服，进而购买该产品。大量的电视广告鼓吹诸如不费力、即刻减肥，不出力、练就肌肉，以及"雄性增强"等等。这些广告都间接提到医学研究，但是稍作调查就会发现此类说法毫无根据。

还有一些伪科学的例子：占星学、神造宇宙学，以及磁铁的

 定义

拉尼娜（"小女孩"）和厄尔尼诺（"小男孩"）是海洋大气现象，影响到太平洋海平面的温度，从而导致世界气候的多变。拉尼娜现象导致气温降低，气候变得干燥，而厄尔尼诺现象则恰恰相反。强劲的厄尔尼诺通常会对拉尼娜起到推进作用。

非常识

并不是因为某个观点被普遍接受，就可以说它是"经科学验证的"。2008年4月，费城宾夕法尼亚大学的丹·尼格阿努和史丹利·戈德法布博士制造了全球头条新闻：他们回顾了关于大量饮水对健康作用的每一项研究，寻求大众普遍意识中的"每天八杯水"的科学依据，但一无所获——那只是个医学神话！

医疗效果或"结构改变水"的说法。我们该如何判断什么是伪科学呢？真正的科学研究遵循科学方法，研究成果公布于众，其他人能够以此重复实验。如果事实并非如此，那么研究结果就不能称之为科学。

理论初探

"真正的科学并非推测性的；它是以假想为起点来寻根问底，但它从不会全盘接受假想，就像它们是昔日的定理一样。"

——克莱维兰德·阿比（1838—1916）

在科学上，"理论（theory）"这个词有一个特定的含义——对有实验证据的某一现象的合理解释。科学家谈到原子论，通常指的是对原子结构的描述；谈到进化论，则是指生命随时间推移的变化过程；而谈到万有引力论，指的是吸引人类驻足于地球的力的作用。所有这些理论都源于充分的观测和大量的实验结果。

人类语言中的一个单词可以有几种意思，它们之间有细微的差异。在科学范畴之外提及"理论（theory）"这个词，也许人们想到的是"猜想（conjecture）"。人们认为"理论上"讲到的某事指的是抽象意义上的。于是，谈及进化论、全球变暖论时，很多人认为这样的理论仅仅是猜想或假设。而实际上，进化、全球变暖这两个概念和原子论、引力论是同等的，是可以相提并论的理论范畴。

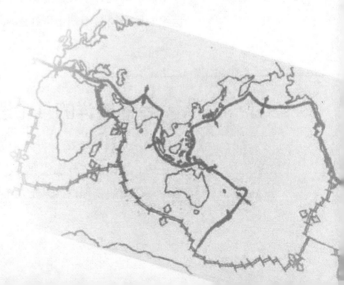

时事快报

有时，一个理论会导致一系列的预测，但是由于缺乏证据，这些猜想很难被人接受。以印度科学家苏布拉马尼扬·钱德拉塞卡的名字命名的钱德拉塞卡极限指的是由于恒星物质的挤压而坍塌形成黑洞之前，阻挡重力塌缩所能承受的最大质量。虽然在20世纪30年代就预测到钱德拉塞卡极限——以及黑洞——的存在，但是在科学领域，这一观点并没有被广泛接受，主要原因在于阿瑟·爱丁汤的反对，他在同时代的圈内有相当的影响力。爱丁顿认为可认可的理论允许黑洞的存在，但不能确信其发展变化。

什么是科学理论

科学理论通常起始于小事件——某人观察到什么之后，提出了一个问题。例如，地表板块构造论——大陆漂移机理——的提出源于一群中学生的很平常的一次观测：南美洲和非洲就像拼图游戏的几张图片，看起来是可以拼在一起的。于是，阿尔福瑞德·魏格纳提出问题了：这两个大陆是否曾经是连在一起的？他的假说——大陆板块在地球内部漂移着——是其理论的起点。众所周知，大陆板块时刻运动着，地表板块构造论解释了其中的原因。

对理论最好的检测在于它能够预测未观察到的事件。例如，阿尔伯特·爱因斯坦提出一种假设：在强大的重力场（比如太阳引力场）中，光有可能会发生弯曲。具体地讲，在日食期拍到的照片上，星星似乎有些偏离位置。爱因斯坦的相对论预测其中的原因在于星光绕过太阳的时候，由于重力作用而发生了偏移。这一假设在1919年的日食期被英国天文物理学家阿瑟·爱丁顿所证实。

关于理论，常见的误解是理论都是经过最终验证而成为事实的。实际上，科学理论无需验证，它只是用来解释观测到的事实。随着越来越多的证据的涌现，理论可以被完善，可以用来阐释新的信息，甚至可以被新的理论所取代。例如，18世纪约翰·道尔顿的原子论就不同于现在的原子论。对亚原子粒子和物质与能量的相互作用的了解提升了人们对原子性质的认识。那么，很有可能的是21世纪的原子论又不同于现在的原子论。

耳熟能详的几个理论

理论是科学方法不可分割的一部分。像原子论（描述微观物质结构）这样的一些现代理论，已经历了几个世纪的发展。而有些理论，比如超弦理论，只是几十年的观测结果而已。还有一些至今未命名的理论，也许会在现在的研究基础上形成模式。

没有人能够列出科学家们使用的所有理论。解释成百万个科学家的实验结果所用到的理论是不计其数的，而且它们也处于不断地发展、完善和被取代的过程中。原子论、万有引力定律、细胞学说（所有的生物都以细胞的形式存在）和分子运动论（描述原子和分子的运动）构成了现代科学知识的基础部分。

下面的几条理论已被命名，似乎人人皆知。这些理论也许是在近期的科学论坛中刚刚提及，但并不意味着它们就比其他理论更为重要。

进化论（生命演变）

18世纪60年代，英国道路工程师威廉姆·史密斯在英格兰南部修建隧道时发现某个岩层勘探到的化石在其他地方也可以找到。查尔斯·里尔爵士由于视力问题把专业从法学改为地质学，后来他发现了同样的情况，得出结论：地球有几百岁了。在《地质学原理》（1830—1833）的第三期上公布了他的研究结果。在英国皇家海军的"小猎犬号（双桅横帆船）"上，查尔斯·达尔文研究了里尔的发明成果，特别有感触的是关于岩石结构的描述。这些发现和讨

非常识

人们普遍认为"适者生存"出自达尔文1859年出版的《物种起源：自然选择进化论》，但事实上，最先提到它的是赫伯特·斯宾塞，他在1864年出版的著作《生物学原理》中涉及进化论观点。达尔文确实是在其后用到这一术语。生物学家提到的"适者生存"，所指仅为物种进化的自然选择过程。后来，它又被赋予社会性，具有一定的文化特色，已经跟斯宾塞、达尔文所表达的思想脱离干系。

论为后来的理论突破奠定了基础，从而导致了进化论的诞生。

达尔文同样受到托马斯·马尔萨斯的影响，尤其是马尔萨斯的著作《人口论》。马尔萨斯认为大自然酝酿了无数后代，但随着时间的推移，动植物的数量逐渐增多。由此，达尔文推断出：擅长捕食和保护自己的动物更容易生存和繁殖，这一点，他称之为"适者生存"。达尔文历经20年的潜心研究，最终著书立著之时，他提出的观点是：地球上所有的生命共有一个祖先，对环境适应能力的差异导致物种的变异。

进化论的核心思想是自然界的选择导致物种变化。每一物种的单个有机体总是会有变体，对自然界适应力最强的有机体更容易生存和繁殖，而且，下一代的有机体有可能具有适应环境的性状。

今天所讲的进化论基于以下几个主要思想：

◆ 同一物种的各个成员的形态和行为可发生变异，其中一些具有遗传性。

◆ 每一物种酝酿的后代都超过自然的承受力。

◆ 种群内的某些个体具有更适应自然界的能力。

◆ 适应力强的个体具有较强的生存和繁殖能力。

◆ 适应生存的特征会更高频率地出现在下一代身上。

◆ 这一生命延续过程给有机体创造了自然选择的机会，从而使其拥有适应自然界的特征。

◆ 基因变化能够产生趋于自然选择过程的新性状。

◆ 自然选择过程有助于新的物种的演变，使其适应在自然界中的生存。

理论并非永远不变，随着时间的推移，证据的增多，理论是可以发展、变化的。今天的进化论不同于达尔文的原始进化论，原因就在于他的著作面世之后，科学家们又收集到大量的关于物种进化的证据。发生进化的很多机制至今尚不清楚，进化论本身还包括一些关于这些机制的不同理论。进化论的反对派们抨击这些不同点，声称连生物学家都不同意进化的存在。但是，科学家对进化论的主导思想并无异议：生命是自然选择的进化过程。

全球气候变化（并非仅仅是全球变暖）

经常浏览新闻的人都很熟悉"全球变暖（global warming）"这一说法，它指的是地球大气在近几十年平均气温有所上升，而且，如果预测不出差错的话，在未来会一直升温。但是，气象学家通常更喜欢说"全球气候变化（global climate change）"，原因在于全球变暖的效应并不是单一地表现为全球各地气温的稳步上升，还会出现各种各样的问题。

随着大气温度的上升，很多自然过程都会发生变化，比如全球盛行风和洋流的改变。整个循环系统的改变会导致全球气候的迥然不同。虽然地球表面的大多数地区气温在上升，但有些地区的气温也会下降。全球气候变化效应预测还包括降雨模式的改变。一些干旱地区会遭遇大洪水，而有些地区又会面临干旱的洗劫。

绝大多数气候学家都认同这样的理论：全球气候变暖以及由此带来的气候变化的主要原因是温室效应。温室效应是指由于大气中气体的增加而导致的地球温度的上升。这些气体被称为温室气体，包括水蒸气、二氧化碳、氧化亚氮、甲烷等，它们吸收地面反射的太阳辐射，并重新发射辐射，从而使大气温度增高。

在全球变暖的报道中，人们经常遗漏的一点是温室效应是地球运行系统的必要组成部分，它是地球生命活动必不可少的条件。太阳能穿过大气，被土壤和水吸收，而大部分能量又以长波红外辐射的形式反射到大气中。如果没有温室气体，热量就会返回太空中，地球的平均温度就可能就会低于15.6℃。大气学家的担忧正如影片《难以忽视的真相》所揭示的：人类活动导致过多的二氧化碳正在不断排放到大气中。随着工业化国家（包括中国和印度）能源消耗的增加，二氧化碳的排放量会继续剧增。

极少数科学家质疑全球平均温度在上升，或质疑全球气候已发生变化。问题是全球气候变化的主要原因是人类活动吗？美国环境保护局（EPA）概括出气候变化的相关信息，公布在网页www.

时事快报

科学术语"missinglink（人猿与人类之间的过渡动物）"是指过渡化石。倘若发现了这些化石的残余物，就可以解释迄今为止尚不确定的进化过渡论了。

非常识

全球气候变化是人类面临的威胁并不仅仅是生存问题。2008年4月，新西兰国家水和大气研究院的气象学家吉姆·塞林格在惠灵顿酿造和蒸馏研究院的大会上宣布气候变化预示啤酒大麦（酿造啤酒的主要成分）产量的下降。再加上某些地区水资源的短缺，将会出现的情况是"酒吧不再出售啤酒，或啤酒价格飙升"。公众对此预言的反映未见报道。

时事快报

纵观历史，地球气候一直变化着。两个冰期之间的气候截然不同。在冰期，陆地表面到处都是冰盖，到了间冰期（两次冰期之间相对温暖的时期），冰盖就退回到两极或完全消失。极端气候的显著变化，使得人类和有机体的生存受到影响。气候学家立志确定人类活动是否滋生了气候变化，希望通过科学技术的进步来杜绝潜在的危险。事实上，气候变化能够自然发生，而这一点并未使科学家们停止研究。

epa.gov/climatechange/science/stateofknowledge.html：

◆ 人类活动正在改变地球大气的构成成分，自前工业时代起，大气中像二氧化碳这样的温室气体就在不断增加，这一点不难理解，已有大量证据可证明。

◆ 大气中的二氧化碳和其他温室气体的积聚主要是人类活动（例如，化学燃料的燃烧）所导致。

◆ 1906—2005年全球"确定"趋向变暖，温度变化范围为-17.2℃～-16.8℃。北半球、南半球都出现升温现象。

◆ 由人类活动导致产生的主要温室气体在大气中的存活时间可以是几十年，也可以是几个世纪。因此，可以确定的是大气温室气体聚合物会在今后几十年持续上升。

地球气候史上热循环和冷循环证据表明：历史上气候巨变过很多次，而且，通常变化频率又很高。今天，大多数大气学家担忧气候的再次变化，原因在于自1750年来大气中二氧化碳含量的剧增。也许存在一个"卸载点"：在这里，温室加热导致自然过程产生的二氧化碳的增加。这会形成一个恶性循环：气温升高导致温室气体的增多，而温室气体的增加又促使温度的上升，以此循环，无休无止。

不幸的是，二氧化碳浓度变化所产生的结果是一个复杂难懂的问题。地球的各种气候变化始于空气和海洋的相互作用，而这一过程又是极其复杂多变的。世界上一些容量最大、速度最快的计算机主要致力于研究气候模式，全球气候变化理论是近几年来广泛备受关注的课题之一。上文提到的美国环境保护局网站也列出了气候研究人员所面临的挑战。

◆ 进一步了解以下几点：气候自然变化因素、太阳能量的变化、土地使用的变化、污染剂的热效应和冷效应、持续变化的湿度和云量对气候的影响。

◆ 确定导致气候变化的人为因素和自然因素。

◆ 预测未来温室气体的排放量以及气候系统的小范围应对策略。

◆ 进一步了解气候变化快速、突然发生的可能性。

地表板块构造论

　　地表板块构造论虽起源于一个简单的想法，但已发展成为现代地质学的基础。该理论是德国地球物理学家阿尔弗雷德·魏格纳20世纪早期在他的大陆漂移学说（大陆板块在地球表面处于时刻运动状态）中提出来的。支撑该学说的资料主要涉及大陆的形状（看上去就像拼图图片一样粘贴在一起）、几个大陆板块完全相同的化石、不同大陆板块的山脉链（看起来像一根铁链的几节）。

　　魏格纳猜想七个大陆板块曾经是一个整体，他称之为联合古陆。这一超级大陆板块裂开后，各个部分沿海底扩张移动，形成现在的模式。地质学家一时无法接受这一猜想，因为有一个细节问题魏格纳无法解释：推动大陆板块运动的力是什么？

　　20世纪60年代，科学家发现了这一漂移过程的主体部分。研究大西洋海底的科学家发现了一种叫做"磁条"的现象：融化的岩石冷却、硬化后，含铁的矿物质就会与地球磁场相链接。科学家发现，海洋中心和波峰平行的条状岩石在磁场两级会发生变化。这表明随着时间的推移，地球磁场的方向已逆转多次，而且海底逐渐延伸开来，远离波峰。

时事快报

　　要想了解像美国太平洋这样的主要地震带的情况，可借助美国地址调查图参阅地球板块地图：http://pubs.usgs.gov/gip/vol/fig37.html.

科学箴言

"我确信科学是简单易懂的，而且最应该赋予科学这一头衔的是出炉真理的最简单的事实组合。因此，我恳请，地质学用平实的语言摆事实，以便让普通大众能够理解接受，而不仅仅是少数学者们的专利。

乔治·奥蒂斯·史密斯（1871—1944）

时事快报

1927年，德国物理学家韦纳·海森堡（Werner Heisenberg)提出不确定性原理：亚原子粒子（比如电子）的运动是不能被准确测量的，因为不能同时确定其运动速度和位置。海森堡说："运动的位置测量得越准确，在这一瞬间测量到的动量就越不准确，反之亦然。"这一理论使得爱因斯坦受挫，他试图寻找一个统一场理论。

仰赖这次发现，科学家提出了大陆板块运动原理。根据地表板块构造理论，地壳（构成大陆和洋底）实际上一直在流体岩石顶部漂浮。被称做构造板块的地壳的各部分相碰撞，有些物质被推到地壳底层。在两个板块分离的地方，融化的物质飘向地壳表面，然后冷却、硬化，形成一层新的地壳。

地表板块构造论告诉人们为什么有些地方会经常出现地震、火山爆发。这样的地质灾害发生在两个板块的交界处，因为岩石在这里相互碰撞、相互摩擦。直接碰撞后岩石弯曲变形而形成起伏的山脉，比如印度次大陆板块与亚洲其余板块漫长持久的碰撞导致喜马拉雅山的拔地而起。

相对论：比你想象得容易理解

爱因斯坦的相对论闻名于世。该理论并非直接观察到的熟悉现象，而是基于复杂难懂的数学运算，所以对于它的知名度让人费解。但是，倘若坚信数学是用来支撑结论的，我们就不难理解各种概念了。

实际上，爱因斯坦的相对论由两部分组成：狭义相对论和广义相对论。1905年，爱因斯坦发表论文"论动体的电动力学"，提出狭义相对论，即物体的运动是相对的，没有绝对静止状态。这一理论表述的一个主要思想是不管观察者的位置如何变化，光速始终是恒定的。这就意味着观察者的移动会让其感知到时间的流逝和空间的改变。狭义相对论的一个重要观点是质量和能量的等价性，可表示为质能公式$E=MC^2$。它为核武器、核电厂的研究奠定了基础。还有一个观点是任何事物的速度不可能超过光速。

狭义相对论适用于没有引力场存在的物体运动。它面世10年后，爱因斯坦又提出广义相对论，在此纳入引力的概念，将空间三维性和时间维度融合形成时空四维性。随着物体加速接近光速，时空矩阵弯曲，力求以固定值维持光速。重力是时间、空间的这一弯曲所导致。巨大的物体由于这种趋势而相互吸引——这种吸引力就是众所周知的万有引力。

弦理论

你也许听说过弦理论，因为它容易激起科技信息报道者的想象力。发现弦理论的物理学家们正在宇宙中寻找一种模式，它可以穿入宇宙更深层，胜过人们已知的亚原子。根据爱因斯坦的相对论，物质和能量是紧密相关的，因此理论学家提出在一个基本平面上，所有的物质和能量都会有环形振动。

设想一下，宇宙间的万事万物曾经是不断运动变化着的图案挂毯的一部分，丝线组成宇宙中的一切事物。然而，这些弦在像小提琴的弦一样的三维空间是不能发生振动的，只有多达11维度才能振动。所有弦都是一样的，正是振动区分了不同类型的粒子。换句话说，虽然我们可以看到原子、分子、电子、质子和一些亚原子，但是我们不能看到弦本身。

弦理论只不过是一个数学概念，人们不仅看不到弦，而且也不曾有实验证明它们的存在。科学家利用弦理论公式试图证明能量的相互作用，验证爱因斯坦预测的引力作用，并且将万物纳入一个统一的方法：量子力学。

弦理论在物理界并未被广泛接受。2006年，安大略省滑铁卢大学圆周理论物理研究院的奠基人李·斯莫林博士、哥伦比亚大学数学家彼得·沃特都著书立说，说明弦理论不仅未经证明，而且完全错误。直到理论学家能够运用弦理论进行预测，而这些预测又经试验证明是正确的时候，很多科学家似乎开始认可弦理论，把它看成是未检测的理论，而不是经实验证明的理论。

科学箴言

"时间、空间、引力与物质息息相关。"

阿尔伯特·爱因斯坦（1879—1955）

时事快报

广义相对论的一个结论是快速运动的物体在空间可产生波，这些引力波可从源头辐射出去，就像光波从发光体辐射一样。虽然并未探测到引力波，但物理学家已制造了探测仪，用来搜寻大密度的自旋星体的光波。这些探测仪借助几百英里长的激光束，试图检测到产生运动的波（比原子的直径还要小得多）。

混沌科学（蝴蝶效应）

　　混沌理论激发了人们的想象力，部分原因在于科学家用有趣的相似性来解释它。2004年，电影《蝴蝶效应》中零零星星地穿插混沌理论，使其名扬天下。1960年，气象学家爱德华·洛伦兹率先提出混沌科学，当时他刚开始用计算机来预测天气。"蝴蝶效应"一词出自论文《可预测性：巴西的蝴蝶轻轻扇动一下翅膀会引起得克萨斯州的龙卷风吗？》1972年，洛伦兹将该论文递交华盛顿州的美国科学进步协会。论文的主题思想很简单，即蝴蝶轻轻拍动翅膀，就可引发其生存体系（丛林）的细微变化。比如，树叶的颤动会导致其他事情的发生，甚至地球天气系统运行轨迹的大范围改变。

　　细微变化会掀起大风大浪，这样的理论似乎有些荒谬。但是在混沌理论中，人们会发现几种模式，可用来解释这一疑问。许多自然现象都有固定的模式，并非只是表面上的那种随意性。

　　洛伦兹并不是研究混沌现象的第一人。1898年，法国数学家杰克斯·阿达玛公布了他的研究成果：自由粒子作无序运动，不受恒负曲率表面的摩擦影响。数学家们一直在探索混沌理论，他们运用复杂的公式，试图将表面上的随意运动调至有序状态之中。

　　某个体系在下列情况下处于混沌状态：（a）对起始状态极为敏感，例如蝴蝶；（b）和它周边世界发生相互作用；（c）整个体系的相关点以某种复杂的方式相互联系着。大气中的小型运动能够满足这些条件。混沌理论还可用于其他形式的相互作用，范围之广，难以想象。它可以是流体的流动，也可以是庞大的金融系统的资金流动。混沌理论已经用于研究宏观现象——为什么恒星在太阳系中的位置会有所不同。

第二部分

物理科学

本部分讨论世界运作规律的核心问题。物理学家着眼于隐藏在力、运动和能量等事物背后的规律。光和声都是能量的传递形式，可以将信息从一个地方传至另一个地方。水和空气在力的作用下流动不息，虽然我们肉眼无法看见这些力，但它们却具有颠覆世界的能力。

化学家关注的是物质问题。当两种东西结合在一起的时候，它们会以某种特定的方式相互作用、相互影响。肉眼无法直接观测到这种反应，因为它们发生在微观层面上——原子层面，而原子正是构成万物的基本微粒。在世上仅有的一百多种原子中，它们相互结合、相互作用的方式是什么呢？这一问题成为化学家研究的基础课题。

物理学——
能量与运动

3

"实验室里的科学家不是一名单纯的技术人员：他还应该是个孩子——用一双好奇的眼睛捕捉大自然奥秘的孩子，那神态就像听童话故事一般着迷。"

——玛丽·居里（1867—1934）

日常生活中，我们常常会不假思索地运用运动和能量的知识，但从不认真考虑其中的细节问题。比如扔棒球时，投手往往不会在瞬间的计算中想到击中20米外目标所蕴涵的物理知识。事实上，棒球的运动是一个复杂的过程，受到棒球的大小、形状、地球引力以及空气的温度和运动等因素的影响。

物理学是借助实验手段探索世界运行基本规律的科学。由于经常运用复杂的公式来描述这些普遍规律，所以很多人认为物理是一门令人费解的学科。然而，理解物理学上的一些基本观点，例如，物体运动的基本规律及其能量来源等等，完全没有必要涉足这些公式。

❓ 离开地球之时就耗尽自身携带的大部分燃料，宇宙飞船如何才能抵达月球呢

20世纪60年代末70年代初，美国国家航空航天局的"阿波罗"计划曾10次将宇航员送至月球（尽管实际上只有6次登陆月球表面）。所有的登月任务都是由"土星5号"运载火箭来完成的，这是有史以来动力最强大的火箭。第一级火箭，即"土星5号"中最大的一部分，升空约两分钟后，耗尽其携带的燃料，自行脱落。6分钟后，第二级火箭也在耗尽其携带的大部分燃料之后脱落。也就是说，火箭在行程的最初100英里就几乎耗尽所有的燃料。那么，宇航员又是如何继续走完20万英里的遥远路途而最终抵达月球的呢？

宇航员抵达月球依靠的是惯性（inertia）——运动物体保持原有运动状态的趋势。目前普遍认知的惯性定理是艾萨克·牛顿在他的三大运动定理中提出的：即物体在不受任何外力影响的情况下，将沿同一方向持续运动下去。惯性定律可以解释这样一个日常现象：将汽车置于空档，发动机不再给力，而它还是会在平坦的停车场上滑行一段距离。汽车最终停下来的原因在于地面和空气的摩

擦。不过，宇宙飞船行进在大气层之上，不受摩擦力的影响。

不过，火箭在飞离地球之时确实受到一个力的影响——地心引力。也正是由于地心引力作用，使得棒球垂直向上运动之后，重新返回地面。"土星5号"火箭在发射过程中利用大量能量，将"阿波罗"号宇宙飞船的速度加至每秒11千米。这一速度足以使飞船在惯性作用下，超越地球引力的变化，我行我素、继续前进，不再需要任何外力的推动，仍然能够飞离地球。

在宇宙飞船的行进中，月球的引力逐渐增强，超过地心引力，于是，它开始"加速"，飞向月球。而在返程途中，火箭利用剩余的燃料，使飞船加速，从而脱离月球的引力。由于月球比地球小得多，需要的燃料自然就少得多。

宇宙飞船还可以借助引力作用，采取其他方式抵达目的地。1998年，天文学家发射"卡西尼-惠更斯"号宇宙飞船，执行土星探测任务。但它并没有直接驶向目的地，而是被发射到太阳附近。当它靠近金星之时，金星的引力使其加速，随后在靠近地球时受地心引力影响而再次加速。最终，在2000年时，"卡西尼-惠更斯"号途经巨大行星——木星的"地盘"。靠近木星之时，这个重达6吨的宇宙飞船的速度增至每小时58000千米，而后其行进方向偏转，驶向土星。用于提升火箭速度的能量恰好与影响木星绕日运行速率变化的能量大小相等。质量上的差异意味着行星运行的速度变化比飞船的小一些，因此随着"惠更斯"号的加速，木星的运行速度每10亿年减缓不到2.5厘米。

定义

惯性是物体保持其原有状态趋势的性质，即物体在不受任何外力影响的情况下，总保持匀速直线运动状态或者静止状态。

❓ 安全气囊如何保护乘客安全

车祸的发生阐释了惯性定律：即任何物体都有保持处于静止或者匀速直线运动的原有状态的趋势。设想一个画面：你行驶在马路上，车速为每小时105千米，这时，你身体的运动速度也是一样的。那么，如果紧急刹车——例如，撞到了桥墩上，会发生什么事情呢？

时事快报

"土星五号"运载火箭是有史以来动力最强大的火箭。发射"阿波罗"号的最初8分钟内所产生的能量，足以满足纽约整个城市75分钟的电力需要。

踩住刹车，身体似乎会向前倾。这很容易让人想到一个力，是它推了你一把。不过，这个力是作用在车上，并非人体上。车内的乘客会向前倾斜，原因在于没有作用力来制止其运动趋势。安全带和安全气囊正提供了这种作用力来减缓撞击力，而挡风玻璃就可以等闲处之了。

运动的物体具有动量，它是物体质量和速度的乘积。在碰撞过程中，动量是守恒的，也就是说，碰撞前物体的总动量与碰撞后的总动量是相等的。惯性作用使得汽车继续运动，桥墩继续保持静止状态。混凝土桥墩的质量要比汽车大得多，所以它的速度变化不像汽车那么剧烈。

车内的所有物体，当然也包括乘客在内，都有自身的惯性和动量。如果没有障碍物的干扰，他们会与汽车运动的速度同步，继续前进。倘若没有挡风玻璃或其他物体的碰撞力来减速的话，他们都将昂首挺胸、全速前进，这可不是一个让人"坦然的"结局。

那么，我们该如何保护自己呢？减缓撞击力的不良影响有两种途径——增大面积或是延长时间来分散受力。车上安全带的使用，就是增大身体的受力面积，从而分散撞击力。同时，它们将力转移到身体的躯干上，缓解对头部的撞击力。

安全气囊的保护更加"体贴入微"，因为它不仅增大了受力面积（人体上半身整个受力），而且延长了力的作用时间。尽管安全气囊充满气后不到一秒钟就会瘪下去，但这一时间却大大超出人体撞击到方向盘或仪表板的时间。撞击时间的延长意味着冲击力的减小。

一根足够长的杠杆真的能撬动地球吗

古希腊哲学家阿基米德曾说过，"给我一个支点和一根杠杆，我就可以撬动地球"。这是大人物在吹牛吗？还是他真的看到了杠杆的潜力？哦，或许兼而有之吧。

杠杆是一种简单机械。在某一点上施加力，通过杠杆，该力就会传递到另一点。在传递过程中，力的大小、方向会发生变化。但是，如果你想增加所施力的大小，那是要付出"代价"的：距离。设想一下这样的情况：用铁撬抬一块大石头，如果用力压铁撬会是什么结果呢？也许一端移动了一两英尺，而另一端却只将石头抬高了几英尺。

操作杠杆的关键是做功。物理学里，功的定义是作用力和相应位移的乘积。作用在杠杆上的功与传递至另一端的功是相等的。所以，如果你决定用铁撬抬石的话，就要搞清楚力和距离之间的"交易"：要想省力，就必须多移动距离；要想少移动距离，就必须多费些力。如果你曾试图作用比自身力量更大的力，那么你肯定因此而遭受了严重的损伤。你要牢记一点：不可能既省力又省距离。要想省力，就选用更长的杠杆。倘若用1.8米长的撬棍抬石头，那可就省力多了，甚至还有可能撬动更大的石头。这也正是阿基米德夸口的原因所在。那么，他能用杠杆撬动地球吗？

理论上讲，阿基米德的设想是正确的——但必须满足以下条件：足够长的杠杆、施力物体和立足平面都近在眼前，而引力作用和地球运动的影响却抛在脑后等等。让我们来勾勒一幅场景：要撬地球了，所有的条件都具备了，但什么样的杠杠才能撬动地球呢？哦，按照人类的标准，地球是相当重的——约为6×10^{24}吨。我们还是帮助一下阿基米德吧，给他安排几头大象，可以挪动6吨重的物体。再看看这个问题：将地球撬起1英寸高需要多长的杠杆呢？因为所有大象做的功与地球做的功是相等的，所以，如果杠杆短臂一端移动1英寸，我们就能够计算出长臂一端所需的力。结论是：杠杆顶端的距离约为最近的恒星和太阳系距离的50万倍。这就又出现了一个大难题。如果大象能够以光速（已知的最快速度）运动的话，将地球移动1英寸也至少需要200万年。所以，现实一点吧：奇迹不可能出现，阿基米德是不可能手持他那"神奇的"杠杆来撬动地球的。

❓ 为什么加长板能够使扳手更好用

我在一家小型化学加工厂工作的时候，当时使用的反应容器能盛1000加仑甚至更多的化学制品。这些容器的顶端有一个跟下水道供人出入的检查孔大小的开口，从这里我们倒进谷粒，然后盖上盖子，再用夹子夹紧。我们一般用3.8厘米规格的套筒扳手来固定

时事快报

物理学上说的机器就是能改变作用力大小或方向的物体。所有机器都由六个基本机械组成：杠杆、螺钉、斜面、楔子、车轮、轮轴和滑轮。

科学箴言

"自然界有这样一个基本法则：没有强制措施制止某一行为或现象之时，就必然会出现某种程度上的可能性。简单明了一点：一切皆有可能。

——保罗·狄拉克（1902—1984）

螺栓。我们当中有一位年轻力壮的工人，他可以将盖子上的螺栓拧得非常牢固，以至于其他工人使尽浑身解数，也无法拧开。打开容器的办法只有一个：给扳手上加一个7.6厘米长的铁管。那么，为什么加长后的扳手就可以拧松原本十分牢固的螺栓呢？

加长板可以增加施加在螺栓上的力矩。扳手就像是个旋转杠杆。对任何杠杆来讲，它所做的功的大小等于力和距离的乘积。随着到支点距离的增加，施加在扳手上的力也随之加大。力矩等于力和距离的乘积。我们这些使不上劲儿的人通过使用旋转杠杆就可以事半功倍。尽管如此，但请记住一点，即此消彼长：我们用的劲儿是小了，但施力的距离却加长了。

当我们的施力方向垂直与扳手时，即可达到最佳效果，原因在于力只是施加在了与扳手上的垂直部分。这与骑脚踏车是一个道理。踏板臂绕车轴旋转的方式和扳手绕螺栓旋转的方式是相同的。当踏板臂与地面平行时，你会感觉到你的踩踏是最轻松的，而此时踏板垂直于腿部。当踏板处于最低点时，就算你使尽全身力气去踩它，车子也不会前进。在踩踏过程中，通过作用力的相互交替，可以使肌肉产生的力发挥到淋漓尽致的程度。

轮轴的结合是转动杠杆的一种形式。作用在车轮外部的力引起旋转，也就是说，作用在车轴上的力可以使车轮旋转起来。在这种情况下，由于到支点的距离很短，所以力矩是很小的。

齿轮装置是轮轴结合的一种具体应用。给齿轮外部施加力就会使其绕支点转动。齿轮尺寸的增大也就意味着力矩的增大。一定量的马力可以驱动一辆大型装载卡车或一辆赛车。尽管如此，它们引擎的工作方式却是有差异的。卡车引擎产生的巨大力矩是为了使其有足够的力来装载货物，而同样大小的力施加在赛车上，所产生的力矩就小得多，因为它的力矩主要用于提升赛车速度。

❓为什么花样滑冰选手收紧胳膊时旋转得更快

一套冰上舞蹈动作中，滑冰选手在冰上开始旋转时手臂是张开的。随着收紧胳臂并举过头顶，她旋转的速度越来越快，而且不借助于外力。如果选手并未从自身肌肉获取能量的话，她提高旋转速率的"秘诀"在哪儿呢？

物体沿直线运动时，它具有的动量会使其保持持续运动状态。当物体绕某一轴线旋转时，它具有角动量，即一种保持旋转的趋势。角动量可以保持不变，除非在外力作用下产生的力矩增加或减少了动量。例如，一旦让Top（玩具名）这个玩具运动起来，它会持续旋转很长时间。渐渐地，它的旋转速度慢下来，最后"恢复平静"，这里的原因就在于摩擦力——它产生的力矩影响。选手的锋利冰鞋在剖光冰面上的摩擦力很小，所以她能持续旋转。

旋转物体的每部分都有惯性矩，它等于该点距旋转轴距离的平方与该点质量的乘积。而角动量等于惯性矩与旋转速度的乘积。旋转物体的角动量等于物体各部分角动量之和。对于像球体这种质量均匀分布在旋转轴周围的物体，角动量的计算十分简单。但是对于像人体这样形状不规则的旋转物体，质量并非均匀分布在旋转轴周围，那角动量的计算就稍显复杂。不过幸运的是，想要用角动量这个物理量，并没有必要去计算它的大小。

科学家已经发现角动量守恒定律：在没有外力作用的情况下，一个旋转物体的总角动量保持不变。到旋转轴的距离与惯性矩的平方成反比关系，所以距离减小一半，惯性矩就会减小3/4。在惯性矩减小而角动量保持不变的情况下，旋转速度必然会增加。所以，随着滑冰选手收紧手臂，她旋转的速度就越来越快，从原来的每秒2圈增至每秒10圈甚至更快。

角动量守恒定律也可用于解释地球为什么会绕其自转轴旋转的原因。根据这一理论，太阳系是由大量太空中旋转的宇宙尘埃云

定义

角动量是用于衡量物体在不受外力影响下，绕轴持续旋转趋势的物理量。

时事快报

不受外力影响的旋转物体会保持旋转状态。在美国国家航空航天局的B型重力探测实验中，研究人员将每分钟真空转速为4300转的高精度陀螺仪发射到太空，该陀螺仪在不借助附加能量的情况下旋转了几十亿次。

形成的。由于引力作用，部分云结合在一起形成了密度更大的云团，同时这个云团又能吸收更多的物质，而这一簇簇的物质最终形成了太阳和行星。随着旋转物质越来越靠近，整个角动量也就恒定不变了。一团巨大的、旋转缓慢的物质遍布广阔的太空空间，形成少数具有致密物质的快速旋转球体。

回旋的过山车上，为什么乘客不会被抛出座位

坐到回旋的过山车上，工作人员要确认你是否已经系好安全带或安全棒。其实，这些设备并不能保证你不会被抛出座位，真正做到这一点的是物理学原理。

加速度是描述物体速度或方向改变快慢的物理量。当物体作环形运动时，方向在不断的变化而速度保持不变，但加速度却随之变化。使加速度指向圆心的力称为向心力。让我们来设想一下：一根细绳系着某物体，你抡起绳子，绳子拉得很紧，物体就会在绳子拉力下做圆周运动。如果你松开绳子，那物体就会飞出去。整个过程中，你也会感到绳子的另一端在持续受力。

这就和坐在过山车上回旋是一个道理。由于你的方向不断变

化，加速度也在持续变化。车轨会使过山车的方向不断变化（静止的物体可以产生推力，这一现象看起来似乎有些奇怪，但是在物理学中，力是相互的。过山车对车轨施力的同时，车轨也会反之施力）。结果就是：车上的座位一直在沿同一方向对你施加力。

当你回旋到了车轨的最低处，你不会注意到有一个向上的推力；其实，这个力一直存在着，目的就是要克服重力作用，只不过你已经习惯了而已。在回旋过程中，你自身的惯性会使你一直沿圆心向外做直线运动。同时向心力又总会将你拉向圆心。在回旋到最高点时，你感觉你会继续向上飞出去，但是过山车却将你拉回，以防止这种情况发生。就算没有安全棒，你也会待在车里。

其实，在过山车通过凹底或是小山顶时，你也会受到向心力的作用。过山车经过凹底时，向上的向心力会指向圆弧的中心。同时，乘客又受到向下的重力作用。向上的力和重力的双重作用会使你感觉自身更重。经过小山顶时，作用在过山车上的向心力指向圆弧的中心，也就是说，在你身下将车拉回。尽管如此，由于你处于车的上方而力是向下的，所以车子此时对你并没有支撑力。你自身的惯性会使你向上运动，直到安全棒对你施加一个向下的力。这时，你就应该明白为什么安全棒是如此重要。如果这个力足够大，那你就会在某一点上感觉到失重，此时向下的重力恰好等于向上的惯性。

太空站是如何停留在轨道上的

和其他卫星（包括自然卫星——月球在内）一样，国际空间站（ISS）也沿轨道绕地球运行。它每天沿圆形路径，绕地球运行约16次。太空站是如何保持在自己的轨道上的呢？

自1998年开始组装，太空站就已经到位，并且从2000年开始一直处于轨道上。太空站位于近地轨道上，即地表以上338千米处。在组装过程中，每个部件都是由火箭动力飞船（诸如美国航天飞机、俄罗斯联盟号航天舱）送至轨道上的。一旦处于轨道上，装

非常识

在圆周运动中，我们把脱离旋转中心的力称为离心力。事实上，圆周运动中向外的力是不存在的。我们所说的离心力其实是一种惯性（使物体保持直线运动的趋势）的表现。并不存在向外的力。

定义

引力是任何两个物体间之间的吸引力。两物体间的引力与它们的质量成正比，与距离的平方成反比。

科学箴言

"具有一定高度的重量可以做功，前提是它必须从其高度下落，并且当它下落至最低点后，它的引力仍和之前相同，但却不再做功。"

—— 赫尔曼·万·赫尔姆霍兹（1821-1894）

配部件就会在无任何推动力的情况下，环绕地球持续运行。实际上，太空站一直在下落，但从未碰撞过地面。

我们知道，由于惯性的存在，只要没有外力作用，某一运动物体会沿直线持续运动下去。靠近地球的任何物体都会受到一个力的作用——地球引力。例如，抛出一个球，由于受到指向地球中心的引力的作用，它不会无限期地沿直线持续运动下去。而是几秒钟后，就会落到地面上，并在摩擦力的作用下停止运动。

处于轨道上的空间站也具有惯性，这也就使其有沿直线远离地球的运动趋势。但是，它同时又受到地球引力的作用，所以又会被拉向地球中心。由于引力与它惯性运动方向成直角，所以并不影响它向前运动的趋势。就像其他坠落物体一样，引力只是将空间站拉向地面，但沿直线运动的趋势又使其远离地球。所以，虽然太空站一直在下落，但却总能与地表保持一定的距离。地心引力是作用在卫星上的向心力，将其拉向轨道的中心位置。

倘若有某种作用力减缓太空站的前行速度的话，地心引力就会将其拉向地球。卫星轨道必须处于大气层之上。否则，大气摩擦力将会减缓卫星运行速度，导致其坠落。如果引力突然消失，太空站就会沿直线运动下去。

其实，太空站的运行轨道并非"完美无缺"，并非丝毫不受外力的影响。虽然其所处高度的大气非常稀薄，但仍有摩擦力的存在，所以，它的轨道高度每月降低1.5英里。当它濒临高度下限时，在火箭或航天飞机的牵引下又会升高几英里。

由于太空站以及其中的所有东西都是自由漂浮的，所以里面的人也是处于失重状态。这并不是说他们就不受引力的影响。在地球表面，我们的重量并非引力作用的结果。相反，它其实是地面或其他我们脚下物体的向上的支撑力。这是一个与重力方向相反的反作用力。

让我们想象一下快速下降的电梯里的情景：电梯急剧下落，重量的感觉随之减小。也就是说，你会感觉到自己似乎在漂浮。这种情况和宇航员失重的感觉是一样的。太空站以及其中的物体（包括人在内）一直处于自由漂浮状态。由于所有东西的运动方式都相同，所以，宇航员感觉不到相对于引力的反作用力。实际上，他们和周围的物体一样，都是处于自由漂浮状态。

❓ 为什么打开冰箱并不能使厨房凉爽

酷热当头之时，厨房里却有一个"冰点"——冰箱内部。如果你让冷空气从冰箱流到房间，房间里的温度会降下来吗？令人失望的是，这种"降温"方式并不能如愿以偿。

我们可以用物理学知识来解释这个问题。具体来说，热力学定律认为，能量不能凭空产生。因此，如果你使一个地方温度降低了，也就必然使另一个地方温度升高了。也就是说，如果你冷冻易腐食品的话，厨房的温度自然就会变高的。冰箱是热力泵的一种，它抽取冰箱内部的热量，转移至冰箱外部，那么，箱体外必然有地方受热。冰箱采用压缩气体的方式来实现这个过程。气体吸收热量，然后冰箱里的风扇使它冷却下来，热量就能从冰箱后面散发出去了。在冰箱运行的过程中，如果你把手放在它的后面，你会感觉到一股热气流。在冰箱冷却部分的线圈内，被冷凝的气体膨胀起来，从而使这里的空气温度比周围的要低一些。热气流从空气中进入线圈，然后气体再一次被压缩、冷却，新的一轮循环过程又开始了。

对于冰箱本身来说，热量仅仅是从一个高温地方转移到低温地方。如果要使冰箱内部的温度更低，这就需要压缩机对其做功，但功效不可能达100%。也就是说，一旦冰箱运行起来，冰箱内部的温度降低，但由于压缩机效率低，就会产生更多的热量。事实上，冰箱最大的工作效率只有40%，所以，压缩机和电机运行中总会产生新的热量。

上面的分析对于厨房能不能变凉爽有什么意义呢？打开冰箱之初，冷空气会从冰箱内流到厨房中，在一定程度中降低了厨房的平均温度。然而，冰箱的温度计会很快监测到这一现象：冰箱内部的温度升高了。那么立刻出现这样的情形：电机运作起来、压缩机运作起来，二者联合起来，开始着手降低冰箱的内部温度。但由于

非常识

　　鉴于"失重"这一概念的存在，很多人会认为太空站并不处于地球重力场范围之内。实际上，太空站所在高度的地球引力强度是其在地球表面引力强度的90%。地球对最遥远的星系都可以施加引力，只是该作用力小得不值一提。

时事快报

气体的膨胀和压缩并不是冰箱所使用的唯一过程。事实上，涉及能量变化的任何可逆过程都可以派上用场。当前，很多学者研究磁性冰箱，其理论基础就是对比磁性物质在磁场中和不在磁场中的能量变化。

冰箱门开着，热气流"自投怀抱"，使冰箱温度快速升高。最终的结果是：因为压缩机的低效率和同等热量的排出，冰箱内每降低1℃度，厨房的温度就会升高2.5℃。

？交流电和直流电的区别是什么

电流是指电荷的定向移动，而电荷是带电的微小粒子，电子的移动携带着做功的能量。人们发现有两种基本的能量形式。当你打开灯泡时，灯泡里的灯丝抑制电子的流动。灯丝里的原子相互作用，产生了这种阻力，进而能量就转化为热能和光能。电热元件的工作方式和加热器、炉灶是相同的。在电动马达中，电能通过电流和磁场的相互作用，产生运动，也就可以转化为机械能。你可能已经注意到了电子设备的铭牌上的DC（交流电）或AC（直流电）标记，那么这两种电流有什么区别呢？

直流电的电流方向不做周期性的变化。例如，当你打开手电筒时，电流是从电池的负极经过灯泡流向电池的正极，所以当电流通过灯泡时，电子失去能量，进而转化为光能释放出来。而交流电电子并不是以固定的方向流动，相反，它们在线内来回移动，以每秒60次的频率改变着方向。当交流电流经灯泡时，电子在元件内来回移动，并由于对其运动的阻抗而使其失去能量。

在人们刚开始用电的时候，这两种类型的电流常常用于传送电力。第一级电厂使用直流电。然而，在不损失电能的情况下，交流电能传送的距离比直流电更远。此外，使用变压器很容易改变直流电的电压。对于远距离的电力输送，采用高电压是十分有效的，但对于日常生活和商业工作，就有必要使用低电压来保障安全，因此从电力的产生到使用这一过程中，就要有一系列的变压器和传送系统来降低电压。

到底使用直流电还是交流电，这一点在有些用途上是无关紧要的。例如，基于电流阻力的电器照明，就能在任何一种情况下正常工作。而有些应用则需要特定的类型。电机可以在直流或者交流下工作，但如果搞错了，它就不能够正常工作。

一般情况下，低电压的应用使用直流电。电池以及太阳能只能产生直流电。大部分电子设备也需要直流电。所以，为了使这些设备能在家用交流电下工作，就需要变压器"崭露头角"。交流变压器是把交流电转化为直流电，这样就能安全地使设备运转起来或给电池充电了。

"在处理问题方面，我有着巨大的优势，由于固定的想法往往源自长期建立起来的实践知识，所以我并不会用固定的想法来控制和偏袒我的思维，而且从不受人们普遍认识的影响。"

——亨利贝塞麦（1813—1898）

时事快报

当你打开设备时，电流即刻流过线圈，但每个电子在线圈中的移动是很缓慢的。例如，在直流电中，从汽车的电池到它的前灯，每个电子推动着其前面的电子的移动速度约为每秒1毫米。在交流电中，电子不会随着电流流动，而只是沿着线圈来回移动。

物理学——
光 和 声

4

"我们已经发现了物理科学的大部分基本规律和事实，至此，这些规律体系的建立相当稳固，以至于用新发现的成果来补充的可能性都微乎其微。"

——阿尔伯特·亚伯拉罕·迈克尔逊（1852—1931）

物理学科包括对波的研究。通过观察海面、湖面或是池塘，可以知道有波的存在。当然，还有包括声和电磁辐射在内的其他形式的波，例如，光、无线电波、微波以及X射线等。当波在地下传播，引起地面上下晃动时，也就形成了地震。

波可以用数学方法来描述，而且同一公式适用于所有形式的波。但是，要想观察波的运动形式，并没有必要搞懂公式。研究波的关键是要了解它的特性，即波将能量从一处传播至另一处。电磁波可以在太空中传播能量。电磁波包括以下几种形式：（1）可见光；（2）无线电波——将图像、声音传至电视、无线电话、车载电台等；（3）X射线——用于生成身体诊断图像；（4）微波——用于做饭。这些波都带有能量，并且是相互联系的。

机械波包括声波，水波和地震波。机械波不能在太空中传播；它们必须通过诸如空气、水、大地等介质传播。机械波的能量是由介质微粒的运动传播的。如果你在一个大型足球场上看到球迷们的"人浪"，那也就明白了机械波的每个微粒是如何传播能量的了。

定义

波长是相邻的两个波峰之间的距离。红色光波的波长约为 10 亿分之 640 米，而海洋波的波长只有几米。

❓ 天空为什么是蓝色的

　　国际空间站的宇航员们从窗口看到的并不是蓝色天空下的黄色太阳，而是黑色背景衬托下的白色太阳。那么，为什么站在地球上看到的天空却是蓝色的？又为什么漂浮在蔚蓝天空中的蓬松积云是白色的（不考虑日出、日落之时）？

　　光是以不同波长传播的。可见光的波长是很短的，介于万分之一至千分之一毫米之间。可见光波谱中，红光波长最长，而紫光波长最短。太阳所产生的光包括整个波谱跨度。所有波长的可见光谱同时进入人的眼睛，我们所看到的光就会呈现白色。这就是为什么从空间站看到的太阳是白色的原因所在。太阳也能产生紫外线辐射（一种比紫色可见光波长更短的波）和红外线辐射（一种比红色可见光波长更长的波）。但是由于肉眼无法看到这两种形式的辐射，所以它不在我们讨论的范围之内。

　　光必须穿过包围地球的大气层才能抵达地面。大气层中有大量的尘埃粒子和水蒸气颗粒。日光碰到这些微粒之时，就会发生反射作用并改变方向。它在穿过大气层的过程中，不断地被反射，这也就是为什么阳光不是沿直线抵达地球的原因所在。水滴的大小比波长长，所以它能反射各个波长的光。也就是说，由于水滴反射了所有颜色的光，因此云看起来是白色的。

大气层的主要成分是氮分子和氧分子，它们比光的波长小得多。当光碰到这些分子时，并不会像碰到水滴那样被反射。不过，这一"相遇"过程中，这些分子会吸收光波能量。之后，一般只有不到一秒钟的时间，这些分子就会发出同样波长的光。尽管来自太阳的所有光都沿同一方向传播，但是，由气体分子发出的光会沿直线向各个方向散射。这种现象称为瑞利散射，它是以最先描述这种现象的英国物理学家约翰·瑞利的名字来命名的。

那么，如何用瑞利散射现象来解释天空的颜色呢？波长越短，越容易发生瑞利散射。例如，紫光、蓝光比红光、黄光更容易发生瑞利散射，原因就在于前者的波长较短。如果没有大气层，天空就会呈现黑色，和在太空站看到的一模一样。我们看到的天空之所以是蓝色的，因为经空气散射的蓝光从不同方向进入了我们的眼睛。

但是，天空为什么不是紫色的呢？毕竟，紫光的波长要比蓝光的波长短得多。我们可以从两方面解释这个问题。首先，由于太阳发出的蓝光多于紫光，所以我们看到的散射蓝光就更多。其次，人的眼睛对蓝光的敏感度会更高。这些因素"携手"使得天空看起来是蓝色的。

为什么放入水杯的汤勺看起来是弯的

将汤勺放入盛有半杯水的透明玻璃杯中。这时，不论从哪个角度看过去，总觉得汤勺在水和空气的交界面处是弯曲的。把它从水里拿出来一看，根本就没有弯曲，这是为什么呢？这种看似弯曲的现象是由于光的传播速度不同而造成的。"等一下"，你也许被搞糊涂了，"我们一直都认为光的传播速度是个恒量，难道爱因斯坦理论的基本假设出问题了？"当然不是，爱因斯坦的理论依据是：光在真空中的传播速度是恒定的，约为每秒299338千米。光在诸如空气、水、玻璃等透明介质中的传播速度和在真空中的传播速

时事快报

清晨和傍晚的时候，天空看起来是红色的。在这两个时间段，太阳光穿过大气层时抵达地球跨越的距离更长一些，从而使波长短的光在"长途跋涉"中被散射掉，所以到达人眼的光是波长较长的红光。

定义

介质的折射率是光在空气中的速度与光在该介质中的速度之比值。折射率决定了光在该介质中的入射角度和折射角度。

时事快报

钻石是具有最高折射率的一种天然材料。光在钻石中的速率仅为空气中的40%。高折射率及切削面的反射赋予了钻石闪闪发光的特点。

度是不同的，也就是说，它在介质中的传播速度要比在真空中的传播速度慢。

此外，光在介质中的传播速度取决于介质的自身特性。由于种种原因，我们通常认为光在空气中的传播速度和真空中的传播速度是一样的。但是，水中的光速却大相径庭。光在水中的速度是真空中光速的3/4。光在玻璃中的速度与玻璃材质有关，通常认为是真空中光速的2/3。

水中的汤勺看似弯曲，原因在于光在水中和空气中的传播速度有差异。我们之所以能看到汤勺，是因为它的表面反射光线，而当这些光线从水中进入空气后，它们的传播速度就发生了变化。

当平行光线在水中传播时，其中部分光线会首先抵达交界面，随后开始加速。其他光线抵达空气花费的时间要长一些，速度发生变化也相对会迟一些。所以，光的传播路线发生了弯曲，这也就使得汤勺看起来似乎弯曲了。想一想，钓鱼的时候，如果看到一条大鱼，你抛出诱饵，但你却是投到鱼的前方，原因就在于光的折射使鱼看起比它的实际位置靠前。这两种情况其实是一个道理。

光的弯曲程度取决于光从某一介质传播至另一介质时的速度变化量。我们把光从空气传播至其他透明介质时的变化角度称为该介质的折射率。

我们戴的矫正镜片就是利用了光的折射率。如果眼睛的晶状体不能在视网膜上正确成像，那么看到的物体就是模糊的。眼镜就是利用经仔细打磨过的镜片来改变光通过玻璃后的焦点。镜片的形状决定了是在眼睛前方还是后方成像，而合适的镜片会恰好在视网膜上清晰成像。

❓ 为什么远处的路面在炎热干燥的天气中看起来像湿的一样

当听到"海市蜃楼"这个词的时侯，你脑中浮现出来的是什么样的景象呢？如果你是看动漫长大的，可能会想到这样一个画面：一个口干舌燥、憔悴无力的人爬行着穿过沙漠，突然抬眼看到了一片绿洲，绿洲上不仅布满了棕榈树，而且还有一个波光粼粼的湖泊。这是否是饥渴或其他什么东西导致的幻觉呢？很多人认为海市蜃楼就是一种幻觉，一种由压力、口渴和衰竭导致的幻觉。尽管大脑会因此产生幻觉，但是海市蜃楼却是一种实际存在的光的现象，而且这种现象可以用相机拍摄下来。

烈日炎炎的日子，行驶在公路上，你时常会看到海市蜃楼。遥看远处的公路，你会看见水坑，但是，当靠近时，它们却消失了。不管你车开得多快、多远，永远都不会亲身临近那水坑。海市蜃楼的出现与汤勺弯曲的道理一样，即光的折射。随着空气温度的改变，光在空气中的传播速度也会发生细微变化。

当温度不同的大气层形成一个明显的边界时，就会出现海市蜃楼现象。如果地面上空气温度高于其上层空气，那么光就会向上折射。遥看公路前方之时出现的水坑，其实是远处蓝天和云彩折射的光而形成的。但是，大脑会认为这些景象似乎出现在眼睛看过去的一条直线上，而并不是因为光的折射。天空中的光看似正从水坑或湖面上反射出来。炎热的天气中，太阳使人行道上空的空气温度升高，就会出现这种类型的海市蜃楼。但是，在临近地面的空气温度高于其上空气层温度的情况下，也同样会出现这一奇特现象。有时，除了那些经过折射而显现的天空图像以外，你还可以看到一些物体的图像。在一个大热天，观察一下停在太阳底下的深颜色汽车，再仔细看它上面的空气，可能会看见对面店面的倒影。

还有另外一种海市蜃楼，它出现在冷空气层位于热空气层之下的时候。在这种情况下，光会向下折射，所以我们会看到远处的物体高于其位置之上的景象。当这种情况发生时，在海上，我们可以看到视野之外的船只，有时则可以看到山脉或建筑物漂浮在地面之上。

非常识

由于普遍性的描述，使得海市蜃楼看起来只是炎热沙漠的一种特有景象。实际上，在温度梯度能够折射光线的任何情况下，都会出现海市蜃楼。即使在南极洲的冰层之上也不例外。

时事快报

大气层中，光的折射和反射的共同作用可以创造美轮美奂的海市蜃楼。远处的山脉或冰山"摇身一变"，展现在人们眼前的现象就是：在茫茫的大海之上，漂浮着城堡或灯塔，这真是太奇妙了。

❓ 彩虹随着我们移动的原因是什么

　　假如在彩虹的尽头有一锅金子，那么，你肯定更愿意开车迅速抵达那里，绝不选择步行。不幸的是，不管你选用何种交通工具想和彩虹"亲密拥抱"，在你抵达之前，它都会悄然离去。

　　要想搞明白彩虹是怎样形成的，就先细想一下太阳光穿过棱镜时发生的情况吧。当光穿过空气和玻璃的边界时，会发生折射或弯曲，然后沿另一个不同的角度传播。当光离开玻璃时，它再次被折射。棱镜向我们展示了光谱的颜色，因为不同颜色的光有不同的折射率。尽管所有的光在真空中的传播速度是恒定的，但是它在介质中的速率取决于波长。而光折射的角度又受速度变化的影响，所以不同波长的光，弯曲的程度是不同的。结果就是我们熟悉的白色的自然光分离成各种不同的颜色。

　　雨是由大量的球形水滴（不是通常所描绘的泪滴状）组成的。阳光进入水滴，先折射一次，然后在水滴的背面反射，而离开水滴时再折射一次，最后射向我们的眼睛。光穿越水滴时弯曲的程度，视光的波长（即颜色）而定——每种波长（颜色）的光都有它们特定的折射角度。阳光中的红色光，折射的角度是42度，蓝色光的折射角度只有40度，所以每种颜色在天空中出现的位置都不同。若用一条假想线，连接后脑勺和太阳，那么与这条线呈42度夹角的地方，就是红色所在的位置。这些不同的位置勾勒出一个弧。既然蓝色与假想线只呈40度夹角，所以彩虹上的蓝弧总是在红色的下面。在水滴很多的情况下，例如，彩虹或用软管喷出的水雾，你所能看到的颜色取决于你与水滴的相对位置。那么，你看到的这些光线的"集合体"就是彩虹。

彩虹形成的这一原理囊括了两种意义。第一，彩虹仅仅出现在你背对太阳时，否则，没有折射光或反射光入眼。第二，无论以多快的速度接近彩虹，你永远都不会"摸"到它。彩虹是阳光射在空气的水滴里，在你视线里形成的折射光或反射光。当你接近水滴时，你观察它们的角度就发生了变化，不可能再察觉到彩虹的光线了。但是，你却仍然还可以看到穿过更远处水滴的光线，所以会感觉到随着自己的移动而造成的彩虹的后退现象。

为什么在不同的光线下物体的颜色会有所不同

你是否遇到过这种情况：在商店中看好的绘画作品，回家后却发现颜色截然不同？作品的颜色在回家的途中是不应该发生变化的，那么，这种奇怪的现象到底是为什么呢？

我们感知一个物体的颜色取决于两个因素：第一，从物体反射到眼睛的光的波长；第二，眼睛、大脑诠释这些波长的方式。有一些物体——例如，电灯泡、电视、电热元件——是发出光的。而还有一些物体，例如，墙面、叶子或这本书，都会反射其他光源的光。

当物体发出或反射的光进入眼睛时，它会与眼睛内部的细胞（眼睛里存在着四种细胞）发生相互作用。视网膜中存在着分别对红、绿、蓝的光线特别敏感的三种视锥细胞。其实，它们对不同波长的光（以红、绿、蓝三色光为中心）的敏感度都较高。

可刺激细胞的波长的重叠现象较为明显，所以两种或三种视锥细胞可以在不同程度上察觉到单一的波长。这是大脑的功能之

时事快报

倘若光线反射后并未离开水滴，而是再次被反射，那会出现什么情况呢？光线从水滴的前面反射到后面，然后再反射到前面。当这种情况发生时，光线会以更大的角度离开水滴，反射出去，你就会看到一个双重彩虹，但外层的颜色相对来说会淡一些，而且颜色的排列次序是相反的。

时事快报

动物并不需要像我们这样来观察事物。一些鸟类和鱼类有四种视锥细胞，所以它们的色觉比人类的准确。然而，跟其他夜间活动的动物一样，猫头鹰没有视锥细胞。虽然它们也有极好的视力，但遗憾的是，它们的世界里只有白色和黑色。臭虫灭虫器用紫外线灯来吸引蚊子，因为蚊子只能看到短波长的紫光和紫外线，而看不到黄光或橙光。你知道，斗牛士是怎么使用红色披肩来诱使斗牛冲撞的吗？哦，颜色只是给观众看的。其实，公牛只有两种视锥细胞，它并不能分辨出红色。

一。大脑将来自视锥细胞的综合信号转换成对特定颜色的感知，因此不论这信号是来自单一波长，还是波长的"组合体"，这些都不重要。一种特定的刺激被感知，大脑中就会出现一种特定的颜色。这就是为什么电脑显示器可以通过三种颜色的点的组合显示所有的颜色的原因所在。眼中的第四种细胞叫做视杆细胞，它不能区分颜色。在光线较暗的情况下，视锥细胞不能正常工作，视杆细胞就会发挥作用，所以我们在黑暗中只能看到白色和黑色。

那么，在不同的光照下，为什么物体的颜色看起来会有不同呢？在阳光灿烂的日子，拍摄一张树叶的照片，为什么它看起来是绿色的？当阳光照射在树叶上时，树叶中的分子会吸收太阳光的部分能量（植物生长所需能量的来源），某些波长的光会被吸收的多一些，而不能被吸收的波长的光会被反射出去。当你观察叶子时，你所看到的是叶子表面反射出来的光，所以会认为叶子是绿色的。倘若照射树叶的并非自然光，而是只产生红色波长的红色舞台灯光，那它又会是什么颜色呢？在这种情况下，树叶会将照射其表面的所有的光都"尽收囊中"。由于没有任何的光线反射或发散出去，它就会呈现黑色。

在建筑物内，人们会使用几种人造光。虽然它们产生的光通常看起来是白色的，但这些光源产生的光谱没有一种能与太阳光的分布和光波强度相匹配。而且，它们之间也有差异。例如，白炽灯（电灯泡）产生更多的红光波和黄光波，而标准的日光灯则产生更多的紫光波和蓝光波。一个物体上反射的光很大程度上取决于照射在这个物体上的光线的波长。所以，绘画作品会在不同的光照下显示不同的颜色。基于这种情况，一些出售绘画作品的商店会提供一个特定的地方，以便顾客在不同类型的光照下查看颜色。

❓ 为什么先看到闪电，后听到雷声

在雷雨天，我们看到附近小山顶的一道闪电，然而几秒钟之后才会听到"轰隆隆"的巨大雷声。哪个是先出现的——闪电还是雷声？或者它们是同时出现的？今天，尽管大多数人都知道闪电和雷是同时出现的，但是人们是只知其一、不知其二。事实上，大约2300年前，亚里士多德认为，雷声出现在空气压缩成云之时，而闪电则是由挤压出的云燃烧所致。也就是说，先有雷、后有闪电。而之所以我们先看到闪电、后听到雷声，原因在于这种情况下，我们的第一个动作是"看"。后来，很多人都知道了这个显而易见的道理。

现如今，我们知道雷和闪电几乎是同时发生的。闪电是云与云之间、云与地之间或者云体内各部位之间的强烈放电现象。闪电周围的空气会瞬间升温，高达27760℃（太阳表面温度的5倍）。闪电的极度高热使沿途空气剧烈膨胀。空气移动迅速，因此形成冲击波并发出声音，就像爆炸一样。这种冲击波穿梭于空气中，与耳朵产生共振，于是我们就听到了雷声。

那么，为什么会先看到闪电呢？光在空气中的传播速度是每秒299338千米，而声音的传播速度则慢得多。声波前进的过程是相邻空气粒子之间的"接力赛"，它们把波动形式向前传递，与此同时也传递能量。这个过程需要花费时间，所以声波的传播速度约为每秒305米，这一速度可以有所变化，它取决于温度和空气中水蒸气的数量）。基于光速和声速的区别，你可以估算一下与雷击点的距离。你在看见闪电之后可以开动秒表，听到雷声后即刻按停，将记录的秒数除以5，就得到了距离闪电点的近似值（以英里为单位）。

你可能会注意到，有时雷声像尖锐的爆裂声，而有时则是沉闷的隆隆声。这和声音抵达耳朵的时间相关。从本质上来讲，这种放电现象是沿闪电球路径瞬时发生的，而声波也同时瞬间产生。闪电距离近，声波传播距离短，听到的就是尖锐的爆裂声；如果距离远，声波从闪电球顶部传至底部所跨越的距离要远得多，可能有几英里，听到的则是隆隆声。

一般来说，在地球上每分钟会有6000次闪电（伴随着打雷）。尽管雷和闪电通常是一起出现的，但是偶尔你也会只觉察到其中的一种。雷声可以传播16千米，但是闪电产生的光传播的要远

非常识

人们普遍认为，闪电不可能两次袭击同一个地方，但并没有科学依据来证明这个观点的正确性。闪电会袭击高大建筑物的最高点，例如帝国大厦，每年都会被闪电打击几十次。如果你留意观察的话，会发现闪电有时会闪烁好几下，这些闪烁在一秒钟内会重复打击同一个点。

时事快报

　　20世纪最初的几年里，很多报道称鸭子的叫声是不会有回声的。英国索尔福德大学的研究人员用实验检测了这一说法：他们把一个叫黛西的鸭子放到议会厅中来测试声音的反射。他们得出的结论是：鸭子的叫声同其他的声音一样，确实存在着声波反射，是可以产生回声的。研究人员对原有的看法做出三种解释：（1）鸭子"嘎嘎"的回声通常太低，以至于无法检测到；（2）鸭子通常不会在声波反射表面附近出声；（3）很难捕捉到越来越弱的回声。

得多，尤其是当它反射云层中水蒸气上的光的时候，所以你会看到闪电，但并未听到雷声。还有一种情况，闪电发出的光被浓云遮掩，这时，你就只听到雷声，看不到闪电。

？回声是怎样形成的，为什么在客厅听不到回声

　　如果你去过宽阔的峡谷，四周崖壁陡峭，或是去过很大的一个空房子，四周是坚实的墙壁，例如体育馆，那么你可能就听过回声。喊叫声是重复出现的，有时还不止一次。回声是怎样形成的呢？为什么在客厅就听不到回声呢？

　　声波穿过空气就像压缩气体穿过空气一样。当这些压缩气体冲击一个平坦的物体（例如墙体）会发生什么呢？如果墙体是柔软的或可吸收的（例如，音乐厅墙壁上悬挂的挂毯或软木制品），至少可以吸收声波的部分能量。如果墙壁是光滑坚硬的（例如，峡谷中的岩石壁或体育馆内的混泥土墙壁），那么声波就有可能反射，就像光波反射镜子上的光一样。声波反射入耳，就形成回声。

　　声波反射时都会出现回声。但是，如果由声源直接发来的声和反射回来的声的时间间隔不到1/10秒的话，一般就无法区分这两种声音，那么就听不到回声。在室温下，声音在空气中的传播速度约为每小时750英里（或每秒340米），这就意味着至少是17米以外的物体发出的声音被反射，才会有回声。这就是一个大型体育馆里的情形，而不是典型的客厅（较为狭小）里的情况。

　　我们可以利用回声来测量与高山或峡谷绝壁之间的距离。响亮、尖锐地大叫一声，然后测出从声音发出到反射回来的时间间隔。已知声速为每秒340米，用时间间隔的秒数乘以340，然后再除以2，就算出了以米为单位的距离（注意：记住声音传递到墙壁，然后回声返回，这两个过程的距离必须相等）。

　　蝙蝠在黑暗中快速飞行，可以避过墙壁、街灯或是其他的物体，就是利用了回声的原理。而且，蝙蝠发出的声音频率相当高，

以至于人类无法识别。如果看蝙蝠的照片，你会发现它们的耳朵通常很大，这样就可以更好地听到回声。利用原声与回声之间的时间差，蝙蝠可以准确地判断出一个物体的位置，以便绕路而走。对于蝙蝠来说，幸运的是，它们可以识别出间隔时间低于0.1秒内的回声。

❓ 为什么赛车经过时，它的引擎声音会发生改变

在看台上或电视上观看赛车比赛，当赛车经过时，我们都可以听到引擎声音的变化。赛车接近时，引擎发出高声调的嗡嗡声。瞬间，赛车飞出你的观察点，引擎声音就会下降，仅为低频的隆隆声。为什么赛车的位置会影响引擎的声音呢？

多普勒效应是以奥地利科学家克里斯多夫·多普勒命名的。1842年，他提出了该理论：物体辐射的波长因为光源和观测者的相对运动而产生变化。持续发出声音的物体相对于观测者的位置移动时，就会出现多普勒效应。生活中可以看到很多这样的实例：飞驰而过的火车上的哨声、警察巡逻车上的警报声、飞过身边的蚊子的嗡嗡声。

想象一下在空气中某一特定波长的声波在恒定距离内的压缩，就可以想象到多普勒效应。每个进入你的耳朵里的压缩声波都

 定义

频率是测量单位时间内通过某点的波的数量，其单位是赫兹（Hz），即每秒的波数。可视光的频率范围为450万亿~750万亿赫兹，人类耳朵可分辨的声音范围为20赫兹到20000赫兹，海浪波的频率范围通常为0.05~.1赫兹。

时事快报

多普勒效应可用于医学领域。医生利用超声波来测算人体内部血液的流动速度。超声波频率要高于人类可分辨的声波的频率。声波遇到流动的血液会反射回到探测器，通过频率变化的幅度就可计算出血液流动的速度。

会导致传感器的颤动，进而向大脑发送信息，导致大脑辨认声音。短波长的声音频率较高——也就是说，声波压缩的速度较快。高频率产生高音调。如果声源接近你，每个声波的压缩的起点比前一个更靠近你，抵达耳膜的连续的声波的频率高于声源发出的声波频率，那么声音的音调就会更高。如果声源远离你，声波就会扩散，出现低频声音，音调会相对低一些。倘若声源位置不变，你快速靠近或远离它，也会出现同样的情况。

多普勒效应适用于所有的波，不仅仅局限于声波。例如，交警用雷达测量车速就是多普勒效应的一种应用。雷达系统发出恒定频率的无线电波。如果车接近探测器，反射回去的波长就会变短。雷达探测器内部的电脑通过比较反射波的频率与原有波的频率，就可以测算出车速。还有一些运用雷达的例子：跟踪飞机和轮船的移动、通过观测云层中水滴的运动来检测雷暴等。天文学家甚至利用多普勒效应来测量宇宙的膨胀。从遥远星系传来的光发生红移，因为星系之间的距离在快速增加，速度近似光速。

物理学——
流体

5

"如果地球上有魔法的话，那么，它必然存在于水中。"

——洛伦·艾斯利（1907—1977）

　　用手压向水面，会发生什么事情呢？水会从你的下压处流开，你的手指会进入原本充满水的地方。然而，如果水结冰了，就不会出现这种现象。受到切力作用就会连续变形的物体称为流体。通常，流体是液体和气体的总和。固体中的原子或分子相互紧密地结合在一起，很难分离各个颗粒。而对于气体和液体来讲，其内部的粒子就很容易分离。因此，流体与固体的物理性质截然不同。

　　区分流体和非流体材料的关键在于判断其粒子是否具有独立运动的能力。交通工程师利用流体的物理性质来分析繁忙公路上的车流量，即用流体流动的数学模型来解释车流量的起伏变化情况。

定义

流体是指在压力（无论所施加压力有多小）下持续变形的物质。虽然所有的气体和液体都是流体，但是有些流体既不是气体，也不是液体。

时事快报

雨滴降落的速度取决于水滴的重力以及水滴与其周围空气的摩擦力。最小的水滴悬挂在空中就形成了雾，最大水滴的下落速度可以达到每小时20英里，直至风的阻力将其分割开来。

雨滴的形状是什么样的

每个人都知道雨滴的形状，是不是？底部是圆形的，趋向顶部，逐渐变小，直至缩成一个点。这一说法多见于书本里、插图上、晚间的天气预报中，有时甚至出现在科技方面的教课书中，所以大家都司空见惯了。但是，很遗憾，这一陈述却是错误的。尽管水龙头滴出的水滴近似这样的形状，但那是因为它吸附在喷嘴上。实际上，自由落下的水滴则是不一样的。当然，观察、分析雨滴是相当困难的，必须仰赖高速摄像机的"援助"。

事实上，雨点并不是一个"雨滴"或其他类似的形状。虽然雨滴的形状取决于它的大小和降落速度，但其形状大致上趋近于圆形。阴天时分，仰望天空，可以看到极小的水滴的堆集。当水聚集到小团的灰尘上时，就形成了水滴。水分子相互吸引，聚集成形，这时的形状是球形的。开始，这些圆球非常小，直径约为1‰到1/20毫米。这些小的液滴四处移动，相互碰撞，很快形成一个更大的液滴。最终，这些液滴大到周围的空气无法支撑，它们便会降落到地上。

随着雨水的降落，雨滴相互持续碰撞，有时会凝聚在一起形成更大的雨滴，有时又会撞得四分五裂。雨滴的直径为1～5毫米不等。最小的雨滴在向地面降落的过程中，通常保持最初的球形。大水滴会受到空气阻力的影响。因为水滴外部水分子的相互吸引而形成表面张力，所以水滴的上部会保持圆形。但在它下降的过程中，因受空气阻力作用，底部呈扁平形，两侧微向上弯曲，进而形成凹状，有点像被放了气，再从一边向里挤压的足球。

随着雨滴的增大，凹状角度变得更大，中间位置变得越来越薄。最终，雨滴变得过于大（直径上大于4毫米），进而就分离成两个小的雨滴。

？给轮胎打气时，为什么打气筒会发热

给自行车打气时，试着快速地推拉打气筒数次。停下来，摸一摸打气筒的气筒，你会发现它居然变热了。发热的一种可能性当然是摩擦生热。但是，再来做个逆向实验看看。封死软管的末端，将手把一直往下。然后，将手把快速地上拉，你会发现打气筒的气筒是凉的。也就是说，摩擦不能解释气筒的温度变化。那么，到底是为什么呢？

气体，例如空气，不同于液体和固体，因为它们具有可压缩性——即气体可被压缩到更小的空间。气体分子彼此之间的空间很大，所以往往四处乱飞。气体温度是其运动的结果，微粒之间的碰撞可传递温度。微粒撞击到你的皮肤之时，你会觉察到空气的温度，这时它也把能量从微粒传给了你。在大热天，快速运动的分子不断撞击你的皮肤，所以传递了更多的能量。在大冷天，相比之下微粒的运动速度会降低，撞击减少，每次传递的能量也会更少。

当你压缩自行车打气筒内的空气时，肌肉的能量传递给手把，而手把又把能量传递给气筒内部的空气分子，这额外增加的能量促使分子加速运动。随着被压缩到更小的空间，它们与气筒壁的碰撞也会增加，所以更多的能量就会传递到金属壁上，从而导致发热现象。

气体的温度、压力以及体积彼此相关。气体因被压缩而导致

 定义

表面张力是液体的一种性质，促使其表面收缩。表面张力是液体粒子（原子或分子）之间相互吸引的结果。

时事快报

大型卡车的柴油发动机并不需要火花塞。在发动机内部，空气被压缩到原来体积的1/20左右，空气温度随即上升。当燃料注入时，混合物可以不借助火花塞即刻燃烧起来。

时事快报

上层空气挤压下层空气，如果其他因素都相同的话，低海拔的空气密度（密度就是物体的质量除以体积）会更大，而且温度也会更高。大峡谷底部的温度一般为25℃，高于峡谷边缘的温度，原因就在于气压的差异。

体积减小时或压力增大时，温度都会上升。压缩空气，其温度就会上升。当空气膨胀时，随着能量的转移，其温度就会降低，因为空气中微粒的运动变缓，碰撞的频率也就降低了。

正是空气的压力、体积、温度之间的关系解释了高山顶部与底部之间的温度差异问题。高山底部的空气受到上层空气的挤压，温度自然会高一些。

如果大气中大量的空气上升，进而压力下降、空气体积膨胀，气温就会低一些。如果大量的冷空气从大气层的上方下降到低层，低层空间气体受到压缩，空气分子"贴"得更紧，气温便会上升。大团空气的压力、温度、体积的变化会释放出大量的能量，从而引发暴雨甚至飓风。

为什么邮轮可以浮在水面上

大家都知道，有些东西可以浮在水面上，而有些则会沉下去。仅重几盎司的石头会沉入水底，但重达几十万吨的超级油轮却可轻松地浮在水面上。为什么钢船可以浮在水面上，而石头却不行呢？

这个问题的答案基于浮力的物理定律，即流体中的物体受到向上的推力。水是流体，所以漂在它上面的物体会把水排开。推开水的力的大小等于作用在该物体上的重力。物体——石头或油轮——会排水，直到排开的水的质量等于该物体本身的质量。浮力等于被物体排开的水的重力。

无论物体的质量是多少，只要浮力大于重力，它都会浮在水面上。也就是说，石头的密度大于水的密度，所以它会下沉，在重力作用的影响下，它会一直沉到水底。如果物体的密度小于水的密度，它也会下沉，但在其排水重量等于自身质量的时候，便会在浮力的作用下漂在水面上。

船体内部到处都是空气仓和空隙，这就可以确保船下沉到"吃水线"之前有足够的排水量。尽管钢的密度大于水，但空心的船体却导致船本身的密度要小于水的密度。然而，如果将船体内部的空间都注满水，它就会迅速下沉。看一看"海神号遇险记"吧，你就会明白当船的密度增加时，会出现什么样的"惨状"了。

密度小于水的各种材料，并不需要掏空，也可以漂浮在水面上。将一块木板或泡沫板放到盛有水的容器中，它们都会漂浮，但有所不同：木板的大部分会在水面以下，因为它的密度较大，排水量就更大。

❓ 潜水艇是如何上浮、下潜的

船会漂浮，石头会下沉——于是，出现了潜水艇。它们能够漂浮在水上或潜入到水下。那么，潜水艇是如何上浮、下潜的呢？

产生浮力的原因是：流体中的压力随深度增加而加大。跳入水池时，你就会感到耳朵受到的压力不同：潜入越深，耳膜受到的压力就越大。把物体置于水中时，水就会挤压它。挤压力随着深度的增加而加强，因此压力的合力是向上的，并与重力方向相反。在水中托住一物体时，你会发现它比在空气中要轻，这就是因为向上的合力的作用。

潜水艇在水中上升和下潜就是利用了这一原理。潜水艇是双重壳体设计，壳体之间的空间能够用来充水或空气。当沉浮仓注满空气时，浮力大于重力，潜水艇就浮在水面。当沉浮仓中注满水

定义

浮力是指物体在流体（包括液体和气体）中，上下表面所受的压力差。

科学箴言

"放入流体中的任何固体，只要其重量小于流体，就会浸入流体中，直至该物体的排水量等于它本身的重量。"

——阿基米德（公元前287—公元前212）

时事快报

潜水艇能够承受巨大的压力，这种压力来自于水的重力。当你潜入一个深游泳池时，在10英尺（3.048米）处会感到不舒服，因为这里的压力是大气压的1.3倍。在100英尺深时，潜水艇受到的压力是大气压的3倍或4倍。在300英尺深的地方，压力增加到大气压的10倍。

非常识

有些人认为，热气球的上升在于温度的上升。热量，是能量形式，而不是物质，所以不可能上升。被加热的热气球之所以会上升，是因为它的密度小于周围冷空气的密度。倘若加热一个封闭容器中的空气，因为体积保持改变，所以尽管容器内部空气的温度上升了，容器也绝不会升空。

时，尽管潜水艇的体积保持不变，但重力加大了。当向下的重力超过浮力时，潜水艇就会沉入海底。

通过调整空气和水的比例，船员可以使这两种力达到平衡点。然后，潜水艇就可以自由浮动，既不上浮也不下沉。要想返回水面，可将空气压缩进沉浮仓，将水排出，降低潜水艇的重量，直至其密度小于水的密度。

热气球和氦气球是如何升入空中的

乘气球飞行是很受欢迎的娱乐方式，在一些赛事中，常常会有上千名参赛者进行角逐。大气球下面吊的篮子里，装着丙烷燃烧器，它是如何使气球升入空中的呢？

热气球升空的原理和前面讨论的打气筒变热的道理一样，都涉及气体的压力、体积和温度之间的相互关系。燃烧器使气球底部的空气受热，从而气温上升，空气分子的运动也随之加速。空气温度的上升，导致其体积、压力同步增加。气球底部有一个开口，可大量排出空气，所以气球内部的压力与其周围空气的压力保持一致。也就是说，气球内空气体积增加，进而气球膨胀起来，直至最大点，从而迫使空气从开口处排出。

空气排出后，气球内空气质量减少，但体积保持不变，于是气球密度下降。浮力定律适用于所有的流体，不管是液体还是气体，所以气球密度的改变与水中潜水艇密度改变的效果一样。也就是说，如果排出足够的空气，气球、篮子以及篮子里坐的人的平均密度会小于周围空气的密度，那么气球会因为向上的浮力作用而上升。要想使气球下降，就打开气球顶部的封口，暖空气从顶部排出，周围大气中密度较大的冷空气就会取而代之、发挥作用。

氦气球同样是仰仗浮力悠然升空的。氦的密度比空气密度要小得多，原因在于其微粒质量要远远小于氮和氧的。1公升氦气的质量是0.179克，而1公升空气的质量是1.25克。所以，1克重的氦气球的质量要远远小于同体积的空气质量。在真空中，天平上的读数是1.179克；但在空气中，它会更轻一些。

气球上升是因为浮力大于重力。倘若有足够的氢气取代空气的话，浮力就可托起重物。想想体育赛事上的小气艇，它搭载了电视摄影组。气艇本身重量大、负载大，其中的氢气与同体积的空气之间的重力差，提供了所有的向上的合力。

倘若气球中的氢气泄漏，会出现什么状况呢？毫无疑问，大家都见过那种情形。随着氢气从气球壁或封闭口泄漏出来，气球的体积收缩，但质量变化不大（绝大部分重量来自于气球材料本身，而不是氢气）。最终结果是：气球密度逐渐增加，重力大于浮力，气球惨然落地。

重达数吨的飞机是如何"待"在空中的

氢气球和周围空气的密度之差导致气球上升。但是，飞机就完全不同了。众所周知，飞机上的金属部件、乘客以及货物的整体密度远远大于空气的密度。你有没有从8千米的高空中向下看过？有没有想过到底是什么让你停留在空中？

飞机飞行的基本原理与气球停留在空中的原理一样——浮力等于重力。最大的不同点是飞机的密度远远大于空气的密度，所以它并非依靠空气中的静压差而"悠然自得"；它的"高高在上"来自不断流动着的空气，即动压力差。根据伯努利原理可知：流体运动速度加快时，其压力会下降。

仔细观察飞机的机翼，你会发现它的形状很有特点：顶部弯曲、底部平坦。空气流过运动中的机翼时，由于弧度的存在，机翼上方的气流不得不走过更远的距离。为此，上方的空气必须移动得更快，所以压力下降。而机翼下方的压力升高，从而推动飞机向上。

大多数人并未意识到自己已经研究过伯努利原理。在行驶的车上，你是否曾把手伸出窗外？展开手掌，你会感觉到手心的压力，但是没有向上或向下的力。向上弯曲手掌，你就会感到有一个

时事快报

棒球投手利用伯努利原理抛出曲线球。球投出时会有一个很大的旋转速度，所以球的一侧的速度大于另一侧。这意味着，一侧空气的移动速度相对较快，从而产生低压力。在另一侧的空气移动较慢，产生较高的压力。球被推向低压侧，形成曲线轨迹。

时事快报

打哈欠、咀嚼或张嘴、闭嘴和吹气的动作都可以帮助耳咽管平衡压力。但是，按照医生的说法，我们不能捏住鼻子、嘴巴后，再用力呼气，因为这样会强制流体进入耳朵，损伤耳膜。

很大的提升力，向上推开你的手掌。

还有一个常见的现象可以说明伯努利原理，让我们来试验一下。准备一张纸、"一口气"。把纸放在嘴的前面，吹它上面。你可能会认为运动的空气会迫使纸向下落，但实际上你会看到完全相反的景象：纸张上方移动的空气施加的力量小于纸张下方平稳的空气，故纸张的运动方向是向上的。

拧开水管洗澡时，观察一下浴帘的变化：它会即刻向内移动。淋浴头流出的水带动空气，内部压力较低使浴帘向里移动——这是伯努利原理的又一例证。

飞机起飞和着陆时，为什么耳朵会嗡嗡地响

乘坐大型喷气客机时，你可能会在飞机起飞和着陆时，感觉耳朵嗡嗡地响。开车上山时，也会出现这样的情况。是什么原因导致耳朵感觉不舒服，嗡嗡地响呢？

这种嗡嗡声的"罪魁祸首"在于流体——流经的空气所致。大气层中的空气对低于它的一切事物都施加向下的压力，包括低层大气的气体。也就是说，向上走，空气压力减小；向下走，空气压力增大。一般来说，身体器官不会感觉到这些变化。但是，内耳则不同，它充满了空气，即气体，所以对空气压力的大小变化比较敏感。

耳朵的活动部件，尤其是耳膜，为了发挥正常功能，需要耳朵内外压力相当接近。耳咽管的小管是内外空气流动的通道。在正常情况下，气压变化是个渐进的过程，耳咽管在我们不知情的情况下发挥正常作用。

但是，飞机在大气层中迅速上升、下降时，耳咽管的小管总是不能跟上这一变化。当你上升时，空气聚集在内耳朵，推动耳膜向外，使其不能正常颤动，于是你会感觉不舒服、听力出现障碍。当耳咽管打开时，空气迅速排出，你就听到一种嗡嗡的声音，感觉耳朵内外的压力平衡了。飞机下降时，情况恰好相反。耳朵外部

的气压增加，推动耳膜向内。空气通过小管进入内耳，再次产生嗡嗡声。

流沙真的能让人陷下去吗

很多以美国西部或丛林为背景的老电影都会出现一个流沙的场景：一个人掉进流沙中，慢慢陷下去。受害者渐渐消失之时，一根藤蔓从空而降，一点一点将其拉出，死里逃生。我们的主人公出现了，故事开始了。但是，人真的会陷进流沙中吗？

也许，你认为流沙并不是流体，因为沙子本身是固体。流沙由普通的沙子构成，不过它里面有大量的水分，这就减少了颗粒间的摩擦，使它们更容易"擦肩而过"。正是颗粒的这种移动能力，使流沙具备流体的性能，类似于液体。

沙或沙土与水混合，达到饱和状态，形成一种糊状混合物时，流沙便形成了。一般来说，还需要借助某种形式的搅动，就像水从泉中流出那样。地震，这一灾难性的自然现象，是巨大的"搅拌机"，可以把湿沙变成流沙，吞噬高大的建筑物。

如果不小心掉进流沙中，不要六神无主。电影里，流沙使人们下沉。但是，在现实生活中，流沙的密度大于人体的密度。浮力的原理告诉我们：你会漂浮在流沙中。一般来说，你的下沉会止于

非常识

飞机飞到高海拔时，为了使乘客舒服，机舱一般都会加压，但是机舱内部和外部的气压之差并不足以引发最佳效果，就像经常在电影里看到的那样。窗户上的一个小裂纹或机体上的小洞会使空气逸出，但倒不会使乘客濒临死亡。但是，打开出入口是绝对禁止的，因为大大的缺口会使飞机面临坠落的风险。

时事快报

　　流沙中"快速"指的不是动作。这个词来自古老的用法——"生存"，因为流沙似乎比一般的沙更有活力。在沙层或砂砾下面，存在流动水源的任何地方都会出现流沙。一般来说，其深度只有 3 到 4 英尺。

腰部。但要从里面爬出来，会比抓住电影里出现的藤蔓复杂得多。倘若对湿沙施加压力，它就会失去水分，变成固态。垂直向上拉，就会感觉到你的脚像是陷在凝结物中。

　　专家的建议是从流沙中脱身分四步走：第一步，镇定（出自《银河系漫游指南》）。第二步，慢慢地、小心谨慎地清除增加身体重量和密度的东西。第三步，慢慢地摆动双腿，聚集更多的水分。第四步，尝试缓慢的、轻柔的游泳动作，向边缘移动。

　　"让我们期待完美飞行器的出现吧。虽然现在仅仅是朦朦胧胧地预见，但不管怎么说，未来一定会成为现实。它会让世界变得更加精彩：距离缩短了，人们飞来飞去，关系更加亲密；文明化的步伐加快了，世界上只有和谐、善良。"

　　　　　　　　　　　——奥克塔夫·陈纳（1832—1910）

化学——物质

"有一天我们会离开人世，但体内的碳却依存；它的事业并不随着人体生命的终止而结束。它会重返大地，在土壤中找到自己的位置：一株植物及时吸收，并将它再次送上植物、动物的生命循环之路。"

——雅各布·布鲁诺斯基(1908—1974)

化学家研究物质，即具有质量和体积的任何东西。我们身边的一切事物都由物质构成。但奇怪的是，一切事物也就是由100多种基本类型的物质构成，称之为元素。我们对某些元素非常熟悉，如：铁、金、氧、碳、铅、氦。而还有一些，也许对我们来讲很陌生，如：铈、铪、钇。有少数几个元素，在自然界中是不存在的，如：烟雾探测器中使用的镅，它们出自大型实验室。也许这一事实令人诧异：周围的万事万物仅由百余种基础材料构成。但你是否还记得：英语，作为一门语言，变化多端，但基本构成也不过就是26个字母而已。

每一种元素都有一个最小的颗粒存在形式，即原子。尽管原子本身是由更小的颗粒构成的，但它却是保持元素本身特性的最小单位。构成原子的基本粒子是质子、中子和电子。也许，你曾经看过一些图片，上面显示了原子的形态：电子围绕着原子核旋转。尽管这一模型并不能确切地说明原子结构，但它已十分贴近事实，具有一定的价值。

原子核中含有质子和中子，二者构成原子的绝大部分质量。电子围绕原子核持续运动，它构成原子的绝大部分体积。总之，原子核、电子组成的结构极小，令人难以想象。1000万个原子排列成一条直线，长度仅为句号的直径。即便如此，一切物质的特性却都取决于原子的相互作用（每一次的相互作用都产生一种特性）。

定义

化合物是由两种或两种以上的元素按原子比例组合在一起的物质。原子通过转移电子或共享电子的形式链接，组成新物质，其特性不同于构成原子的元素的特性。

为什么在钢铁上刷防护漆要比在铝上刷防护漆更为重要

对于制造、使用钢铁制品的人来说，生锈是一个令人头疼的问题。看一看垃圾场中废置了几十年的旧车吧：尽管车的外壳保持原状，但你却可以轻而易举地捏碎那些锈蚀的钢铁。金属物件生锈时会发生哪些变化呢？

当铁原子上的电子转移到氧原子上时，就生成了"铁锈"这种化合物。这两种元素结合的比例为：两份铁、三份氧，即形成三氧化二铁，也就是"铁锈"，它的特性完全不同与铁和氧。事实上，自然界中的铁矿石本身就是"铁锈"，这也说明了为什么铁矿中的水呈现特有的红色。

一般来说，钢铁生锈要具备三个条件——铁、氧气和水。电子在空气中转移的速度较快，但它从铁原子到氧原子的转移就没有那么高效了，而水分子在这一过程的实施中可助一臂之力。相对于气候潮湿的地区来说，汽车在西南干燥的沙漠地区"存活"时间较长，原因就在此。

油漆可以防止铁制品生锈，因为它能起到隔离作用，在铁原子和氧、水之间竖起一道"高墙"。实际上，现在汽车上刷的漆会形成硬质塑料层，紧紧粘附在金属表面上。除非表面被刮破磨损，否则氧气无法穿过这层防护漆。但只要有一丁点的"瑕疵"，便可让金属"如临大敌"。

通常，人们也给铝制品刷漆，但那是出于美观的原因，不起防护作用。这并不是说铝元素与氧气不发生化学反应。事实上，铝与氧气的反应比铁与氧气反应更为剧烈。但两者有不同之处：当铁生锈时，软化的铁氧化层会剥落，进而暴露更多的铁原子；而铝的氧化物则会在铝的表面形成致密的保护层，氧气和水是无法穿透的。

❓ 为什么雪花是六瓣状

　　仔细观察一片雪花，你会发现它有六个面或六个尖角。雪花是水分子固态下组合形成的晶体。依托云层中的微尘粒子做晶核，水蒸气的水分子在冷空气作用下围着它一层又一层地凝结，形成一颗雪晶体。雪花的形状取决于温度：接近0℃时，晶体成小平盘状；再低几度时，形成针状或铅笔状；-15℃或更冷一点时，形成大花边状。不管雪花是哪种形状，它们都会有六瓣。

　　自然界中的很多固态物质都可以形成晶体，条件是气态或液态物质冷却固化。物质的最小粒子——原子或分子——处于持续运动状态。当这些粒子降温时，它们会损失大量的能量，运动速度越来越慢。最终，它们的运动能量会降低到一个水准：此时，粒子之间的吸引力大于排斥力。这时，一个固态晶体就形成了。晶体的形状取决于导致粒子相互黏附的力。

　　水分子由两个氢原子和一个氧原子构成。氧原子和氢原子排列成一个V字形，它们通过共享电子形成一个化学键，不过，氧原子对电子的吸引力要略强于氢原子。于是，V字形的底端略带负电，而两个尖端略带正电。这些电荷的存在导致水分子相互吸引。当形成固态时，一个水分子的氧原子与另外两个水分子上的氢原子

时事快报

　　不锈钢是一种不易生锈的铁的合金。除铁以外，不锈钢通常还含有至少12%的铬和其他金属。表面的铬原子与氧气发生化学反应，形成保护层，阻止里层的原子的进一步反应。

非常识

图画中的雪花通常呈现出完全对称的六边型，人们因而认定这就是雪花的形状。其实，雪花在降落的过程中，周围的环境不断变化，雪花在大多时候会呈现出不规则的六边型。通常，摄影师要花费数小时去捕捉完美的、在一定程度上是对称的雪花。

定义

升华是指物质从固态直接变成气态（略过液态）的相变过程。

呈线性紧靠在一起。六个这样的水分子形成一串V字型时，最稳定的形态便诞生了，这就是形成六边型晶体的第一步。

随着越来越多的水分子的加入，晶体越长越大。水分子间的电荷吸引使得晶体朝六个方向均匀增长。最终，当几万亿个水分子聚集在一起时，晶体就开始从云中下落。在这一过程中，雪花能够获得或失去分子，因此它的形状也在不断变化。雪花飘来飘去，大气层中温度、湿度的差异导致其形状的变化，于是降落过程中毗邻的两片雪花形状可能会有所不同。但总的来说，都是六边形。

为什么干冰不会像普通冰一样融化

设想一下在全国各地订购船运冷冻食品的场景吧。食品被大量的冰包裹着，你收到的时候，它的温度仍然很低，但绝热性能再好，你也会同时收到"一大摊水"。一般来讲，船运冷冻食品在运输过程中使用干冰，即固态二氧化碳，而并不选用冰块。当货物到达目的地时，干冰块小了很多，但不会出现一摊冰水。

标准大气压下，二氧化碳在-78.5℃形成固态，这一温度足以使含有水分的食物冷冻固化。干冰货运的主要优势在于它可以从固态直接转变为气态，这一过程称为升华。它有时用于舞台上的烟雾制造。

倘若将干冰置于热水中，它会迅速升华，所生成的气体携带着小水珠迅速逸散，形成雾气。由于气体温度较低，且二氧化碳的比重大于空气，所以生成的雾气会穿过舞台，而不是上升。这造就了表演《麦克白》时所需的神秘气氛。干冰还可用于清理物体表面，类似于吹沙的过程。将固态的小团粒喷洒在物体表面，分解污染物和涂料。这些小团粒升华为气体，不会留下一堆堆沙子，等人来清理。

为什么二氧化碳不会像大多数物质那样转变成液态呢？事实上，它绝不逊色，能够做到这一点，只是对压力条件有要求而已。物质的三种状态——气态、液态、固态——的形成取决于温度和压力。例如，丹佛地区水的沸点要比休斯顿地区低几度，原因就在于高海拔地区气压较低。如果将压力调整到标准大气压的5倍，二氧化碳就会在常温下转变为液态。

干冰灭火器在一定压力条件下保存液态二氧化碳。当二氧化碳从灭火器中释放出来时，它会迅速膨胀、降温。二氧化碳喷雾迅速升华，形成气体，熄灭火焰。液态二氧化碳还可用于衣物的干洗。

人造钻石与天然钻石的不同点是什么

钻石是自然界中最坚硬的物质，适于制造工业用的切割工具。它"游戏"光的本领很大，对光的折射、反射能力令人瞠目，可做装饰品。但钻石稀有罕见、开采成本大，市场价格固然就昂贵。

很多钻石代用品或仿造品，例如锆立方和碳硅石，填补了低成本、貌似钻石的替代品的市场位置，但它们并不是真正的钻石。这些物质的化学结构与钻石截然不同，专家可轻而易举断定真伪，即使是普通人，有时也能识别出来。当然，它们也不能用于工业生产。

1797年，人们发现钻石是由碳元素组成的单质晶体，从此人们便寻寻觅觅、探究钻石的生产方法。地表以下161千米处，极端压力和温度挤压碳原子，使其形成一个紧密相连的网状结构。迄今为止，人们都无法在地球表面"复制"钻石生成的条件（超人拳头的帮助是个例外）。1954年，通用电气公司制造出第一颗合成钻石。这意味着科学技术的发展开始挑战大自然在钻石生产上的"垄

 时事快报

在适当的条件下，水也可以升华。标准大气压下，低于0℃）时，水会呈现固态。尽管冰在低温下不会融化，但却可以直接转化为气态，融入大气中。寒冷的日子里，窗外冰霜的消逝过程就是这个道理。在南极洲的某些地区，每年冬天，刺骨的寒风都会导致几厘米厚的冰层直接升华。

 时事快报

天然钻石是在地球深处（地表以下161千米处）、高温高压条件下形成。深火山将其带到地表。大多数天然钻石形成于10亿~33亿年前，但"彰显风采"、来到我们身边却要很长时间之后。

断地位"，同时，毫无疑问，最大钻石矿生产商戴比尔斯的利润也受到了冲击。

人工合成钻石是真正的钻石，它与天然钻石的化学结构相同。它们的面世只需几个小时，而不是几百万年，所以制造商每年能生产出100多吨合成钻石。一般来讲，合成钻石的光泽逊色于天然宝石，但它们在工业领域却举足轻重。合成钻石已经用于切割工具、外科手术工具和电子产品的生产。

❓ 自然界中含量最丰富的元素是什么

提及元素，我们就想到一些常见的氧元素、碳元素、铁元素等等。还有一些诸如金、银、铂等元素则稀罕、昂贵。在100多种元素中，哪些是自然界中含量最丰富的呢？

答案取决于你看问题的视角。如果只考虑地球表面上现存的元素的话，那么含量最丰富的是氧元素。海水的绝大部分质量都是由氧元素占据的，地壳中岩石和泥土的几乎所有矿物质也都含有大量的氧元素。下表显示了地壳中含量最丰富的八种元素（按重量计算），它们占总重量的98%。

地壳中最常见的元素

元素	质量百分比（%）
氧	46.1
硅	28.2
铝	8.23
铁	5.63
钙	4.15
钠	2.36
镁	2.33
钾	2.09

硅是含量第二丰富的元素，这一事实似乎令人吃惊。固态的电子产品的面世，才使大多数人对硅这种物质略知一二。但是，硅为人所用已经颇有历史了。玻璃——以及制造玻璃所用的沙子——

主要由二氧化硅构成。一些众所周知的元素没有出现在上表中，这可能同样令人吃惊。很多常见的化合物中，碳元素和氮元素频频出现，但它们只是我们周围物质的剩余2%中的一小部分。氢元素也"无缘"上表，这更令人吃惊，因为它确实是宇宙中含量十分丰富的一种元素，这一点很快会得到验证。如果将地球作为一个整体来看，而不是只关注地壳，那么含量最丰富的元素是铁，它是构成地球内核的主要元素。

然而，如果关注点不仅仅只有地球，而是整个宇宙的话，那么情况就大相径庭。尽管上表的八种元素构成了地壳质量的99%，但只有两种元素便组成了宇宙98%的质量，而这两种元素都未出现在表中。下表显示了宇宙中相对含量靠前的八种元素。正如你所看到的，最简单的元素——氢——是宇宙中含量最多的元素。

宇宙中含量最多的元素

元素	质量百分比（%）
氢	73.9
氦	24.0
氧	1.07
碳	0.46
氖	0.13
铁	0.11
氮	0.09
硅	0.06

现代宇宙模型很有趣的一个方面是所有的元素只构成了宇宙的4%，剩下的部分被称做"暗能量"或"暗物质"。然而，人类从未探测到二者的存在，因此对其特性一无所知。

❓ 飞机燃料是不是比汽油更危险

当起落架失灵的飞机迫降时，数十辆消防车和其他应急车在着陆终点高度警备、时刻待命。有时，熊熊火焰迅速淹没失事飞机。从根本上来讲，飞机燃料是不是一种很危险的化学物质呢？是

非常识

观看有大量追逐镜头的电影时，肯定会出现一辆车被撞毁并发生爆炸的情景。猜猜事实是怎样的——现实生活中根本不可能发生这样的事情。发生爆炸是有条件的：燃料蒸汽与空气在十分狭小的空间范围内"亲密接触"。大多数车的油箱都十分坚固，它们不会在碰撞中破裂；即使破裂了，除非有大量汽油泄漏，否则也不会发生爆炸。

不是比在剪草机上使用的汽油危害性更大呢？

尽管飞机燃料是一种可燃性化学物质，但事实上，它要比普通汽油难以燃烧、难以爆炸。大多数飞机燃料，就像汽油一样，是由原油中蒸馏提取出来的碳氢化合物构成的。这些分子是由碳原子链和碳氢原子链构成的。当碳氢化合物燃烧时，它与空气中的氧气发生化学反应，生成二氧化碳和水，并释放大量的能量。碳氢化合物中的碳原子越少，它就越容易燃烧。天然气，即甲烷分子中只含有一个碳原子，因此很容易燃烧。汽油是碳链长短不一的碳氢化合物的混合物，平均每个分子含7或8个碳原子。飞机燃料，例如煤油，每个分子中的碳原子多于汽油，因此更不易被点燃。

测量可燃性的一种方法是测量温度：燃料蒸汽与空气的混合物触及能量源，例如火花，在什么温度下它们会被点燃。汽油的燃点接近20℃，而飞机燃料的燃点是38℃。装汽油的开口容器比装飞机燃料的开口容器更加危险，因为飞机燃油上方的蒸汽在低于38℃时是不会燃烧的。然而，当飞机失事坠毁时，爆炸的危险性还是相当大的。飞机的引擎温度很高，机体与地面跑道的摩擦也会产生很多热量。这就是消防员随时待命的原因所在。

给引擎发烫的剪草机加油时要特别小心，因为汽油的燃点低。引擎的高温会迅速汽化溅起的汽油，只要温度高于20℃，它上方的蒸汽就会被点燃。在你剪草的过程中，很容易达到这一温度。汽油在生活中无处不见，所以我们容易淡忘了它的危险性。

为什么苹果切片会变成棕色

将一个苹果切成片，根据品种的不同，你看到的果肉会呈现纯白色、淡黄色或粉色。但几分钟之后，苹果切片开始变色——棕色，其原因在于苹果内的酶开始发生一系列的化学反应。这种在水果内部产生"棕变"反应的酶叫做多酚氧化酶（PPO）。当酶和氧气与苹果或其他水果组织中的苯酚相遇并发生化学反应时，苯酚就转化为另一种化合物：苯醌。这些苯醌很快与苹果中的蛋白质进行化合，生成棕颜色的化合物，这就是我们在苹果切片表面上所看到的。

如果多酚氧化酶存在于苹果内部的话，为什么在被切片之前果肉不会变成棕色呢？这个问题的主要原因在于苹果的表皮阻绝了氧气的进入。除此以外，一般来讲，多酚氧化酶与苯酚位于苹果内部的不同细胞中。当刀切破苹果时，这两种化学物质会混合在一起。事实上，有时候，即使不切开苹果，这两种物质也会"携手并进"。苹果掉在地上，冲击力会撞破表皮下面的细胞。短时间内，表皮下便会出现瘀伤。这种棕色瘀伤也是化学反应的产物，它利用了苹果细胞内的氧气。

将新鲜的的苹果切片，然后浸在水、糖或糖浆中，隔绝氧气，这样就放缓了变色速度。柠檬汁也可使苹果切片保持新鲜的颜色，因为柠檬汁和其他一些柑橘属的水果汁液中都含有抗氧化作用的化合物。这些化合物，例如维生素C，会与氧气快速反应，从而隔绝氧气，杜绝其接触苹果内部的多酚氧化酶。

很多植物或水果内部都存在多酚氧化酶，例如香蕉、蘑菇、桃子、梨等等，它们很容易变成棕色。人们还没有完全理解多酚氧化酶的作用。也许，它是植物体细胞内氧气循环过程的一部分，或者它可以保护这些植物免受害虫侵害，或二者兼有。

轻便的防弹衣是如何阻挡子弹的呢

当警察或军队遭遇交火之时，他们会穿上防弹衣——有时叫"防弹背心"。尽管构造不同，这种防弹衣也算是很久以前骑士所穿的盔甲的一种衍生物。一种由织物所做的背心如何能抵挡住子弹呢？

想一想，职业网球运动员在回击一记时速为160千米/小时的发球时，会发生什么情况呢？网球拍是细线织成的网状结构。当网球触及球拍表面时，冲击力会被分割到每一股线上。当股线弯曲的时候，力又传至整根股线上，从而转移到股线垂直相连处。

倘若撞击的所有力量都集中在一股线上，那么这股线很可能

科学箴言

"大约7年之后，有人给了我一本书，是关于元素周期表的。我第一次意识到科学理论是多么的精确，科学研究的预测能力是多么的强大。"

——辛迪妮·奥尔特曼（1939— ）

定义

抗张强度是测量材料受拉力时抵制破坏的能力的物理量。计算方法是：用材料承受的最大作用力除以横截面积。单位是磅／每平方英寸。

时事快报

已知的张力强度最大的纤维是蜘蛛丝。蜘蛛网是由蛋白质丝线织成，当遭遇外力冲击时，蛛网会弯曲但不会破裂。研究人员正在研究制造人工蜘蛛丝的方法，以便用它制造出比现行材料安全得多的防弹衣。

就会断。但是通过力的分散，网球被截住，"掉头离去"。

编制的防弹衣也是一个道理。因为子弹比网球要小得多，运动速度也就快得多，防弹衣的织网必须相当紧密。除此之外，股线必须由结实、弹性好的材料制成。现代防弹衣选用合成纤维。这种合成纤维像棉或丝绸一样轻，但张力强度却很大，几倍于同等大小的钢纤维。

防弹衣中的每根纤维弯曲的时候，它吸收了子弹冲击的能量，并将其分散开来。结果就是，一张紧密的纤维网可吸收大量能量。现代的防弹衣有20～40层紧密编织的纤维，每一层都可以吸收并分散子弹冲击的一部分能量。

防弹衣的两种功能——阻挡子弹和分散冲击力——便是它能保护人体的原因所在。穿防弹衣的人还是能感受到子弹的冲击力的，但这种力量被分散至身体的很多部位，因此中弹者不至于受伤严重。一些最新型的防弹衣在织层之间装有流体材料，受力时，流体会固态化。这就像是一种淀粉和水的混合物，持续施压时，混合物会被团成一个球状；压力消失时，就又回归液态。当流体在防弹衣内固化时，它迅速吸收飞来的子弹能量；当它重新变回液态时，又慢慢地释放出这种能量。

"开启自然科学大门的金钥匙就是研究烛光的物理现象。"

——迈克尔·法拉第（1791—1867）

化学——
微观物质

7

"物质在很大程度上可以被分割，但这是有极限的，并非可以无限制地分割下去。毫无疑问，对物质来讲，存在有终极粒子，只是它们太小了，现有的显微镜无法观测到而已。我用原子这个词来表示这一概念。"

——约翰·道尔顿(1766—1844)

　　物质的属性取决于构成它们的原子的特性。固态物质之所以呈现固态，是因为构成它们的原子之间的强大的相互作用力。热料之所以会放热，是因为原子的高速运动。一些金属物质很容易带电，是因为它们的原子很容易丢失电子。要想认识物质的每一属性，都可以从构成它的微观粒子的特性出发。

时事快报

盐并不是降低水凝点的唯一物质。事实上，任何能在水中溶解的物质都可以做到这一点。给汽车散热器中加入乙二醇时，它里面的水的凝点就降低了，从而避免了在没有添加制冷剂、散热器中的水全部凝结的情况下，发动引擎对汽车造成的伤害。

为什么在公路上撒盐可以化冰

如果你居住的地方冬季寒冷的话，你可能就见过卡车在公路上撒盐的情况。卡车经过不久之后，路上的冰就开始融化，方便了行车。那么，为什么在冰的上面撒盐会促使其融化呢？

事实上，并非是盐本身融化了冰。水分子之间的作用力导致它们相互吸引。当物质冷却时，例如水，其分子失去能量，运动速度减慢。如果分子所含的能量不足以抵挡它们之间的相互吸引力，分子就会彼此黏附在一起，形成固态。冰形成的温度是0℃，因为在这一温度下，水分子会凝结为固态晶体。然而，并非每一个水分子都紧紧相连。有些水分子中不断失去能量，凝结成冰；而有些则不断获取能量，开始融化。这一变化过程在冰的表面持续进行着。倘若凝结和融化的速度相同，那冰的大小则保持改变。

把盐洒在冰上，它会发生溶解反应，但其颗粒不会即刻嵌入冰晶体的表面。盐会阻碍冰的凝结，但它不会影响冰的融化速度。这时，融化速度大大超过凝结速度，冰块开始渐渐缩小，融化的水逐步增多。这看上去倒好像是盐导致了冰的融化。

最终，当盐水混合物的温度足够低时，它也会冻结，因此撒盐仅仅是降低了水的凝点。这是必须考虑的重要问题。在寒冷的冬夜，撒盐也没用，因为低温导致盐水也会失去能量而冻结。低于-17℃时，仅含20%盐量的溶液也会冻结。因此，当温度很低时，卡车会在路面上撒沙子或沙粒，这样虽然不能使冰融化，但毕竟可以增加路面的摩擦力。

水凝点的变化并不会随加入水中物质的不同而有所改变，而是取决于单位水中溶解的粒子量。普通的一单位盐，即氯化钠，在水中溶解时能够产生两个粒子，即离子。而氯化钙（通常也用于融冰）溶解时会产生三个离子，因此要达到相同的效果，只需要少量的氯化钙。除此之外，氯化钙对混凝土表面和植物造成的伤害较小。

❓ 为什么地毯会比瓷砖感觉温暖

凉爽的夜晚，赤脚穿过浴室，你会感觉到瓷砖与地毯的差异很大。瓷砖让人感觉很冰冷，而地毯却十分舒适温暖。但是，你知道吗？二者的温度完全相同，就像周围的空气一样。那么，为什么一个让人感觉温暖，而另一个寒冷呢？

温度计可以证明：地毯和瓷砖的温度是完全相同的。但是，我们对于冷、热的感觉，并不仅仅取决于温度。其实，热是一种从高温物体到低温物体的能量传递过程。当能量以热量的形式从你的皮肤转移到物体上时，那个物体就会使你感觉冷。

尽管皮肤和瓷砖之间的温差与皮肤和地毯之间的温差相同，但热量的传递却不尽相同，即两种物体的导热性不同。

每一个原子或分子都处于不断地运动中——来回移动或与临近的原子相碰撞。当热量"光顾"某物体时，它的温度就会升高，原子或分子运动速度加快，从而导致它们不断碰撞。而每一次撞击又都会以热的形式传递能量。内部粒子碰撞频率较高的物体，传递热量的效率较高。更多的碰撞致使导热性能更高，因为热量在物体内部快速转移。

要想搞清楚导热性在日常生活中的重要性，让我们先来想想

定义

离子是原子失去或得到电子而带上电荷形成的。如果原子得到电子，离子带负电荷；失去电子，离子带正电荷。

定义

物体的导热性是指其原子或分子通过相互碰撞转移热量的能力。内部原子链接紧密的物体，例如金属，其导热性比内部粒子相隔较远的物质要好，例如空气。

非常识

铅笔中的"铅"并不含金属铅，它其实是一种由石墨和黏土组成的混合物。石墨最初被称作铅，是因为16世纪第一批于发现石墨矿的人以为自己发现的是铅矿。石墨这个名字来源于希腊语，原意是"写"。

空气温度和水温对身体作用的差异性。在27℃的天气里，跳进一个游泳池，水温同样是27℃的。空气比水感觉要热，这是为什么呢？空气的导热性较差，只有很少的热量从皮肤转移到了空气里。而水的导热性强得多，大量的热量从皮肤转移到水里，所以在水里会感觉凉爽。

空气的低导热性是地毯感觉温暖的一个原因。地毯纤维的导热性比陶瓷瓷砖的导热性要差，但热量传递的最大阻碍是地毯绒毛内的被堵塞的空气。

钻石与石墨怎么会都是由纯碳构成的呢

大多数纯元素形态单一、特性恒定。纯金总是一种闪闪发光的黄色金属；氮气总是一种无色无味气体；氯气总是一种具有腐蚀性的绿色气体。钻石与石墨，这两种特性相差甚远的物体怎么会都是由纯碳构成的呢？

碳形态上的差异性源于碳原子在晶体和平面上的排列方式的不同。由于一个碳原子与其他碳原子能形成的化学键多达4个，所以碳原子的排列组合方式千变万化。

不同形态的碳的特性不同是因为碳原子的排列方式不同。石墨是由大而平的碳原子面构成的，在这些面上，每一个碳原子与其他原子间形成三个化学键。而平面的叠加形成了石墨。1毫米厚的石墨含有3000万层石墨层。石墨层之间的作用力弱于化学键，因此层与层之间容易滑动、分离。故石墨有润滑感，可用作优良润滑剂。

碳还有一种形态，呈现黑色粉末状，叫做灯黑，经常被用作油墨或制成厚实的固体——木炭。在原子结构上，灯黑、木炭与形成石墨的碳平面结构相似，但它是随意排列，并非叠加。

另一方面，对钻石来讲，每一个碳原子与其他四个碳原子形成化学键，格局为四面体。碳原子间的化学键作用力很强，外力不能轻易毁坏。这些化学键的强作用力使钻石成为迄今为止自然界中最坚硬的物质。

1985年，人们发现了碳的第四种形态。碳原子排列成一个类似于足球的大分子链。第一个被发现的此类分子的模型——60个碳原子组成的球体——类似于穹顶，所以该分子以设计穹顶的建筑家的名字来命名：勃克明斯特富勒。打那以后，大量这样的碳分子被相继发现，作为一个种类，它们被称作富勒烯。研究富勒烯的科学家有一个愿望：凭借该类分子不同寻常的磁性和导电性，将其他原子或分子困于其内，从而获得新的特性。

❓ 肥皂和洗涤剂是如何起作用的

孩子在外面玩了一整天，还吃了花生酱三明治，回家后，你当然要给他洗衣服。这次，尝试一下不用任何肥皂或洗涤剂。合情合理的预测是：这些衣服从洗衣机中出来时一定不会十分干净。不用肥皂去洗孩子的小脏手又会怎样呢？为什么肥皂和洗涤剂可以高效清理衣物呢？肥皂、洗涤剂又有哪些不同呢？

首先，让我们来看看灰尘为什么会黏上我们、我们的衣服以及其他一切会变脏的东西。有时，灰尘颗粒只停留在表面，一块抹布就可以擦干净。但还会有一些黏附在衣物上的东西——擦不掉、抖不掉、用清水冲不掉。这种灰尘才是真正的"斗士"，被油或润滑剂固定——紧紧地黏附在皮肤、衣服甚至硬质物体，例如盘子的表面。水滑过油或润滑剂的表面，不会起到任何清理作用。

水分子是有极性的，即它们带有极小的电荷——分子的一端带正电、另一端带负电。而由碳和氢元素构成的油分子是不含带电端的，其化学键两端的原子对于电子的吸引力是相同的。因此，当把水和油（或构成大的油分子的主要原料的润滑剂）混合在一起时，水分子会聚集在一起，而油分子会"另辟蹊径"。可以选用非极性的溶剂来去除油渍，例如涂料稀释剂、酒精、煤油等，但它们

时事快报

碳不是唯一一种能以多种形态存在的元素。两个氧原子结合在一起，形成一个分子，这就是氧气——对人类生存至关重要的物质。但三个氧原子结合在一起形成的是臭氧，这是一种有毒气体。

非常识

衣物的干洗——像它的名字那样，经常被理解为是不用任何溶剂的清洗。事实上，干洗是通过将衣物在一种能溶解油渍或润滑剂的液体溶剂中不断翻滚来清除油渍的。它之所以叫做干洗，是因为在清理过程中不需要水的参与。因为溶剂与灰尘在极性上相匹配，故不需要洗涤剂。

定义

沉淀是溶液中的两种或多种物质相互反应时生成的不可溶解的固态化合物。沉淀不会留在溶液中。

都不适用于皮肤或电子产品。

这时，肥皂就可"崭露头角"了。肥皂分子是极性与非极性的混合体，很有意思吧？肥皂分子的一端有一个化学键，通常是由钠和钾形成的，位于氧原子和金属原子之间。这个化学键极性很强，溶于水中时，即刻会形成离子。金属离子会游离出来，与水分子相互作用。与此同时，肥皂分子极性键的负电端会吸引水分子的正电端，并溶于水中。肥皂分子的另一端则由长长的碳链组成，碳链之上附着有氢原子。这听起来像是对油分子的描述——事实也确实如此。当这个长长的非极性链遭遇油分子之时，它们就会迅速彼此粘连在一起。

这种粘连的最终结果是：肥皂分子中酷似油分子的两端会"绑住"油和润滑剂。肥皂分子的极性端向四处伸展，将污渍包围在其中。这些极性端会在水中溶解，因此整个肥皂与污渍包裹而成的小球便会随着（现在看上去很脏的）水离开纤维表面或你的皮肤。

肥皂是通过将动植物脂肪与碱（如碱水）发生反应而制成的。洗涤剂与肥皂的相似之处在于它们一端是长长的非极性链，而另一端则极性很强。但洗涤剂通常由石油制品制造，洗涤效果通常强于肥皂。一些自来水系统提供"硬"水，即水中含有大量的钙镁离子。当肥皂溶解于硬水中时，钙镁离子会与肥皂发生反应，生成固体沉淀，使得肥皂不能再继续溶解污渍。这些固体也就是浴缸上的那一圈污垢。洗涤剂不会形成沉淀，在硬水、软水中的清洗效果一样。

？ 烟花中的不同颜色是如何产生的

每个人都喜欢7月4日[①]的烟火表演，清脆的响声伴随着明亮的火光，让人兴奋。绚烂的颜色是烟火表演中的重要环节，红色、白

———————————

① 美国独立日。

色、蓝色的火花穿过天际，一闪即逝。那么，焰火生产商是如何通过设计来展示各种颜色的呢？

每次烟花爆炸时，精心设计的炸药、燃料与包含金属成分的化合物的组合，满足了人们想要的效果。烟花产生颜色，主要在于加入其中的金属原子：金属原子被加热后，放射出不同的颜色的光，这也是金属的一大特色。

每一个原子都由原子核和围绕在其周围高速运动的电子所组成。然而，电子所蕴涵的能量不是随机的。每一种类型的原子，其电子都有一套独特的能量层级。在正常情况下，电子占据最低的能量层级，使原子处于基态。如果原子吸收了足够能量，新能量则会将一个或多个电子移至更高层级上（以热量的形式），从而使原子处于激发态。

原子处于激发态的时间不会持续太长，因为电子会迅速释放出能量，使回归基态。从高层级向低层级的转移往往伴随着能量的释放——以光的形式。

对于任意给定的原子，当其电子损失能量时，都会伴随着一定的能量变化。每一种能量变化总是会释放一定波长（或颜色）的光。借助棱镜，每一种元素的颜色都可被分离出来，制成放射性光谱，用于化学样品中的元素鉴别。大多数能量变化所产生的光，是我们肉眼无法直接看见的，但有些能量释放所产生的光却"落入"可视光谱范围之内。

定义

放射性光谱是元素的原子在被加热时产生的电磁辐射。每一种元素都有其特定的放射性光谱，可用于鉴别元素。

时事快报

人们最先发现氦元素是在太阳上，而不是在地球上。1868年，天文学家在日食期间观察太阳的光谱。他们注意到太阳光的波长与当时已知的任何一种元素的放射性光谱都不匹配，从而得出结论：他们发现了一种新元素的存在。这种新元素被叫作氦，这是基于helium的希腊文原意——太阳而命名。

纯金属可产生一些效果。例如，燃烧镁会产生极其耀眼的白光。然而，对于大多数其他颜色，烟火制造商使用的是包含特定金属的盐。哪些金属能产生烟火中的颜色呢？下面列举了一些常见的烟火中的颜色以及生成这些颜色的金属：

颜色	金属
红色	锂、锶
橙色	钙元素
黄色	钠
绿色	钡、铊、锌
蓝色	铜、铅
紫色	铯、铷
白色	镁
银色	铝、钛
金色	铁

你可以在自己的壁炉中研究这些金属的颜色效果。将一些盐（氯化钠）投入火焰，你会立刻看到明亮的黄色，同时钠原子由激发态转变为基态。再试试使用一些不含盐的替代品，例如氯化钾，它会使火焰呈现出紫红色。

❓ 爆米花制成的原理是什么

将一包玉米谷粒扔进微波炉，接通电源，等上三分钟。当你将那包玉米粒取出来时，它已经完全变成蓬松的白色爆米花了。每一粒爆米花都膨胀为原来体积的50倍。为什么通过微波炉加入一点能量，它们的体积便会发生如此剧烈的变化呢？

像其他事物一样，我们必须从微小的粒子角度——水和淀粉分子——去研究当爆米花爆开时，到底发生了什么情况。需要提示两点：第一，并非任何谷物都会爆开。谷粒里必须有适当的水分，否则它就会很"安然"。第二，有些谷粒的壳仍然很坚硬，并未爆开。认真观察后会发现，大多数壳都已经裂开或"伤残"。

要使谷粒在加热过程中正常运转需要三个条件。第一，谷粒必须含有充足的淀粉。淀粉分子是由几十万个小的糖分子组合在一起而形成的长分子。第二，要有硬质纤维素外壳，能够阻绝微小的分子，例如水分子。第三，水分要适量。

一个完好的玉米谷粒中含有水分，约占谷粒总质量的14%。打开加热器时，谷粒中的水分由液态转变为蒸汽。谷粒中的淀粉分子包裹着成千个微小的蒸汽区域，从而形成淀粉纤维包裹的"泡沫"。当淀粉被加热时，它会随着蒸汽温度的升高而不断膨胀。然而，包裹着它的外壳却不会变化，因此壳内的淀粉和蒸汽形成很大的压力。最终，压力击破外壳，并发出爆炸声响。这些小泡沫纷纷张大，蒸汽从其中溢出，留下的就是加热过的谷粒——脆而蓬松的白色小团。

上述过程听起来很简单，但实际上很多环节都会出差错，影响爆米花质量。水分一定要快速加热至204℃。倘若加热速度过慢，淀粉会变成致密的一小团，而不是一个蓬松的大团。倘若水分过少，谷粒便不会爆破；但水分过多，谷粒又会在未经充分加热的情况下爆开，形成一个硬质的破裂的谷粒。再者，谷粒的外壳必须坚硬、完好，上面不能有裂痕或裂缝，这样就不会使蒸汽在压力未达到的情况下逃逸。如果供应商能精心挑选玉米谷粒的话，那么只会有大约4%的玉米粒"爆裂失败"。另一方面，如果玉米粒没有经过正确处理的话，你就会发现碗底有超过半数的没爆开的玉米粒"瞪"着你看。

时事快报

爆米花并不是一个很新的概念。考古学家在很多土著美洲地区都发现了未爆开的（有些还可以继续爆裂的）玉米粒。已知的最古老的爆米花是5000多年前的产物。

如何用碳来推算物体的年龄

考古学家经常研究远古时期的村庄或营地，以便了解在那里生活的人们的情况。但是，这项工作的最主要的难题是确定人们在那里定居的时间。倘若那里有木制的工具、篝火留下的灰烬或野餐留下的骨头的话，考古学家便可通过人工制品中的碳来确定它的年份。那么，物体中的碳是怎样"发挥"日历的功能的呢？

讨论原子的化学反应时，我们关注的是围绕原子核运动的电子。若要研究一件物体的年龄，我们必须透过电子去研究原子核本

科学箴言

"世界上的奇迹之一就是如此小的物体却如此的'神灵活现'：任何小块的物体——即使是最微小的一点——也包含着比银河系中的星星数量还要多的原子"。

——P.W. 阿肯斯 (1940—)

定义

放射是原子核的一种自发衰减。它是一个重新排列质子和中子，以使它们达到一个更稳定的构造的过程。通常，放射通过释放 α 粒子——含两个质子和两个中子，或 β 粒子——含一个电子而发生。损失一个 α 粒子，会使质子数减少两个，形成一个比原来原子的原子序数小 2 的新原子。减少一个 β 粒子，则伴随着一个中子向质子的转变过程，使原来的原子质子数增加一个。

非常识

放射性碳年代测定法似乎可用于确定所有化石的年龄——例如恐龙的年龄。但是，这一方法只可用于确定 5 万年前的物体年龄。超过了这一年限，残留的碳-14不够，不能进行准确推算。

借助铀的同位素（具有很长的半衰期）进行年代测定，可以确定几十亿年前的岩石的年龄。

身。原子核中包含质子和中子。尽管一个给定元素的所有原子所包含的质子数相同，但不同原子所含的中子数却不同。一些质子和中子的组合是相当固定的，而也有一些却会不断变化，这一过程被称为放射。

当放射性原子的原子核发生衰减时，粒子被抛出原子核，质子数发生改变。放射性材料是有害的，它放射出的粒子会对生命体的组织造成损害。

大多数碳原子含有六个质子、六个中子，这种类型的碳原子按其原子核中的粒子总数而被称作碳-12，还有一些碳原子被叫作碳-14，或同位素，这是碳原子的另一种类型，它有六个质子和八个中子。碳-14是一种具有放射性的同位素，通过释放出一个 β 粒子，它会变成氮-14。

放射现象在确定年龄方面最主要的特征是：它会以一个稳定的速率衰减。从一个给定量的碳-14开始，半数原子历经5730年的时间会衰变为氮原子，剩下的碳原子再经历一个5730年又会有一半发生衰变。这个周期叫作碳-14的半衰期。同位素的半衰期是其固有属性。有一些的半衰期不到一秒，而有一些的则可能长达几十亿年，但对于给定的同位素来说，它的半衰期是固定的。

碳-14形成于大气层中。来自宇宙的辐射，通过原子核反应，将少量的氮原子转变为碳-14。因为这种变化是一个持续的过程，而且碳-14的衰变也是一个持续的过程，故碳-12与碳-14的比例是大体不变的。在化学反应中，两种同位素的反应相同。这意味着从大气中吸收二氧化碳的植物，会具有与大气相同比例的碳同位素，而以这些植物为食的动物也会拥有相同的碳原子比例。这个比例在生命体的一生中恒定不变，因为生命体持续不断地从大气中获取二氧化碳。

但是，动植物死亡后，就不再获取新碳。碳-14的衰减得不到补充，动植物体内的碳-12、碳-14比例便会发生变化。科学家通过测量同位素的比例来推算生命体存活的年代。倘若体内碳-14含量只有预期的一半，那么生命体死于5730年以前——一个半衰期的长度。如果碳-14含量为预期的1/4，那么生命体死于两个半衰期之前，即11460年以前。

化学——物质
间的相互作用

8

"如果科技发展的历史教会了我们一些什么的话，那就是我们的未来存在于微观结构的世界中。"

——艾瑞克·康奈尔（1961— ）

如果将一段圆木放于火焰上，它会燃烧并以光和热的方式释放能量，最后留下少量的灰烬。如果将钢管放在火焰上，它只会变热，而不会产生其他变化。将小苏打与水混合在一起，不会产生任何变化，但如果再给混合物中加入柠檬水的话，就会形成气泡，不断从容器中冒出来。

每一种物质在与其他物质或能量发生相互作用时，都表现出不同的特性，这些相互作用发生在原子层面上。一种元素的原子与另一种元素的原子反应生成化学键。原子以多种方式吸收或释放能量——包括光、热或电流的形式。我们看到、听到、尝到或感觉到的每一种变化，都涉及原子与物质或能量的相互作用。

定义

时事快报

小孩（和大人）喜欢玩的冷光塑料棒与萤火虫的发光原理相同。当塑料棒弯曲时，一个玻璃圆桶会被打破，使得两种化学物质混合，并通过化学反应而产生光。但是，这种化学反应的发光效率只有30%，而萤火虫这一生物发光的发光效率则为88%。

? 萤火虫为什么会发光

光是能量的一种形式，可由其他形式的能量转化而来。我们经常将光和热能、电流或二者同时联系起来。但是，有些光与这两种能量无关。夏日的晚上，萤火虫是如何"制造"出明亮的黄绿色火光的呢？

萤火虫的发光过程被称为生物发光。很多其他的生物体，尤其是深海中的生物体，也可完成这一将化学能转化为光能的过程，其中所需的化学能来源于三磷酸腺苷（ATP）分子，这是活细胞用于储存和转化能量的化学物质。

萤火虫具有一种"专职"细胞，用来储存一种叫作荧光素的化学物质和一种叫作荧光的酶。荧光素是能够加速化学反应的一种蛋白质。萤火虫发出的光的亮度，由提供给细胞的氧气数量决定。

荧光素与ATP以及与氧气接下来的反应，都会产生一种叫作氧合虫荧光素的化合物。氧合虫荧光素与大多数化合物不同，它在形成时，电子就处于活跃态。当电子移动到一个更稳定的能量状态时，就会以光能的形式释放能量。如果细胞内存在氧气的话，萤火虫的发光器官就会发出黄色或绿色。没有氧气时，光会熄灭。

活着的生命体生物发光的原因有多种。萤火虫用荧光来吸引异性，同时警告捕食者，它们的身体并不好吃。一些海洋生物通过发光来吸引食物，还有一些动物和细菌到底为什么发光，人们至今尚不清楚。

人们也发现了一些方法来运用基于自然系统的化学发光反应。生物化学家用荧光素作探测剂，测量活细胞体内ATP含量及其所在位置。产生荧光酶的基因也被移植于其他生物体上，跟踪细胞内发生的化学反应。

? 为什么温度很低时，电池不能正常工作

日常生活中的很多东西都要用到电池——手机、iPod、手电筒、汽车、玩具。电池可用于储存能量，并避免了因插座缺少而带来的不便。但是，当温度降低时，你会发现电池经常令你失望，至少在其被加热之前都是这样。那么，为什么电池在温度低时就不能正常工作呢？而当温度上升时，它又可以运转如常呢？

首先，让我们来看看电池内部的情况吧。电池中到处都是能够进行所谓电化学反应的化学物质。每一个电化学反应都由两部分构成：氧化反应和还原反应。氧化反应中，一种元素的原子或分子失去电子；还原反应中，原子或分子则得到电子。

如果这些原子被混合在一起，电化学反应就会自发发生，并释放能量——通常以热能的形式。但是，在电池内部，这个反应的两个部分是彼此分开的。除非电子能够在两部分之间自由移动，否则就不会发生任何反应。闭路为电子移动提供了路径。氧化反应生成的电流从电池的一端流出，穿过通道（电线）到达电池另一端，导致还原反应的发生。事实上，电池首先储存化学能，然后再以电流的形式释放能量。

如果电池两端被电线所连接，电子流就快速移动，电化学反应也会快速发生。电池和导线变热、电池内的化学物质被迅速消耗。然而，如果将电灯或DVD播放器的发动器与闭路相连接，电子流运动所产生的一部分能量就会转化为光能或动能。随着能量的转

定义

电化学反应是指在反应中一方原子或分子失去电子而另一方原子或电子得到电子的化学反应过程。电化学反应可以分割为两部分：还原反应，在这一过程中原子或分子得到电子；氧化反应，在这一过程中原子和分子失去电子。电化学反应有时也被称作氧化还原反应。

化，电子流的移动也会减慢，电池中的化学反应也随之降低。

在非常寒冷的天气里，汽车里的电池电流不足，影响发动。这是因为化学反应速度在低温时会减慢。发动引擎需要在短时间内产生大量能量，因此化学反应进行得过慢，无法提供足够的能量，引擎运转就会减弱，以至于无法发动。在这种情况下，一旦变暖，电池就会继续正常工作，因为电池内的化学物质还是存在如初。在严寒的天气里，接入外部电源的电池加热器，可以保持电池的温暖，进而使得汽车更容易被发动。

？为什么铜像久而久之会变绿

许多城市或小镇的公园里都有一座巨大铜像，伫立了几十年。它的颜色通常有绿色或棕色的阴影。但是，如果购买一尊新的铜像或花瓶，你会发现它的表面通常是闪闪发光的铜色或金色。那么，为什么公园里的雕像的金属颜色会与新买的铜质装饰品不同呢？

青铜和黄铜都是铜元素与锡或锌等金属形成的合金。铜被风化时，它会与空气中的氧气或其他物质发生反应，生成与其本身的金属性质截然不同的化合物。

大多数人都知道自由女神像的颜色：绿色。事实上，这座雕像是由切割好的铜附于框架上而制作成的。在它最初的形态下，铜是一种闪亮的、金红色的金属。但是，铜与其他元素生成的化合物倾向于深绿色或蓝色，有时候也略显粉色。铜大面积暴露于空气时，其原子会与空气中的氧气发生反应，生成两种氧化物，其中一种是粉色，另一种是黑色。这些氧化物与空气中的二氧化硫发生反应。铜的硫酸盐呈现绿色，而碳酸盐则呈现绿色或蓝色，这取决于化合物的实际构成。靠近海边时，铜像表面含量最多的盐可能是氯化铜。正是氯化铜铸就了自由女神像现在的颜色。

铜表面的物质被称为铜锈。铜锈形成了保护层，使铜金属免受进一步的腐蚀侵害。

尽管自由女神像已经站立了100多年，经历了风、雨和海盐的侵蚀，但其表面生成的铜锈只有0.15英寸厚。倘若除去铜像表面的铜锈，底下的铜又会显出闪亮的纯金属的面貌。但几个月内，雕像又会恢复绿色，因为其表面的化学反应发生得相当迅速。古希腊、罗马的铜质硬币表面都有铜锈，这就使得硬币保存良好，以至于除去铜锈后，还能复原出铜币表面的图案。

为什么壁虎可以在天花板上行走

定义

合金是由两种元素组成的混合物，具有与先前两种元素截然不同的金属特性。合金至少含有一种金属元素，它也可能包含许多其他的元素。举例来说，绿铜和黄铜都是铜的合金；钢，是铁的合金；白镴是锡的合金；标准纯银也是一种合金。

壁虎是小蜥蜴，其攀爬能力令人咋舌。最近，它出现在电视节目上，推销保险。壁虎可以在墙上疾走，横穿玻璃窗户表层，甚至沿着天花板行走。登到高处，学壁虎做其中的任何一件事，你发现自己都会狼狈跌倒。那么，壁虎具备什么特殊的攀爬知识吗？它们有特殊的工具吗？

人类可以通过将自己的手脚塞进微小的细缝中而爬上一面墙。按此来假设壁虎也做着同样的事，看起来似乎也符合逻辑。也许，壁虎借助的细缝太小了，我们肉眼无法看到。但这个假设并不成立，因为壁虎可以在玻璃上攀爬，那可是找不到任何可被利用的细缝的。

可以排除几种解释：第一，吸力不可能是壁虎攀爬的原因，

时事快报

与钢铁制成的工具不同，由铜合金（如绿铜）制造而成的工具，在与其他金属物品碰撞时，不会产生火花。因此，空气中可能形成易爆混合物的工业设施中，要求使用绿铜制成的工具。

非常识

观察一只壁虎爬墙，我们很容易会觉得它的脚一定是黏黏的。事实上，当你摸上去时会发现，壁虎的脚是柔软光滑的。脚末端的纤维是由一种叫作角蛋白的蛋白质构成的，与构成你头发和指甲的蛋白质很相似。

科学箴言

"人们经常说，本世纪中提出的最愚蠢的理论便是量子理论。事实上，有些人也说，量子力学努力争取的唯一事情是它本身是完全正确的"

——加来道雄
（1947—　）

因为壁虎的脚上根本没有可以挤出空气的杯状结构；第二，摩擦力可以用来解释墙上的攀爬，但却不能解释在天花板上的爬行；第三，胶水状黏稠的物质有作用，但壁虎脚上没有能够产生它的任何腺体。

为了找寻答案，科学家仔细观察、研究了壁虎的脚掌。他们发现了问题的答案：分子间的相互作用。从根本上讲，壁虎能黏附墙上与其脚趾的构成毫无关系。每一个脚趾都是由几百万个细毛构成的网状结构，每一根细毛的长度约为一百万分之一厘米，而每一根细毛的末端都长有几千个微小的软垫。

壁虎的攀爬能力，甚至单脚趾悬挂的能力，来源于微小的电力吸引。这种分子间的吸引力被称做范德华力。即使非极性的分子也有着微小的、变化不定的电荷，原因在于电子的来回移动。这种电荷的变化导致了分子间的相互吸引。通常，这种作用力太过微小，以至于在我们肉眼可见大小的物体上无法体现出来。它们只在极小的距离内产生——大约一个原子直径的大小——因此，将两个表面靠近，从而想利用这种力的可能性太小。然而，壁虎的脚却可以利用这种范德华力：通过将只有几百个原子宽的各个软垫堆积在一起。

每一个软垫与脚趾下方（或上方）的表面分子间的吸引力是十分微小的。然而，当几百万个微小的吸引力"聚集"时，它们就会相互叠加。研究人员做过计算，如果所有的软垫同时与表面相接触，产生的力可以使脚掌承受136千克的力。因为有太多的单独相互作用点，壁虎可以通过控制与表面相连的软垫数量来调整吸引力。只有当其被沿着表面拖行时，相互作用点才会与表面黏附，这就使得壁虎可以在墙上向前冲而不至于被捆住。

研究人员运用这一原理设计了一种新型胶带，其黏力只取决于几百万个微型结构的形状。在他们看来，是壁虎的脚给他们带来了灵感，使他们研制出既能紧紧黏附又能轻松撕落的新型胶带。

? 混凝土变硬的原因何在

一卡车混凝土运到建筑工地时，搅拌机里的流质混合物能顺利倾倒进手推车里。湿的混凝土再被倒到固定的地方，用泥铲搅匀。几个小时之后，混凝土变得坚硬起来，足以承受一个人的重量，同时还有点发热。混凝土是如何变成一种坚硬得像石头一样的东西的呢？

混凝土并非近代产物——几千年前的混凝土结构建筑依然伫立。混凝土的强度、耐久性恰如石头，但却又能被轻易地塑造成各种形状。混凝土的主要成分是水泥和水，再掺入沙子、石砾或其他硬质颗粒。化学反应可改变湿润的混合物的性质，在此发生之前，可将其倾倒并塑形。

水泥是钙、硅和氧化铝的混合物，通常是将加热的石灰石和黏土混合，再进行研磨成粉而制成。在混凝土变硬的过程中，水与水泥中的矿物质成分发生化学反应，生成晶体，这一过程称作水合作用。与此同时，水自身也成为晶体结构的一部分。水与矿物质成分按照特定比例结合，构成晶体的一部分，且不可被移除。这种在集料周围形成的晶体将原本湿润的混合物转变成了一种干燥、坚硬、像石头一般的物质。

水合作用的完成需要一定时间。鉴于用途和所需强度的不同，混凝土必须被控制在一定的温度和湿度条件下，这一过程被称作凝固化，所需时间从几小时到几星期不等。一旦它变成固体，水就无法再进入混凝土。在凝固化过程中，倘若混凝土变得太干，它的强度就会减弱很多。

在混凝土凝固化的过程中，用手摸摸它，你可能会发现它是温暖的。水合后的混凝土是一种更加稳定的化学物质，在化学反应进行的过程中，化学能转化为热能。消除这一热量或任其消散是工程师在建筑大型混凝土结构时，需要面对的设计问题。

非常识

水泥不会因为"干化"而变硬。当某物体变干时，它会通过蒸发损失水分。而水凝土中的水变成了最终物质的一部分，因此，凝固化过程中水分的蒸发会减弱水泥的强度。水泥甚至会在完全浸于水中的情况下凝固。

❓ 暖手袋的工作原理是什么

如果生活在北方，那么，11月份坐在橄榄球场的座椅上，会是一件令人很不舒服的事情。倘若有什么温暖的东西，能使你的手免于冻僵，岂不很好？幸运的是，的确可以买到这样一件物品：产生热量的暖手袋——没有电流、没有火焰，只有温暖。这些热量是从哪里来的呢？

根据化学反应的不同，现有两种暖手袋。释放热量的反应称作放热反应。两种类型的暖手袋都是利用了化学物质的放热反应。其中一种的反应是可逆的，暖手袋可重复使用。而另一种反应则涉及袋内化学物质的改变，这种暖手袋不能重复使用。

可重复使用的暖手袋工作原理是将液体凝固，这是一种放热反应。这种反应可能不太明显，但想想制作冰块的过程，这一现象会变得更清晰。将水放于冷冻机中，当其能量渐渐逝去之时，水的温度降低，水分子的运动减慢。水凝固时，水分子的运动速度会降得更低，更多的能量被释放出去。尽管在凝固过程中温度一直保持在0℃，但固态水比液态水所含热能要少，故这一过程是放热的。如果冷冻机不将过多的能量排进厨房中，隔层的温度便会升高。

倘若水是完全纯净的，它就可以被过度冷却。如果用一个完全干净的玻璃容器来承装纯水，冰的晶体就不会在0℃的温度下形成，只是水温可以降低到正常凝点的几度以下而已。但是，倘若此时刮擦玻璃表面、敲击容器的话，晶体便会开始在"破坏点"生成，所有过度冷却的水几乎会立刻冻结。

可重复使用的暖手袋的工作原理也是这样。洁净的塑料袋内有一种叫作三水醋酸钠的化学物质，可轻易过度冷却。这种液体的凝点约为54℃。塑料袋内有一个弯曲可折叠的金属盘：折叠时，产生的震动会使微量晶体凝聚成形。因为液体是被过度冷却的，所以晶体会迅速"长大"，并包裹整个溶液。在分子变得更加有序并释放能量的过程中，热水袋温度会被迅速加热至54℃。

三水醋酸钠暖手袋是可以重复使用的。将塑料袋浸于沸水中时，晶体会再一次溶化，并重归液态。当装满液体的塑料袋降温时，液体会再一次被过度冷却，"备战"下一次的凝固。

第二种暖手袋中装满了铁粉、碳、水和盐的混合物。要激活暖手袋，需要打开外层塑料袋，让混合物接触到空气。之后，一种类似于生锈的化学反应便开始了。这一反应是放热反应，热量的释放历经几个小时，而且，铁转化为氧化铁。与第一种基于凝固的暖手袋不同，这种暖手袋不可重复使用。

❓ 为什么火柴不会在盒内点燃

当思考这一问题时，你会发现对一盒能派上用场的火柴的详细规范要求很高。它必须容易点燃，能保持足够的燃烧时间，以便用于点火，并且（最重要的一点）不会在厨房的壁橱内自燃。为什么只有划火柴时，它才会点燃，而放在盒子里时却会安然不动呢？

历史上的第一批火柴并不稳定。发明于19世纪的火柴由白磷、氯酸钾和将其包裹在一起的稠化物混合而成。氯酸钾是一种强氧化剂，可轻易吸收其他化合物或元素的电子。磷很容易被氧化。当这两种物质混合在一起时，就得到了一种易爆炸的混合物。将火柴在粗糙的表面摩擦、点燃，而摩擦力为这种不稳定的化合物燃烧提供了能量。这些早期的火柴会在"不恰当的时候"点燃，并火花飞溅，只是非常容易燃烧而已。当考虑到白磷是一种极其有害的化合物，而仅一盒火柴就极可能含有危害性极大的白磷量时，你便会意识到那时的火柴实用性比今天的要差些。

后来，制造者通过在火柴头上分割出两个不同的部分来提升火柴的稳定性。大多数这样的火柴的顶头都覆盖有氯酸钾与黏土、胶黏剂混合物中的硫形成的混合物——容易点燃、但较白磷稳定。火柴的尖端是少量的三硫化二磷，在粗糙的表面摩擦时，它会在极低的温度下燃烧。当尖端被点燃后，火焰发出的热量会点燃尖端之后的混合物（需要较高温度才能点燃）。尽管这种类型的火柴现在

时事快报

柑橘种植者利用水凝固所释放的能量来保护作物免受严寒的侵害。当温度降到0℃以下时，人们会喷洒水珠覆盖柑橘树，而水凝固时释放出来的能量就可保护柑橘。

仍有销售——它们被标为"随地可燃"火柴——但已很难找到，其标志是头部有两种不同颜色的区域。

现在，大多数的摩擦火柴是一种安全火柴。它们不会被意外点燃，只有在特定表面摩擦时才能燃烧。这个表面通常位于火柴盒的外部或一卷火柴的底部。这种火柴的尖端只有一种颜色，包含三硫化二锑、氯酸钾和黏合物，例如胶黏剂。这种混合物可燃，但不会在任何地方都燃烧。

使用安全火柴的关键在于特殊的摩擦表面。通常，磷有两种存在形态——白磷（可燃性高、毒性大）、红磷（可燃性较低、毒性较低）。高温可将红磷转化为白磷，而后者在有氯酸盐存在的情况下是极不稳定的。安全火柴的摩擦面是红磷和摩擦性物质（如玻璃粉）的混合物。

火柴与摩擦面摩擦时，少量的红磷会因摩擦产生的热量而转化为白磷。这一点白磷与火柴头上的化学物质化合发生化学反应，点燃火柴头，进而引燃木质火柴棒。

❓ 谷物储藏库为何会爆炸

你肯定会觉得与面粉——细磨小麦——打交道是一种很安全的工作吧。这东西无毒，是食物供应的基本成分。它怎么可能会有害呢？但是，对于处理大量面粉，或其他粉状谷物的工人来说，危险确实是存在的：有可能发生毁灭性的爆炸。很多人死于这样的爆炸中，其威力足以推平谷物研磨厂及其储存室。司空见惯的、显然无害的面粉怎么可能会有产生大爆炸的危险呢？

面粉主要由淀粉构成，而淀粉是碳、氢、氧的化合物，会像木头一样易燃。尽管木头在合适的条件下会迅速燃烧，但它不可能发生爆炸。然而，谷物储藏室中面粉的潜在危险性，并不在于它的可燃性，而在于面粉粒子的大小。

物质在空气中的燃烧是一种化学反应。当物质的分子，即面粉分子与氧气混合，生成新的化学物质；而后，水和二氧化碳结合，燃烧便发生了。燃烧是一个剧烈放热的过程，这就是壁炉里的火焰能温暖房子的原因所在。燃烧反应的速率取决于多种因素：氧气和能与之发生反应的物质的存在、火源的存在（如火花或火焰）、氧气与燃料分子混合及反应的能力等。这就是粒子大小发挥作用的原因所在。氧气与燃料分子发生反应的唯一地方就是燃料粒子的表面。

如果燃烧一段圆木或一袋面粉，燃料的表面积相对于其体积来说很小。这就意味着它与氧气发生反应的速率会很慢。让我们来想一想面粉粒子的表面积吧，那可是几十亿个微小颗粒，扩散到大量的富氧空气中。这时，能够发生反应的双方物质就有了大量的空间接触。倘若有一点火花或热源，提供了可使一粒谷物燃烧的能量来源的话，那就会导致大灾难的发生。这些微小的粒子立刻被点燃，释放出大量能量，导致临近颗粒一起被点燃，引发了面粉谷物燃烧的链式反应。引发化学反应发生的产物是气体，它比面粉占据的空间更大。在爆炸中，热气体会迅速扩张。如果谷物放置于谷仓或储存室中，这种扩张可能会在第一粒谷物被点燃的几秒钟内，夷平建筑结构。

 时事快报

面粉粉尘并不是唯一一种能引发爆炸的混合物。糖、锯木屑与煤灰都能造成致命的爆炸。如果粒子足够精细（直径小于0.1微米）的话，那么即使是铝、铁粉屑这样的金属，当它们在空气中扩散时，也可能导致爆炸。

？ 防晒霜中的遮光剂是如何发挥作用的

任何经历过太阳光灼伤的人，都不想再重复那种经历。为什么太阳光会灼伤皮肤呢？防晒霜中的遮光剂又是如何阻止灼伤的呢？

皮肤的灼伤源自于太阳所发出的紫外线光。大家知道，太阳光的辐射要比我们所熟悉的可见光的光谱多得多。光波较长的，如红外辐射，可被人体内的分子吸收，并以热能的形式被感知。光波短于紫色光的，如紫外（UV）辐射，可穿透外层的皮肤。尽管紫外辐射所含能量很高，但当它抵达皮肤上时，你并不会有所感觉。这就是为什么在阴天，也会被灼伤的原因。如果大气层吸收或反射了红外辐射，你就感觉不到皮肤上的辐射了。

但是，即使感觉不到它的存在，紫外辐射也会对皮肤造成损害。如果肤色黝黑，还有可能免受辐射的伤害。导致皮肤显黑色的"颜料"——黑色素，会在靠近皮肤表层处吸收辐射，阻止其进入底层细胞。倘若紫外辐射未被黑色素吸收，那么它们就会被皮肤内的细胞分子吸收。吸收的辐射能量会改变一些皮肤分子，并伤害到几层深的皮肤。

为什么灼伤带来的痛感、发红的反应不会出现在皮肤暴露之后的几个小时之内呢？灼伤的症状并非辐射本身造成的伤害所致。痛感源于身体修复灼伤的"尽心尽力"。发热、疼痛是炎症的反应。发红现象源于皮肤底下毛细血管的扩张，这样，身体就可以迅速修补细胞和组织。灼伤带来的最大危害是可能造成某些细胞的无法修复，严重时，会导致恶性肿瘤的产生。

防晒霜、防晒乳是运用化学物质来阻挡紫外辐射触及人体细胞。达成这一目的方式有两种：反射与吸收。

防晒霜的一些原料，例如氧化锌和氧化钛，能够反射冲击它们的辐射。这些化合物被研磨成粉状，撒进防晒膏或防护液中。它们呈现白色，在反射紫外线的同时，也反射可见光。因为不允许任何辐射穿进皮肤，所以厚厚的一层防晒膏能给皮肤带来绝佳防护。

　　还有一种防晒霜，它使用的化合物能够吸收辐射，而不是反射。这种原料允许可见光的穿过，因此看起来是透明的。但当紫外线触及分子表面时，它却会被吸收，提升分子的能量。这种辐射能可转化为对皮肤无害的热能形式。

　　与可见光类似，紫外辐射并不只包含一种波长，而是包含一个光谱范围内的所有波长。许多防晒霜中的成分只能阻挡部分波长的辐射，故效果良好的防晒霜必须包含多种成分，全方位地保护皮肤。这些防晒霜的标签上显示它们能够同时阻挡UVA和UVB辐射，即能够防护所有光波长度处在有害范围的紫外辐射。

时事快报

　　玻璃窗能够保护皮肤免受灼伤。可见光可穿过玻璃，但紫外线却会被其吸收。因此，在花园里种植时，你可能会被灼伤；但在温室中却不会，除非你的温室里有塑料窗户。

三部分
生物科学

　　每个有机体相互作用，形成了复杂多变的模式。有机体的生长、再生都耗费大量的能量和物质。生物学家的研究对象是有机体。有机体不断努力获取能量和物质，导致生命形式的多样化，而这一多样性又以大分子的模式被承载，我们称之为DNA。

　　对人类来讲，搞清楚生物自然法则有很多益处。医学家已经掌握了很多疾病的治愈方法，这些疾病自古以来一直困扰人类。本部分将简单介绍医学家提出的一些问题以及出人意料的解决办法。

生物——植物、动物及其他生物 9

"生物学家耗费近230年来识别、描述百万昆虫的3/4；如果至少存在3000万种昆虫的话，据欧文（泰勒·欧文，史密森学会）估计，昆虫分类学者必须一如既往地埋头苦干一万年才能完成任务。克佑植物园负责人海林·普阮斯预测一个完整的美国境内的植物列表需要花费昆虫分类学家四个世纪的时间，而且工作效率还必须是史无前例的。"

——理查德·瑞吉（1944—　）

棕榈树、海豚、人类、蘑菇的共同点是什么？虽然这四样东西截然不同，但是大多数中学生都能轻而易举地回答这个问题：它们都有生命。生物学是研究生命现象和生物活动规律的科学。生物学家提出很多问题：生命有机体的功能是什么？相互作用的方式是什么？相互依赖的方式是什么？存活的方式是什么？这些问题也只涉及生物学的些许课题。

从18、19世纪开始，生物学家就观察身边的动植物，试图找出这些问题的答案。他们发现了各种微生物后，生物学的研究领域就扩大了，不仅仅局限于我们身边所能察觉的有机体。今天，对生命的研究深入细致到了分子（所有生物赖以生存的基础）的相互作用。发生在每个生命体内的相互作用是持续不断的，而它们又与生物学家提出的重大问题密切相关。

定义

分类学是分类法科学。生物学根据物种的相互关系将生命有机体归类。早期的分类学家观察生命有机体的特征，再根据它们的相似性来进行分类。现代分类系统基于各个有机体遗传物质的相似性。

细菌是植物还是动物

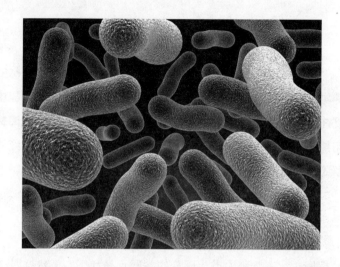

生物无所不在。虽说森林中的生物数量远远大于沙漠上的，但即使在沙漠上人们也能常常发现有生命的东西。大多数生物是容易区分的，哪个是动物、哪个是植物，显而易见。但是，怎样区分肉眼看不见的生命有机体呢？细菌是植物还是动物呢？

18世纪，瑞典植物学家凯若拉·林奈率先提出分类学：对自然界的生物进行科学划分。他把自然界分为三个范畴：动物、植物、无机物。这种划分方法一直持续到20世纪中期。在宏观世界，区分动物、植物还是很容易的。植物原地不动，自身制造有机物；动物来回移动，吃点儿别的东西。偶尔，也会有某种植物，看上去似乎在移动，也会有某种动物，看上去原地不动，但总的来讲，林奈的分类法是行之有效的。倘若你大致浏览一下这个分类法的话，就能区分出菌类，它们跟植物一样，自己不制造有机物，但生存顺利。

而谈及微观世界，境况又有所不同。

比如藻类，它们自己制造有机物。但从细胞层面来讲，它们彼此没有共同点，而且更不同于动物和植物。于是就出现了单细胞有机体，它们通过光合作用生长，同时又来回移动，并以其他有机体为食。

细菌是单细胞有机体，借助高清显微镜，人们可看到它们，从深海地区到最干燥的沙漠，甚至在人体内，细菌无处不在。事实上，细菌与人体功能密切相关，是人类生存的必然体。虽说它们大小不一，但要想把细菌排列一英寸长的话，就需要四万个细菌。

那么，细菌到底是植物还是动物呢？答案是细菌既不是植物，也不是动物。不管是植物细胞，还是动物细胞，都有一个细胞核，用于制造遗传物质DNA。然而，细菌没有细胞核，它们的DNA在细胞内部来回漂浮。

随着对微观有机体地深入了解，科学家发现动植物的分类很明显出现了不少例外。应运而生的是20世纪中叶出现的崭新的分类系统：依据细胞结构，所有的生物分为五大类：

◆动物界——动物

◆植物界——植物

◆无核原虫类——细菌、蓝绿藻类

◆原生生物界——原生动物、藻类

◆真菌类——真菌

虽说这一分类系统是行之有效的，但对有机体的划分并非细致。基于细胞结构，科学家又提出了一些其他的分类方法。随着对微观结构DNA的了解的进一步深入，一些科学家认为这些分类法都差强人意。他们发现各大类之间的关系胜于内部关系，似乎更为紧密。人们积累了更多的生命知识，一个完全崭新的分类系统似乎即将孕育出炉。但不管怎么说，细菌既不是植物，也不是动物。

时事快报

人体到处都是细菌。最新调查表明，人体携带的细菌细胞10倍于人体细胞。虽然大多数人认为细菌导致疾病的产生，但人体内的很多细菌执行人体机能，是人类生存的必要条件。例如，人体大肠内食物的消化过程，细菌就发挥了重大作用。

病毒是有生命的吗

众所周知，罹患感冒之时，人体是受到了什么东西的侵袭。引起感冒症状的病毒不仅侵袭皮肤，而且侵袭细胞，甚至全身。抗

科学箴言

"倘若寻求有方，微生物会满足你的任何需要。"

肯·艾克若·萨卡古奇（1897—1994）

生素无能为力，因为人体已被细菌感染。抗生素可杀死细菌，但无法抵制病毒。那么，病毒是像细菌一样的生物吗？

这个问题还没有答案。不相信吧？病毒是粒子，包括DNA或RNA（核糖核酸）分子（被一层蛋白包裹）。病毒的再生是通过将自己的DNA转移到一个活细胞体上，把这个细胞强行转为生产病毒的大工厂。宿指胞耗尽全部能量再生出成千上万个病毒，紧跟着再分裂，将新的病毒输送出去。

确定病毒是否是生物取决于最初对生命的定义。其实，做到这一点并不是很容易。自19世纪以来，细胞论对生命的定义就以细胞为基础。细胞被细胞膜包裹着，而生命的各项功能（例如能量的产生、细胞的生长和再生等）在细胞膜上大显身手。病毒没有细胞膜、不能生长、不能产生或消化食物，所以很明显，病毒在此不是生物。

但是，还有一些生物学家将生命定义为基因信息代代相传的能力。在这个意义上，病毒当然属于生物。而且，虽说病毒侵害细胞之后它们自身并不生长，但随着细胞的滋生，它们确实会生长，而且还会利用细胞的机能将食物转给新的病毒。

虽然科学家（当然还有普通人）有必要对事物进行分类，以便更好地理解，但是病毒并不属于下列哪个群体：生物、非生物。

冬季，常青树的针叶为何不凋零

在温带地区，许多树木一身光鲜进入秋季，但很快落叶满地。还有一些树木，诸如松树、云杉、枞树，它们四季常青。这些树木为什么不会像橡树、枫树掉叶子那样，在冬季掉落针叶呢？

找出这一问题的关键是要搞明白正在生长的植物是如何利用太阳能的。树叶像光一样吸收太阳的辐射，并把这一能量用于生产糖分，从而刺激生长和再生，以及支撑这些过程所需的能量。靠近赤道的热带地区，太阳的辐射量一年四季变化不大。植物通常叶子很大，可尽可能多地吸收太阳光，所以长得就快。树叶常年都是绿色，不会凋零，一直到长在上面的叶子挡住了阳光，下面的叶子不再产生糖分而失去生长所需的能量才会凋谢。

在温带地区，太阳的辐射量一年内随季节变化很大。落叶性的植物（例如橡树）被树叶所覆盖，而树叶的形状类似于热带植物。它们在夏季大量吸收能量，生长迅速。到了冬季，太阳光不再强烈，不再是生产糖分的加工厂了，大树叶就出现问题了。它们的表面失去水分，冰冻的土壤对此也无能为力。而且，大的叶片承载了冰和雪，足以压断枝条和枝干。叶子掉落，植物便可赢得在冰雪寒风中生存的良机。

那么，靠近两级的寒冷地区境况如何呢？在那里，冬夏两季差别甚大。夏季白天长，日照时间比温带地区长几个小时；而在冬季，几乎没有日照。但是，树叶并不凋零，原因到底是什么呢？

每年，叶子的生长会耗费大量的能量。因为季节的短暂，落叶植物每年很难返青，很难在那么短的生长季节中吸收到足够的能量。春天一到即开始生长的树木，这时就有了优势。这就是欧洲、亚洲、北美的北方森林四季常绿的原因所在。

但是，这些常青树跟热带地区的有所不同。它们没有宽阔的叶子，只是长着很小的针叶，比如松树、杉树。这些针叶外表光滑，可储存水分，而且细小、滚圆的外形（也就是传统"圣诞树"的形状）很容易抖落雪花。通常，树木在某个地区能茁壮成长，都是因为能量供给与需求达到了平衡。在很多温带地区，落叶树木和常青树并肩成长，共同提供有效资源。

时事快报

不管怎么说，最大的生物是针叶常青树，称为松柏科植物。现在已知的最高的树木是巨杉；最粗、体积最大的是红杉，二者都产于美国西部加州地带。

❓ 为什么大多数植物是绿色的

如果问询一些人，"植物是什么颜色的？"答案都是"绿色"。虽然有些植物的叶子并非绿色，而是绿色混杂一些其他颜色，但事实上大多数植物确实是绿色的。为什么呢？因为叶子上的细胞含有叶绿素，这是一个能够吸收特定太阳光颜色的大分子。这

定义

光合作用（photosynthesis）是绿色植物、某些细菌和藻类将二氧化碳和水转化为有机物的过程，它的字面含义是"用光来营造（buildingwithlight）"，因为化合反应的能量来自于太阳光。

种太阳光给植物提供能量，将二氧化碳和水转换成植物所需的食物（碳水化合物），即光合作用。叶绿素吸收太阳光中的红光和蓝光，反射绿光，所以植物看起来是绿色的。

为什么叶绿素吸收的绿色多于其他颜色？这可能是植物进化的结果。太阳光分布不均匀，某些光波，特别是红光、蓝光的波长胜于其他。这可能是叶绿素导致的结果，原因在于它会在它最强盛的地方最有效地吸收能量。因为叶绿素的有效作用，植物可吸收光的其他机能就有可能丧失。

叶绿素并不是叶子上可生出颜色的唯一化合物，但它是最引人瞩目的。在温带地区，秋季人们可看到其他一些色素。光和热的消退使得光合作用弱化，植物不在生成叶绿素。那么，叶子中的红色、黄色、紫色就崭露头角。

变色龙是如何变色的

非洲蜥蜴类变色龙能够改变颜色，这是动物中不寻常的一种能力。每个变色龙都可变换一系列的颜色——褐色、黑色、蓝色、绿色、红色、黄色、白色。为什么大多数的动物颜色不变，而变色龙却很容易改变颜色呢？

变色龙能够改变颜色在于它的皮肤，你也是这么猜测的吧？变色龙的皮肤有好几层，最外层的保护层是透明无色的，它的下面一层是称作色素体的细胞，包含红色素和黄色素。第三层是丰富的黑色素，它与生成人体皮肤的暗色色素相同。黑色素细胞层长成黑色、褐色，并反射蓝色可见光。更深入一点，还有第四层，即皮肤层，它反射接收到的太阳光。

变色龙皮肤颜色的改变是通过皮肤内的色素细胞的扩张和伸缩来完成的。温度和可见光的强度会引起色素细胞大小的变化，随之而来的就是变色龙的变色。然而，大多数的变色还是在大脑神经系统的调控下，细胞荷尔蒙发生改变而产生的。

变色龙受冷时，红色、黄色细胞收缩，而褐色或黑色细胞扩张，皮肤就会呈现暗色，可从太阳光中吸收更多的能量。当它要守卫领地，或者对同伴发生兴趣之时，它就会呈现闪亮的、鲜艳的颜色。特定颜色的意图和颜色的模式会因变色龙的品种而有所变化。

❓ 地球上最长寿的生物是什么

据查证，世上最长寿的人的寿命是122岁，而有些动物的寿命会更长。最长寿的巨龟可活188岁。在动物当中，我们不可能找到最长寿的生物。那么，最长寿的生物是什么呢？

我们可以通过数树木的生长轮来确定其年龄。很多大树都是历经岁月。岩心样品的年轮表明一些巨杉、红杉已经生长了两千多年。直到最近，已知的最古老的有机体是加利福尼亚的一棵松树，人们称之为"玛士撒拉（最长寿的人）"。1957年，对其从岩心开始的年轮进行清算，人们发现该树的年龄是4723岁。

但这还不是终点，因为植物学家又在加利福尼亚南部发现了一种年龄更大的树木：石炭酸灌木。它不像红杉那么高大，也不像老松树看上去那么古老、粗糙。事实上，古老的石炭酸灌木看起来像高矮不齐的一圈灌木丛，发出一股奇特的香气。

基因测试的发展表明环形灌木丛实际上构成了一种植物。石炭酸灌木的树干几十年后凋零，取而代之的是几个新树干。虽然树干看起来是互不相干的灌木，但它们的根系却是相连的。随着这些树干的更新、凋零，生长轮的圆环向外延伸。这种植物长成一个一个单独的灌木，但是各个又与最初的原始体紧密相关。从基因角度来讲，所有的灌木都是相同的。根据碳-14年测定法，石炭酸灌木的一个圆环已经有1.1万多岁了，是已知最古老树木的年龄的两倍。

近期，又一重大发现使得石炭酸灌木的最高位置受到威胁，使其成为"寿星赛"中的小字辈。科学家将西伯利亚地底深层的冰样品中的细菌复原后发现，这些细胞一直是有生命的，一直以很低的速率发挥作用，而这样的状态已持续了60万年。到目前为止，这

时事快报

虽然每一个圆环代表一岁，但是树木的圆环大小不一。在干燥的年月，树木长得慢，圆环就窄；在潮湿的年月，情况恰恰相反。科学家通过研究圆环大小的模式，可以确定某个地区的天气，追踪数百年的降雨期和干旱期。对这些模式进行比较，还可以确定几个世纪前树木死亡或被砍伐的日期。

是植物寿命的最高纪录。但也许还会有新的发现，没人可预料。

？ 蚱蜢跳远的原理何在

让我们来看看奥林匹克运动会中想创世界纪录的跳远运动员吧：助跑、冲刺、起跳。质量高的起跳使其跳出9米远，是其身高的4.5倍。

再来看看蚱蜢的起跳。从起点开始，4厘米长的蚱蜢向前跳，在一米多远的地方着陆，这一距离是它身长的40倍。而且，这只是平均成绩，并非奥林匹克纪录。相对身高来讲，为什么蚱蜢比人跳得远呢？

相对身体大小来讲，昆虫比人类跳得远有几个原因。两个有机体的身体结构不同、肌肉运动获取氧气的方式不同。然而，最重要的因素是随身体大小的增加，身体比例有所变化。随着肌肉横截面的增大，肌肉施加的力会增大。横截面属于面积测量，即长度的平方。如果蚱蜢身体比例保持不变，身长增加1倍，其肌肉横截面就会增加4倍；长度增加3倍，肌肉横截面就会增加9倍，以此类推。一只6英寸（15厘米）的蚱蜢随后退弹跳力的增加，跳出的距离可为先前的2500倍。

但是，这里又出现了比例问题。长度增加，面积平方，但体积就要立方。蚱蜢的长度增加了50倍，体积就要增加12.5万倍，这就意味着它的质量也增加了这个倍数。虽说肌肉强壮了，但每个横截面上质量的增加高达50倍。那么，跟奥林匹克运动员身高一样的蚱蜢跳得就没有运动员远了。

？ 为什么飞蛾愿意靠近光

漆黑的夜里，坐在室外，门廊的灯开着，你会发现很多蛾子围着灯光飞来飞去。这似乎是个很奇怪的现象：喜欢夜间活动的昆虫想要靠近光源,原因在于黑暗中没有飞蛾所需的自然光了。那么,飞蛾为什么愿意靠近光呢?

这个问题恰恰是一个实例,说明现象可能会导致一个错误的概念。很多飞蛾聚集在光亮处,人们就推测它们愿意靠近光。但并没有证据表明飞蛾靠近光是出于自愿。事实上,许多种类的飞蛾抵制光亮,常常远离灯光。

飞蛾和灯光之间的相互关系有几种解释。研究飞蛾的大多数科学家都认为飞蛾靠近灯光是由于慌乱,绝非意愿。可能的情况也许是这样的:飞蛾视力很好,通常借助于自然光(月光、星光)来导向,从而可以走直线。鉴于昆虫的导航性,这样说也许是正确的。飞蛾飞向灯光,并非努力靠近(它就不会靠近月亮)光亮,而是它看到了一个"导航点"。这个亮光与飞蛾成长过程中用来导航的自然光有所不同,它变得越来越近,所以使得飞蛾慌乱,围着灯光飞来飞去。

另一种解释是飞蛾可能在寻找食物。一些飞蛾喜欢靠近夜间开放的花朵,因为这些花又大又白,最大限度地反射光亮。倘若事实果真如此,就可以解释为什么某些亮光会对飞蛾更有吸引力了。例如,对飞蛾来讲,紫外线波长、蓝波长比黄波长更具吸引力,而花朵并非反射所有的波长。

还有一种解释就是飞蛾靠近亮光纯属偶然。飞蛾的眼睛是由很多单眼组成的复眼,用来聚集亮光。当飞蛾靠近亮光之时,它会瞬间失明,有一个调节适应的过程,就像人们去适应黑暗的剧院中突然亮起的闪光灯一样。适应了亮光之后,飞蛾离开,但再也无法辨认路途,只好又飞回来,从而出现了在亮光周围打转转的现象。

驼峰真的储藏水了吗

很容易理解为什么人们会认为骆驼的大驼峰是一个水容器:骆驼在炎热干燥的沙漠行进很多日子,可以滴水不进,而后又可以一口气狂饮75升。但是,这些水真的储藏在驼峰中吗?

科学箴言

"所有的生物彼此相关,人们可以从一个特定有机体身上实现突破,从而探讨普遍性。"

托马斯·R·切赫(1947—)

时事快报

虽然飞蛾并不迷恋路灯,但同样喜欢夜间活动的蝙蝠却愿意靠近路灯。蝙蝠主要凭借耳朵来觅食,但它们并非瞎子。蝙蝠知道最好的觅食地点是灯光附近,因为飞蛾会在那里乱窜。蝙蝠奔向亮光处,就像人们冲向快餐店的亮晃晃的标志一样。

虽然骆驼体内可容下大量的水，但驼峰确实不是一个水容器，它是一个大型的脂肪储存器——储存食物，使骆驼在长时间不进食的情况下仍然可以长途跋涉。食物短缺的时候，脂肪可以新陈代谢而转化成能量，熊也是这样靠积聚脂肪而过冬的。依靠这一储备，骆驼可以两周不进食。为什么骆驼将脂肪储藏在背部，其原因尚不清楚，但有一种可能是脂肪被当作隔离层了，挡住炎热的阳光。

虽说驼峰并不储存水，但骆驼却能够长时间不进水。对大多数哺乳动物来说，倘若一口气咕嘟咕嘟喝下75升的水，其体内流质会被稀释，严重的话会导致死亡。然而，骆驼可以适应体内水量的大起大落，而且，它的体温变化范围是35℃～41℃，这就使得骆驼能够适应白天的炎热而长时间不出汗，而其他动物不得不靠出汗来降温。

❓ 为什么鲨鱼的牙化石很常见，但其骨骼化石却罕见呢

我们知道，远古时代的鲨鱼，尤其是巨齿鲨使得现在的大白鲨显得相对渺小。从巨齿鲨的牙齿化石来看，这个庞然大物的身长可达到15米长。至今还没有人发现一块巨齿鲨的骨骼化石，而比它还要古老很多倍的恐龙骨骼化石却很常见。远古时期的鲨鱼牙化石很常见，但骨骼化石却罕见，原因到底是什么呢？

鲨鱼是极其灵活敏捷的鱼类，跟大小类似的其他鱼类相比，它的翻转更为轻松，原因在于它的特殊的骨骼（不同于大多数脊椎动物）：鲨鱼的骨架是由软骨构成，而不是由骨头构成。软骨强壮但质量轻，人类鼻梁的构成也是软骨。

软骨比骨头更轻、更具弹性，有助于鲨鱼平衡身体，防止下沉，而且使得鲨鱼的翻转更具敏捷性。同时，鲨鱼游泳时主要是靠身体，支撑游泳的肌肉和骨骼并不相连，而是直接和它粗糙的皮肤连在一起，这就强化了肌肉。但是，软骨的不坚硬性导致它不能形成化石，至今几乎没有发现鲨鱼的骨骼化石。

鲨鱼的牙齿坚硬（类似人类），容易形成化石。鲨鱼有很多牙齿，而且终其一生都在更换牙齿。鲨鱼有成排的牙齿（人类只有一排牙齿）和牙床连在一起，除最外排的牙齿是真正起到牙齿的功能外，其余5～15排都是"仰卧"着备用。旧牙坏损、脱落，当天就长出新牙。一只鲨鱼每年都会长出1000多颗牙齿，而且都可以形成化石。

鲨鱼牙齿的形状和大小会因物种甚至牙床的一个部分的不同而有所差异，但人们可根据牙齿的大小来推测其身体的大小。例如，巨齿鲨身体巨大，牙齿也巨大，有些超过18厘米，而大白鲨的牙齿只有1厘米长。

？ 动物为什么会迁徙

航空照片上看到的大规模动物迁徙真是壮观：不管是北美驯鹿，还是非洲牛羚，成千上万的动物聚集在一起，成群结队，浩浩荡荡。动物为什么要迁徙呢？它们又是如何知道何去何从的呢？

有些动物迁移的距离相当远，每年走几千英里。这会消耗掉大量的能量，所以它们这样做是有原因的：繁殖后代、寻找食物、栖息温和的地方。例如，羚羊穿越平原，找寻更新鲜的草地；虽说北方苔原地带食物充沛，但天鹅还会在秋季降温时节飞离，只是为了享受春天的温和；鲑鱼战胜急流，返回出生地，也只是想繁殖后代。

说清动物迁徙的原因并不难，但论及迁徙方式就有点棘手了。黑脉金斑蝶（俗称"帝王蝶"）是如何从加拿大迁移到莫斯科的？鳟鱼是如何历经几千英里返回内河产卵的？

非常识

人们认为，软骨是身体里唯一不会发生癌变的组织，所以鲨鱼具有抗癌作用，鲨鱼软骨成为癌症治疗的药物。其实，鲨鱼也会发生癌变，虽说它的免疫系统可有效抵制癌症。科学家正在研究确定鲨鱼是否可生成化合物，用以有效治疗人类癌症。但是，至今尚未有科学研究证明鲨鱼软骨粉可治愈癌症。

非常识

北极旅鼠从悬崖跳进大海并非集体自杀，它们迁徙的原因是食物供不应求。在迁移过程中，它们游过河流，有些会溺水，这似乎就是最早所说的自杀。旅鼠跳落悬崖这一镜头出现在1958年的一部影片中，之后其迁移方式家喻户晓。影片在远海地区拍摄，旅鼠"自杀"的镜头其实只是导演将其在支架上翻了个身而已。

时事快报

迁徙现象并非动物专有，人类的迁移已导致全球人口分布的变化。和动物迁移类似，人类的迁移也是有原因的：逃避恶劣环境（例如战争）、寻找资源丰富的居住地（比如19、20世纪北美境内的迁移）。还有一些其他原因，比如在很多国家收获季节出现的外来民工。

专业人士研究了有迁移习惯的动物的身体特点及其行为特点，搞清楚了动物迁移时的导航方式。很多鸟类（包括鸭子）是通过观察天空中太阳或星星的位置来辨别方向的。有些动物（包括红海龟）身体内有敏感的器官，可以探测号称"指南针"的地球磁场。鲑鱼凭借嗅觉长途跋涉返回出生地。只有人类使用地图，动物似乎用不着，因为它们会利用自然环境提供的多种信号来导航。

生物学——
人类

10

"生物学将人类基因与动物基因、细菌基因这一大型生物链联系在一起。"

——沃尔特·吉尔伯特（1932—　）

人类生物学与其他动物有所关联，但肯定差异甚大。解剖学、生理学的研究表明人体是由相互关联、相互作用的各个系统组成，而且各司其职。有些系统人们很熟悉（虽说了解并不全面），比如循环系统、呼吸系统、生殖系统等。还有一些人们不太熟悉的，但并不是说就不重要：

◆ 神经系统是人体的控制中心，包括大脑以及连接感官和肌肉的网状系统。

◆ 胃肠道系统将食物转换成人体所需要的营养物质，并排泄废物。

◆ 呼吸系统呼出二氧化碳，吸进新鲜氧气。

◆ 循环系统与体内的其他系统相互作用，将营养物质和氧气输送到各组织器官，并将各组织器官的代谢产物排出。

◆ 骨骼肌系统包括骨骼系统和肌肉系统，主要负责身体的运动。

◆ 免疫系统识别和清除对人体有害的侵入细胞和组织。

◆ 内分泌系统是人体的重要调节系统，它分泌的激素可在各系统之间传递调节信号，以便维护内环境的稳定。

◆ 外皮系统包覆在人体表面，包括皮肤、头发、指甲，与外界直接相互作用。

❓为什么血型会有所不同

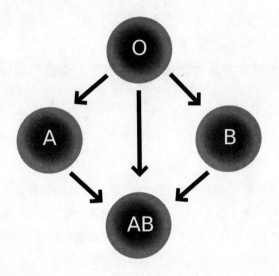

　　电视节目中，病人的病情处于危险期时，就被推进急诊室。医生不了解病人的血型时，就会叫护士取来O型血液。大多数情况下，每个人的血都是一样的，包括两种细胞——红细胞和白细胞——悬浮在血浆（淡黄色咸味液体）中。但是，在显微镜下，红细胞并非完全相同。如果不同血型的血液混在一起，就会出现血细胞聚成一团的结果，从而导致血液流通不畅，严重的话就会出现死亡。那么，为什么会有不同的血型呢？

　　人类血型的不同源于红细胞表层黏附的糖分子链的差异。这些表层黏附物称作抗原体，用于识别进入免疫系统的血细胞。

　　人体内存在两种不同类型的抗原体：A和B。红细胞中含有A抗体的人就是A型血。人类有四种血型：A型、B型、AB型（红细胞含A、B两种抗体）、O型血（不含抗体）。如果血液进入红细胞抗体不同的人体内，免疫系统就会发生反应，就像新细胞是入侵的病毒一样。人体试图抵制"外来入侵者"，从而使血液中形成危险的团状物，阻塞血液流通。

随着ABO分类系统的发展，第三种抗体Rh血型系统问世，这一命名是由于它的最初发现是在恒河猴(rhesus)的血液中。凡是人体血液红细胞上有Rh抗原的，称为Rh阳性，反之，则为Rh阴性；将这一分类和ABO分类系统结合在一起，就会出现八种血型。O型血不含抗体，任何血型的人都可输入这种血，免疫系统不会出现抵制行为。因此，O型血的人被称为"万能捐赠者"。AB阳性血型的人是"万能接受者"，因为其免疫系统对任何抗体都不抵制。

血型属遗传所致。A型血的父母的孩子只能是A型血或B型血，绝对不会是AB型或O型。虽然不能确定血型为什么会有所演变，但特定血型变化的频率会因居住地的不同而有所变化。研究表明，血型也许与某种疾病的敏感性和多发性有关。例如，B型血或O型血的人罹患癌症的概率低，而A型抗体、B型抗体或二者兼有的人罹患霍乱、瘟疫的概率低。抗体也许已经成为人体免疫系统的一个部分。

2007年，一家国际研究组织宣称他们已经发现一种酶，能够将抗体带离红细胞。虽说这一过程的普遍应用还需大量的检测，但它可能会使任何血型都变成O型血，这会大大提高血库的效率，并确保输血的安全性。

 定义

抗原体（或称抗体）是刺激人体免疫系统产生保护功能的一种化合物。大多数抗体要么是蛋白质（氨基酸分子链），要么是聚合酶（糖分子链）。很多抗体都是细菌或病毒的组成部分。

? 为什么不能不睡觉

你可以选择性地做很多事情来维持身体的正常运行，纵然不一定舒适。食物不是问题——你可以拒绝吃东西，但身体仍然可以恢复。拒绝饮水可能会因脱水而导致死亡，但有时也没有问题。你不能拒绝呼吸，因为身体会自然为之，即使你先昏倒。你不能拒绝睡觉。不管费多大劲来保持清醒，最终你还是会打盹。那么，人为什么不能不睡觉呢？

鼠类实验表明，完全睡眠剥夺比饥饿更易导致死亡。度过某一个特定点之后，阻止睡眠几乎是不可能的。除死亡之外，不睡觉还会对身体造成很大的伤害，人最终会变得暴躁、健忘，连最简单的事情都没办法做，更别提像开车这样复杂一点的事情了。睡眠不

 非常识

健康饮食取决于血型。基于这一点，"血型饮食"问世，即根据血型来举荐特定的事物。但是，这一观点的倡议者并未提供任何证据来表明其临床功效。大多数营养学家和饮食专家都认为"血型饮食"属于虚伪科学。

足会导致免疫系统功能下降、血压波动、新陈代谢紊乱等。

有趣的是，对于健康如此重要的睡眠，人们的理解却不够深刻。睡眠状态下，人体不会出现明显的化学变化，就像人在不呼吸时，仍有二氧化碳的生成一样。然而，睡眠学家确实知道这一事实：当身体倒下，处于睡眠状态时，人的大脑仍然在工作着。

20世纪50年代，科学家发现睡眠状态下的两种不同的大脑运行情况——快波睡眠（REM）和慢波睡眠（non-REM）。顾名思义，快波睡眠的特点是眼球的快速运动。在慢波睡眠状态下，大脑似乎较为迟钝，就像停歇的机器一般。人体的呼吸和心跳规律化，而且几乎不做梦。

在快波睡眠状态下，大脑活跃，神经元的反应与清醒状态类似，这是做梦的阶段。当人体进入梦乡，大脑中掌控运动的系统的工作状态与清醒时一样，但神经传递素（大脑到肌肉的传递信号）受到抑制，与眼睛运动相关的除外。

睡眠研究是一个复杂的过程，科学家已开始探讨关于睡眠的必要性的一些假设。慢波睡眠阶段，人体新陈代谢缓慢，大脑温度下降，此时大脑似乎能够进行细胞内修复活动，再次储备其正常运行所需的酶。快波睡眠状态，大脑细胞正常运行，但神经传递素休眠，在此神经元的主要链接恢复运行。研究人员认为这些链接在控制情绪和主导学习方面发挥重要作用。大脑也许是利用睡眠时间来调节记忆，牢记白天获取的信息，并且使大脑本身恢复精力，因为它将身体的其他系统排除在外。

❓ 为什么剪头发、剪指甲不会疼痛

头发、指甲都会长长，但即使剪掉，人体也不会有任何感觉。身体的这些部分是由细胞组成，还是其他什么物质？

头发、指甲由活细胞构成，但材质本身并不是有生命的。头发和指甲都是形成于一层又一层的死细胞，其主要成分是纤维状蛋白质，即蛋白质角质素，也是很多动物的蹄和角的构成物（鹿角有所不同，它是由活骨细胞构成）。

　　指甲是由指甲母细胞形成的，这一活性结构在角质保护层生成指甲细胞。这些细胞层层堆积，并随着指甲的生长（每个月三毫米，脚趾甲减半），向外突出，形成硬薄板，并在生长过程中死亡，直至留下硬角质蛋白。

　　人体头发的形成方式类似。每根头发都从毛囊长出，因为毛囊中有生成头发细胞的成堆的细胞。和指甲类似，头发细胞在生长过程中死亡。正是因为它们是死细胞，受伤的头发和指甲不能修复。每根头发都有几层构成，角质层包裹的是角蛋白纤维，角质层的死细胞就像屋顶木瓦一样重叠，从而保护内部的蛋白纤维。

❓ 胃酸为什么不分解胃本身

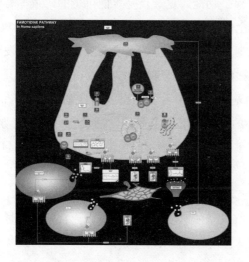

　　进餐时，由于咀嚼，人体消化过程随唾液开始。这一重型任务落在胃的身上，它损坏构成动植物的细胞。人体胃中的酸液很强，可将进食的牛排转化为液体黏糊状物。但是，为什么酸液不分解胃本身呢？

　　答案是令人惊讶的：胃酸确实分解胃本身。胃的内部排列有一层保护细胞，称作上皮细胞。上皮细胞可产生黏液——这是一种

非常识

　　很多推理小说中盛行一种信念：人在死后，头发和指甲继续生长。这是不可能的，因为指甲母细胞、毛囊细胞和其他细胞一起死亡了。指甲、头发（特别是刮过脸的发毛）看起来在继续生长，那是因为周围皮肤的萎缩。虽然头发、指甲的长度并未改变，但外露的部分长了。

时事快报

直到近期，医生都确信胃溃疡产生的原因是人体食用了辛辣食物或压力过大。但在20世纪90年代，研究人员发现胃溃疡实际上是由于胃壁细菌感染所致。细菌通过生成酶（中和酸液）而存活在胃酸中。然后，它会钻入胃壁黏液中，使得酸液进入外部组织。现在，常规的胃溃疡治疗方法就是注射抗生素。

粗蛋白，通过化学结合，有糖分子覆盖其上。糖分子的抗酸性胜于蛋白，所以黏液层保护胃壁。

即便如此，酸液持续通过胃壁层（第二个保护层出现的地方，也是胃腐蚀自己的地方）。上皮细胞的外层被持续攻击，但新细胞从底层生出，取代坏死的细胞。一个健康的人，每分钟大约有50万个上皮细胞坏死，三天当中，整个胃壁层会在新旧细胞不断交替的过程中而被更新。

如果酸液设法摧毁黏液层和上皮细胞的话，就会促使胃动力的肌肉退化、疼痛，从而导致两种最严重的后果：胃溃疡、胃癌。

人类能够感受到的味觉有多少种

味觉是人们接触外界的窗口之一，它不仅让人们享受美味，而且还具有保护功能，这一点是难能可贵的。很多有毒的化合物（当然并非全部）会发出一股味道，一般是人们不喜欢的，甚至令人恶心。有时，人们对味道的偏爱会随营养需求而发生变化。那么，人体是如何记住食物的味道的呢？

味道的基本感官在舌头上以及口腔的其他部位。舌头上密集着许多小的突起，其上就是味觉感受器：味蕾（数目高达1万个）。味蕾在一周内会因磨损而全部更新。每个味蕾包含几十个，甚至几百个味细胞，它们接收特定类型的化学信息，并通过味蕾终端的神经系统将其传输到大脑中。

味蕾上有大量的感受器，感受口腔内食物的味觉。但从根本上讲，人类感官认可的五大味觉是：

◆ 甜味

◆ 酸味

◆ 咸味

◆ 苦味

◆ 鲜味

这五大味觉中，除了最后一种，其他都是人们所熟悉的。鲜味（umami）有时被称为"美味（savory）"，是指口感浓郁、香醇的浓汤味或味道浓烈的奶酪味。

其实，这五种也只是整个味觉中的一部分。例如，感冒时，鼻子不通气，食物就显得没有味道。味觉是一种合作性的感觉，需要鼻子的配合。事实上，从感知味道的角度来讲，嗅觉可能比味蕾更为重要，原因在于其数目繁多的感受器（每个鼻腔后部都有一亿个）。分子穿过口腔上鄂的通道，进入这些感受器，从而产生嗅觉。如果一个人闻不到食物的味道，那么他的味觉就会较差。

导致时差的原因是什么

常常东奔西跑的人都知道这个现象：穿越大西洋后会发现旭日东升，忙碌的白天近在眼前，但想做的事情却是拉上窗帘，倒头大睡。这就是时差在作怪。不管你旅行过多少次，也不管你尝试了多少种方法来让自己保持清醒，时差都难以避免。到底是什么导致时差的产生呢？有没有方法克服它呢？

当一个人在很短时间内穿越几个时区的时候，就会出现时差现象。就像床头的闹钟，它是24小时转一圈（但时区改变，就要重新设定闹钟），每天都是固定的。如果你快速穿越了几个时区，你的"生物钟"就和日常闹钟不相匹配了，原因在于日出、日落时间的改变。你的身体信号开始出现混乱，导致头痛、胃部不适、注意力分散等。一般来讲，时区相差三个小时以上就会出现人体时差现象，但也是因人而异。

这种体内对时间的感知反应叫作昼夜节律，并非人类所特有。动物也有适应外界环境的昼夜变化而建立起的规律周期。事实上，最早研究控制这些生物昼夜节律的基因是从果蝇开始的。虽然真菌类被移植到室内进行栽培，但研究人员还是对其进行了此项研究，它可以生成化合物来保护自身细胞免受日出前的强光刺激。

人体的昼夜节律是由视神经附近的大脑的很小的一个部分来控制的。控制人体生物钟的基因可产生蛋白，而且随时间的推移，

非常识

还记得中学生物书上的"舌"图吗？上面标注了舌头的哪个部位可感受甜味、哪个部位可感受咸味等。如果你认真观察的话，你会发现这幅图和实际不相符。猜猜是哪里不符合呢？它和任何人的舌头都不符合，因为它似乎是一个零散的研究结果的拼凑图，显示效果很差。受控研究已经表明，舌头上所有的味蕾都有五种味觉的感受器。

定义

★　昼夜节律（circadianrhythm）也叫昼夜周期（circadiancycle），是指生命活动以24小时左右为周期的变动，包括睡眠、觉醒、有机体的生长和荷尔蒙的产生。动物、植物、细菌都有昼夜节律。"Circadian（全天的）"一词来自拉丁语"aboutaday"。

时事快报

轮流上班对身体产生的结果就类似于倒时差。昼夜节律的破坏对人体有害，而且，年龄越大，危害性越强。研究表明，女性的工作时刻表持续变化超过15年的话，罹患乳腺癌、直肠癌的概率偏高。

蛋白会进行分解，但时间并非唯一原因。日照时间的改变也会使人体生物钟发生改变，所以每天清晨都会出现适应过程，就像某人在看手表调试时间一样。如果我们人体的生物钟与自然界有一点不同步的话，稍加调整，就会适应。射向视网膜的光会将信号传递给大脑控制昼夜节律的那部分，然后褪黑素（导致人体昏昏欲睡的一种荷尔蒙）的生成就会受到抑制，从而睡眠受到影响。人体其他系统也会对大脑的这一信号产生反应，控制系统功能。例如，血压波动、尿生成以及其他荷尔蒙的生成等。

那么，为什么几天之后时差反应会消失呢？实验表明，日照引起的调节是有限的，这种调节只能使生物钟每天变换一两个小时，这就意味着四个时区的变化需要3天的调节适应。同时，人体的感觉就像是一会儿在东，一会儿在西，昏头转向，这就是时差在作怪。

如果人类不需要阑尾的话，为什么我们会有呢

人体大肠上方7.62厘米长的虫形器官就是阑尾。只有在阑尾发炎的时候，人们才会提到它。阑尾一旦发炎，就会将细菌传入整个腹腔，引起腹部的剧烈疼痛，有时还会导致死亡。治疗的方法就是切除它，而人体并不会出现明显的反应。那么，如果说阑尾会引发问题，而没有它人体又能正常运行，为什么我们还要有阑尾呢？

到目前为止，大多数医生都说过阑尾没什么用处，而且实际上是一个危险物。大约7%的美国人实施了阑尾切除手术，似乎也没有出现什么副作用。人们认为，阑尾的存在是进化过程中的"残余物"，对于一些哺乳动物来讲是有用的，但对灵长类动物（包括人类）是无用的。

一些哺乳动物，比如兔子，阑尾可帮助它们消化纤维素（草以及很多植物的枝、叶的主要成分）。某种特定的细菌存活在哺乳动物的阑尾中，将纤维素分解成消化系统可吸收的化合物。但是，

灵长类动物是不吃草的，而是吃昆虫、肉类和含有淀粉、糖类的植物性食物。据推测，对于人类远古（灵长类之前）的祖先来讲，阑尾是有用的器官。事实上，它现在仍然有用，因为并没有证据表明人类没有阑尾会更好地适应环境。所以，没有理由让阑尾消失。

但是，近期的研究表明这一问题的答案并非那么简单，因为阑尾确实是有用的。研究这一课题的免疫学家确定了人体肠内对生存所必需的的细菌数目。它们主要用于分解食物，使其转化为能量。研究人员已掌握充分证据可说明阑尾的作用：给供人体生存的必要细菌提供一席之地。有时，严重腹泻会导致肠内空缺，细菌被严重耗尽。至此，研究人员提出假设：阑尾是"优良"细菌的储藏室，必要的时候释放它们，使其进入肠内，加速肠功能的恢复。因为这一储藏室乏于使用，而且有可能肠会自行恢复，所以人们会在没有阑尾的情况下继续生存。

阑尾发炎就要切除，因为并发症的严重性大于阑尾存在的好处，这一点是业已达到共识的。

为什么女人的寿命比男人要长

随着医学的发展和基本生活需求供给的提高，人类的平均寿命增加了。寿命长短因人而异，但也有一些例外。一般来讲，女人寿命比男人寿命要长。例如，在美国，女人平均寿命是80.1岁，而男人则为74.8岁。那么，如何来解释性别和平均寿命之间的关系呢？

这是一个棘手的问题，主要是涉及的因素太多，而这些因素又通常不是实验所能控制的。女人寿命长于男人似乎与他们承担的社会角色有关。例如，大多数社会中，男人最有可能参与战争、从事有危险性的体力劳动，而且他们通常胆大好斗，有可能在相互冲突中丧失性命。但是，有证据表明这种解释比较苍白。还有一种解释来自生理角度，鉴于基于性别的身体状况差异，这一点不足为奇。

时事快报

人体内看起来麻烦大于有用性的器官并非只有阑尾一个，喉咙背部的扁桃体也是一个。它是一对淋巴器官，提供免疫的第一道防线。但是，跟阑尾一样，这些淋巴组织本身容易发炎。追溯到一两代人之前，切除扁桃体几乎是儿童的常规手术，而且并未引起免疫功能的下降。现在，只有当扁桃体的慢性发炎经常性地影响病人健康的时候，小儿科医生才会建议切除扁桃体。

时事快报

研究表明，减少食物的摄取量(只要维持生命所需营养即可)可以延长寿命，这已在很多动物身上见效，比如猴子、田鼠、老鼠和果蝇。有趣的是，热量控制并未影响到家蝇的寿命。研究人员还未搞明白的一点是：人类是否可以通过将热量减少到最低需求来延长寿命，有很多迹象都表明，热量的降低是身体健康状况改善的标志，葡萄糖耐量障碍患者都是如此。

从生理学角度来解释男女寿命的差异性可以从动物身上来取证。雌性大象、鼠、果蝇的寿命比雄性的要长。研究人员已提出几种解释，并在搜寻证据来说明动物寿命的差异性，并力求找出与人类的关联性。

有一个性别差异是显而易见的：性激素在雄雌动物寿命长短中发挥重要作用。例如，雌性激素会消除胆固醇，而雄性激素会增加低密度脂蛋白的水平（即所谓的"坏胆固醇"）。这一点就可以解释心脏病导致的死亡率是男女有别的现象。同时，女性的新陈代谢一般低于男性，针对动物的很多研究表明：新陈代谢越慢、寿命越长。

另外一个主要的性别差异是基因差异。对于包括人类在内的很多动物来讲，雌性有两个X染色体，而雄性有一个X染色体和一个Y染色体（详见第11章）。很多疾病，例如血友病，更多地发病于男性身上，原因就在于女性第二个X染色体上的一个基因阻塞了引发疾病的缺陷基因，而X染色体还有一个基因，用于修复坏损的DNA。男性只有一个这样的基因。随着年龄的增长，基因缺陷导致无法修复的突变细胞积聚起来，从而引发疾病，威胁生命。

但是，重要的一点是大家应该牢记：所有的这些解释说的都是平均寿命，对任何个体来讲，只有健康的生活方式才能确保健康长寿。

"大脑是最伟大的生命前沿，是迄今为止宇宙中发现的最复杂的东西。它包含有成百万个细胞，这些细胞的相互关联方式又不计其数。大脑的构成和功能让人迷惑不解。"

——詹姆斯·D·沃森（1928—　）

生物学——
遗传学和DNA

11

"倘若探究人类潜心进步的伟大成就，无论从理论上还是实践上，我们都会发现细胞先于人类完成任务，可谓足智多谋、效率超级。"

——阿尔伯特·克劳德（1898—1983）

看到一对兄弟姊妹，你是否能够立刻断定他们之间的关系呢？他们的体型、肤色、眼睛、头发和面部特征几乎一样，所以毫无疑问他们的父母是同一人。但是，也许这对兄弟姊妹还有一个手足，其外表与他们截然不同。为什么同一父母的两个孩子看起来几乎一样，而第三个孩子又完全不同呢？

19世纪，人们找到了第一批线索来回答这一问题。那时，奥地利遗传学家格雷戈·门德尔开始进行著名的豌豆育种试验，研究植物的遗传原理。他发现了父母对孩子的遗传特征规则，这不仅适用于人类，而且适用于所有有性繁殖的有机体。

从门德尔时代起，人们就了解了很多关于遗传特征的知识。现在，我们知道代代相传的特征规则就像成文法规收录在案：DNA分子。遗传学研究有机体的遗传、变种以及DNA代代遗传信息的方式。

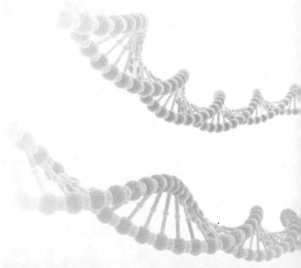

基因属DNA分子范畴，控制一种或多种特定蛋白质的生成。所有的基因信息储存在DNA分子的碱基上，每个基因构成一个遗传单位。

❓ DNA的作用是什么

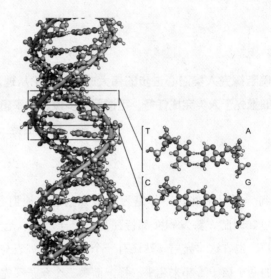

从最单一的分子到人类，每个有机体的细胞内都含有DNA分子，它是由更小的分子链构成的长链聚合物（人体细胞的DNA分子如果被拉伸的话，可长达一米）。这些DNA分子的作用是什么呢？

遗传特征通过DNA分子代代相传，它储存细胞生成蛋白所需的指令。这些蛋白是大范围化合反应的关键物质，促成活细胞的新陈代谢、生长和特化作用。

DNA分子有一个骨架结构，链接四个不同的分子序列，称作碱基。碱基序列编码信息的方式与字母表阐释句子含义的方式一样。

细胞的每项功能、有机体的每个特征都是由基因控制的，有时也由DNA上某个特定部分的基因组合来控制。每个基因都是DNA序列的一个片段，形成成千上万个碱基模式。

每个细菌都有一个承载1000个基因的DNA分子链，植物、动物（包括人类）有更多的基因——人类有2.5万个。动植物DNA分子的排列是常见的双螺旋状双铰链。人类细胞有46个DNA分子，每个上面有50到2.5亿个碱基链。

❓ 为什么蓝眼睛的父母不会生出褐色眼睛的孩子

人的外表的很多特征都来自遗传——父母的遗传。通常，头发、眼睛的颜色，肤色、身高、体型都是家族遗传，故兄弟姊妹一般长得都很像。虽然家族内部可能会出现大的变异，但一些特征的结合体是不会出现的。例如，蓝眼睛的父母永远不会生出一个褐色眼睛的孩子。这是为什么呢？

19世纪，格雷戈·门德尔通过研究动物的遗传特点确立了遗传基本定律。对于有性繁殖的有机体来讲，子孙后代继承了亲代的很多特点，每个有机体都继承了某个特定特征的两个方面——父母各一个方面——并将其中一个传给下一代。

如果两个可遗传特征不同的话，那么其中一个是显性基因，可被激活；另一个是隐性基因，虽然未被激活，但还是能够代代相传。

褐色眼睛的基因凌驾于蓝色眼睛基因之上，所以褐色眼睛的人和蓝色眼睛的人生出的孩子的眼睛颜色就是褐色。如果父母眼睛都是蓝色的，那么就没有褐色基因，孩子就不会出现褐色眼睛。另一方面，褐色眼睛的人具有蓝色眼睛的隐性基因。如果父母双方都有褐色眼睛的显性基因、蓝色眼睛的隐性基因的话，他们的孩子就遗传了蓝色眼睛的两种基因。因此，褐色眼睛的父母可以生出蓝色眼睛的孩子，但蓝色眼睛的父母不可能生出褐色眼睛的孩子。

❓ 所有的狗都属于同一物种吗

观察一下狮子、老虎，你会发现它们大小相似，因为它们都属于猫科。但是，这两种动物属于不同的物种。大丹犬和吉娃娃都是狗，但一个比另一个大得多，各自特征截然不同，不像狮子和老

时事快报

事实上，遗传并不只是一个显性基因、一个隐性基因那么简单。你可以遗传直发基因或卷发基因，如果具有每个基因之一的话，头发就有可能是波浪形，介于直发和卷发之间。说得再复杂一些，有些特征是两个或多个基因的结合体，DNA分子上的每一个基因都以两种形式存在，分别来自父亲和母亲。

虎这两个庞然大物还有类似之处。然而，这两条狗属于同一物种。那么，为什么同一物种的狗差异巨大而特征相似的猫科动物又属于不同物种呢？

部分原因在于对物种的定义。最初人们引进"物种"这一概念是将其作为有机体组织机构的划分方法。当时，科学家认为地球上的生命种类界限分明、各立门户、独自为政。不幸的是（也许应该说幸运的是），自然界的事物并非互不相干。所以对于物种的定义，科学家们现在并未达成一致。

物种是一个广为人知的概念，指的是能够相互繁殖的一组有机体。还有一些说法是自然界的各个群体彼此隔离，不可交配的生物属于不同物种，即使它们能生出后代。最近，更为确切的定义是探究生物体DNA的相似性，从而确定它们之间的关系。

实际上，大丹犬和奇瓦瓦小狗不能交配，因为大小相差甚远。但是，大丹犬却可以和一只比它小一点的狗交配，比如德国狼犬，其后代是牧羊犬。牧羊犬反过来又和小猎犬交配，生出聪明可爱、繁殖力强的后代。人人都想要一个小猎犬和奇瓦瓦混血的小狗，不是吗？

物种总会有变异：每个斑马都有自己的斑纹模式；北极熊的大小在一定范围内会有所不同；马戏团的大猩猩个性不一，与同伙相处方式各具特色。但是，和狗不同的是，其他物种并未显示出大小、形状、行为的巨大差异。人们知道的所有类型的狗的祖先都可追溯到狼，但今天人们一般不会把狗误认为狼。和其他物种相比，狗这一物种为什么变化如此之大呢？

部分原因在于狗的生活空间广阔。适应寒冷地区生存的野狗和温暖地区的相比，毛就长一些、体积大一些。然而，狗变异的主要原因在于人类。人类饲养狗至少有1.2万年的历史，而且很多狗的饲养是有目的的：追逐成群的猎物、把害虫赶回老家、监视警告外来者等等。近几个世纪，狗的外表又成为饲养者的首要目标。每次繁殖都有一个理想的外表，以此来进行狗的配对。

你所看到的大多数狗的外表并非自然选择，而是人工选择。物种适应生存是通过满足与人类的愿望和需求相关的小生态环境来实现的，而不是努力适应自然环境带来的压力。

人类基因计划的目的是什么

美国能源和国家卫生研究所倡导的人类基因计划（HGP）已持续13年了，主要研究人类遗传学——决定个体特征的所有基因。最终目标是绘制一个人类基因谱图，显示每个基因在人类DNA分子上的位置。这幅图的价值何在？如何使用呢？

人类基因计划有以下几个目标：（1）鉴定出人类的所有基因；（2）确定构成人类基因组的约30亿个碱基对的序列；（3）将上述信息储存于专门的数据库中，并开发出相应的分析工具；（4）研究由此而产生的伦理、法律和社会问题并提出相应对策。基因框架图在2003年完成，但分析工作还要持续很多年。

每个个体DNA不同，故谱图的绘制选择了不同个体的样本，这并不能表明任何一个人基因组确切的碱基对序列，但却能鉴定出人类DNA的一般序列和与基因相对应的特定区域。

科学家希望从人类基因组的研究中获取更多有价值的东西，因为很多疾病源于基因。每个人都有特定的碱基对，而其差异性可能会导致某种疾病。基因与疾病有关联，对这一点的认识有一个很现实的好处：能够确定哪类人感染某种疾病的概率大。科学家已通过实验来预测乳腺癌、囊肿性纤维化、阿尔茨海默病（俗称"老年痴呆症"）在有些情况下可能是遗传病。如果知道了自己有这类病的基因，就可采取预防措施，也有助于治疗。

不同的人对药物的反应不同。有些药物对某些人的治疗很见效，但对另外一些人就没有疗效，甚至是危险的。倘若搞清楚了基因差异是如何影响药物和人体的相互作用，那么医生就能够对特定的人使用合适的药物和针剂，从而提高疗效。除了决策治疗的最佳药物之外，根据基因信息还有可能制造、改良药物。最终，通过改变病人DNA本身，基因治疗可提供治愈遗传病的方法，或至少起到控制作用。

定义

有机体的基因组就是其所有DNA的整体组合。人类基因组包括6亿个碱基单位。对人类来讲，大多数基因是相同的，但也有一小部分不同。正是由于这些不同的基因，才使得人们各具特色。

 非常识

有关人类基因组的知识并不是我们了解病因、预防所有疾病的神奇武器，因为很多疾病要归因于环境因素，而非遗传因素。一些看似家族史的疾病也许是由相同的生活习惯和环境条件导致的，而不是基因。即使特定的基因与某种疾病有关，比如乳腺癌，但遗传密码只是说明了疾病的倾向，而非必然性。通常还会有一些其他因素决定罹患疾病的可能性。

时事快报

有关动物克隆的文章通常会说克隆后的两个动物是完全一样的，但事实上它们并非毫无差异。控制遗传特点的 DNA 位于细胞核中，但还有一处有 DNA：线粒体。线粒体是细胞中的微小结构，可为细胞产生能量。线粒体总是从母体遗传而来，因为它们是卵细胞的一部分，而非精细胞的。线粒体 DNA 只是细胞中 DNA 的一小部分，通过细胞核移植产生的克隆品与母体的相像程度并不像同卵双胞胎那样。

克隆的工作原理是什么

1997年，英国科学家宣布了一个实验结果：通过在实验室复制羊的细胞，他们成功地克隆出"多利"。多利的基因跟母亲的完全一样，这跟自然生产的羊有所不同。一个新的有机体是如何通过克隆而生成的呢？

谈及克隆有机体，我们指的是复制有机体的基因细胞——和原体的DNA完全一样。多利的诞生引来争议，但其实在其出现之前，克隆这一技术由来已久。大自然中，单细胞有机体通过克隆繁殖，即细胞分裂成具有相同基因的两个新细胞。花匠喜欢嫩枝插条，培育出新的植物。同卵双胞胎开始于单个的受精细胞，它分裂而形成两个基因完全相同的胚胎——复制品。

如果你对任何一对同卵双胞胎都有所了解的话，你会发现他们并非完全相同。虽说外形特征很相似，但他们并不完全一样，他们的性格会相差甚远。当然，他们的DNA完全一样，但还有很多其他的因素会影响到人以及任何有机体的个体特征。

和其他有机体相比，多利的诞生过程截然不同，只是结局相同而已：羊生成了羊。

科学家从羊的卵细胞中取走细胞核，但细胞的其他部分保持原样。然后，他们从另外一只成年羊中分离出一个单细胞，并移走它的细胞核，将其放入卵细胞中，这时他们就获得了一个基因信息与成年羊完全一样的崭新的完整细胞。这一细胞分裂形成一个胚胎，而后被移植到受体子宫中。就这样，多利就成为它的母体，即细胞核捐赠者的克隆品。

❓ 人类可以被克隆吗

导致多利问世的克隆技术的发展引起了前所未有的争议，其中一个特别的问题就是：是否可以运用相同的技术来克隆人类。这一想法衍生出大量的技术问题和道德问题。克隆人类具有可能性，但我们可以那样做吗？

人们提出人类克隆是有原因的：克隆可以帮助无生育能力的夫妇传宗接代，还可以帮助人们找寻逝去的亲人。克隆人类的过程应该与克隆羊是一样的，故生物学家认为出于以上原因或其他原因，还是可以进行人类克隆的。

但是，进行人类克隆有道德上的顾忌，这在克隆动物时就不会发生（虽说并非人人都同意将克隆技术运用到动物身上）。大多数情况下，克隆是不会成功的，原因有三：（1）很多胚胎在被移植到子宫后就会死亡。（2）相当数量的新生儿在出生前或出生后不久也会死亡。（3）很多存活下来的动物的心脏、肺或其他器官有缺陷，免疫系统功能低下。

还有一种类型的人类克隆说法是可以避免一些道德问题的，当然并非所有。在治疗性克隆中，把一个人身上取出的细胞核植入捐赠者的卵中，从而生成携带那个人DNA的胚芽。此时，胚芽没有放进女人的子宫中孕育婴儿，而是几次分裂产生干细胞。干细胞用于生成各种类型的人体组织，移植到原细胞核的捐赠者体内。这些细胞具有相同的基因，故免疫系统不会排异，而这是人体器官、组织移植的一个关键问题。专家已建议把治疗性克隆法作为很多疾病的治愈手段，包括老年痴呆症、帕金森综合症。

治疗性克隆法的主要道德问题是干细胞的大量产生会生成分

裂的胚芽。

时事快报

蘑菇和万寿菊关联紧密还是和麻雀关联紧密？这似乎是一个很奇怪的问题，但答案更奇怪。真菌类和植物似乎相互有关联，但基因研究表明真菌类实际上和动物关系更紧密。虽说关系较远，但细胞内的DNA序列和蛋白质的生成表明菌类和动物（包括人类）更为类似。这一点也许可解释"为什么真菌类感染会难以治愈"。人类很难找到什么物质来抗衡真菌类，寄主也无能为力。

如何对比人类DNA和动植物DNA

所有动植物都有双链DNA，但用DNA分子来描述的有机体就截然不同。不同有机体的DNA差异到底有多大呢？

所有有机体的DNA分子在很多方面都是一样的。细菌、植物、蜘蛛、人类都有DNA，用相同的四种碱基进行编码。这些碱基为生成蛋白质提供编码。人体内发生的一些过程也会在其他的有机体中发生——甚至包括植物在内。例如，当我们食用含糖（糖分来自植物）食物后，糖分子就给身体提供了能量。相同的过程在植物体内粉碎糖分，糖分转化为能量消耗蛋白质，而植物生成蛋白质的一些基因可能与人类生成相同作用的蛋白质的基因一样。

对比人类和猿类基因组后，人们发现黑猩猩是人类最近的亲戚。黑猩猩和人类DNA比较结果表明：二者约98.7%的基因相同。其他的猿类似乎都是黑猩猩的远房亲戚。对鸡的基因组的研究表明，约60%的基因与人类相同。

为什么一些遗传病多见于男人身上

18、19世纪，很多欧洲贵族患上一种病，叫血友病，即人体内的血液不能正常凝结。这种病很危险，尤其在受伤时，血流不止，凝血功能出现障碍。血友病是遗传性疾病，由基因缺陷引起，是所有种族中的常见病。罹患血友病的儿童几乎都是男孩，据说这种病由母亲家族遗传。为什么一种病的遗传有性别差异呢？

血友病是与X染色体相关的遗传病，由某个特定染色体（有性别差异）上的基因缺陷引起。人类有23对染色体，每对都有一个从父亲、母亲遗传来的DNA链。

然而，在染色体对的一条上——决定后代性别的那条——两条DNA链含有的基因数目不同。在第23对染色体上，女性有两个完全匹配的DNA分子，而对男性来讲，从母亲身上遗传到的DNA链长于来自父亲身上的。雌性染色体的代号为X，雄性为Y，这样命名是基于显微镜下它们的形状。

在所有其他的染色体对中有两个基因，一个是显性基因，决定人的性格。男性染色体对一端的所有基因都来自母亲的卵细胞。如果这一部分的一个或多个基因有缺陷，即使是隐性的，也会有蛛丝马迹，原因在于从父亲身上并未获得相对应的基因。

几种遗传性疾病都和X染色体有关，比如血友病、色盲等。一般来讲，这些疾病多见于男性。只有女孩的父亲患上这类病，或者母亲携带这类病的隐性基因，女孩才会不幸染上。倘若母亲携带遗传病的隐性基因的话，一般男孩会患上这种遗传病，不管父亲的状况如何。

 如何做DNA测试

有关犯罪的每场电视节目中都有一个实验室，用于做DNA检测，从而获取足够的证据来确定罪犯的身份。机器上放一个样本，然后显示出一个人的姓名，他的DNA与样本上的完全匹配。虽说实际生活中的DNA检测结果出来得不像电视上那么快，但它确实是一个有力的身份鉴别工具。这一技术已经用于指控犯罪嫌疑人或为某人开脱罪行，做亲子鉴定的准确率接近100%。还用于鉴别意外事故的受害者身份，因为其他方法都无能为力。那么，如何做DNA测试呢？

一个人的大多数DNA（事实上多于99%）与其父母、邻居，甚至地球另一侧的任何一个陌生人几乎一样。但是，有一些部分却因人而异。正是这一小部分（遍及整个基因组）才使得各人有个人的特色。除非你有同胞兄弟姊妹，否则任何人不会和你有DNA这一部分相同的碱基列。

DNA分析就是观察这些特定部分的碱基列，叫作分子记号（marker）。DNA样本可取自体液、皮肤、毛囊或脸颊内侧。从细

定义

染色体是一个单个的DNA链，表层附有蛋白质。人体内的每个细胞（除生殖细胞外）有46个染色体，排列成23对。每条染色体有几百乃至几千个基因。人体内的精细胞和卵细胞各有23条染色体，卵细胞受精后就成了23对染色体了。

非常识

采样血液进行DNA检测的准确性不及涂抹脸颊内侧获取细胞的检测法。这样的涂抹并不收集唾液，只是提取口腔内侧组织的悬浮细胞。所有的细胞都含有相同的DNA，所以这样的涂抹可以收集到和血液样本一样的DNA。如果使用头发样本，就必须拔下头发，剪掉的头发是不行的，因为头发并非活细胞构成。然而，头发被拔下后，它携带一些活性毛囊细胞。

胞中分离出DNA之后，借助酶素（可加速DNA的再生）制出成百万个复制品。然后，另外一些化学反应分离特定位置上的DNA分子，从而获取分子记号，再将这些分子记号与未知的样本相比较。

任何一个特定的分子记号都是很多人共有的，但是两个人出现完全一样的两个分子记号的概率甚微。理想的状况是我们可以观察整个DNA样本，比较所有的分子记号，从而确定身份。但是，现有的技术还达不到这个水平。DNA分析专家观察大量分子记号，制成"DNA指纹"。确认的分子记号越多，样本匹配的概率越高。

没有观察一个人全部的DNA，就不能绝对确定某个DNA样本来自这个人。即使是双胞胎，也不可能。但是，用很多分子记号，正确辨认的概率就相当大。通常，对比6到13个分子记号即可。对比数量达到13的话，辨认的准确率绝对达到100%，这是完全可能的。

另一方面，在DNA分析中，辨认不匹配是很容易的。如果分子记号的任何一个是不同的，那么DNA就不匹配。因此，在刑事调查中，如果DNA样本中缺失一个记号符号的话，就可以排除嫌疑犯的作案嫌疑。某个特定的人的所有的DNA从分子的一端到另一端都是相匹配的。

长期以来，样本一直都是有用的，故DNA分析可用于案件的重新调查。这种结果比其他任何辨认形式（包括人证的辨认）都可靠得多。通过分析数据库的数据，很多人澄清了罪行，哪怕是几十年前的案情。

除了刑事调查，DNA分析还有什么用途

DNA测试最常见的用途（多亏电视节目）是对犯罪现场的取证进行法庭辩论分析，从而确认犯罪嫌疑人的身份。这是DNA最重要的用途，但也仅是众多调查中的一个。科学家用DNA还做什么呢？

即使在法庭调查分析中，DNA也有其他的用法。有些案件中，不仅仅需要确定犯罪嫌疑人的身份，还要确定受害人的身份。如果人体严重腐烂，确认身份就有些棘手。人们辨别个体常常都是分析

人体特征，如面部。但人死亡一段时间后，这些软组织会遭到破坏。人们经常也会分析牙齿记录，但条件是可获取牙床和牙齿，而且有记录便于分析。

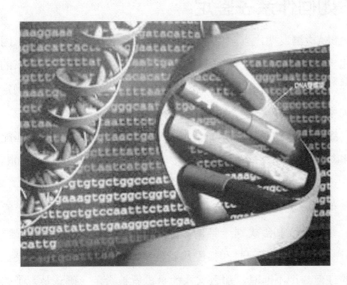

DNA分析给身份的辨认提供了另一方法，一个小样本就足以开展工作。对比样本可取自受害者的牙刷、梳子或其他个人用品。即使拿不到这样的小样本，也可将分子记号与其近亲对比。大规模的DNA辨认发生在2001年世贸大厦的摧毁之时。通过对现场尸体和尸体的各个部位进行DNA分析，确定了1600名受害者的身份。

考古学家凭借DNA建立古代文化的相互关系。考古现场的取样对人类迁移、追溯文化间的相互关系，以及其他人类遗址都有新的发现。DNA随时间推移而变化的信息对现代人类的祖先、现代人类与远古人类（比如原始人）的关系都提供了新的线索。

当然，DNA是常见的所有生命体物质，故DNA分析并非局限于人类。DNA分析是一个强有力的工具，其用途不计其数，可用于了解生命有机体之间的关系或物质来源。例如，检测导致污染的细菌和其他有机体、追踪病因及其发展趋势、确认危害野生物种的偷猎行为等等。

时事快报

虽然不可能像《侏罗纪公园》所描述的那样用古代DNA克隆出恐龙，但科学家已经发现DNA可持续很长一段时间。西伯利亚的冰芯样本出现了3万年前的大型哺乳动物和40万年前的植物的DNA。虽然还有报道称有更久远的样本，但一种可能性是：随时间推移，样本受到污染，被遮掩的DNA实际上是在近期生成的。

如何作亲子鉴定

DNA检测发明之前，亲子鉴定通常依赖血型匹对。但是，因为有相当数量的人血型一样，这样的测试只能用于排除亲生父亲的可能性，而不能准确认定。DNA就要准确得多了。DNA是怎样来确定亲子关系的呢？

亲子鉴定的基础是你的全部DNA来自父母，一半与母亲匹配，一半与父亲匹配。从孩子、母亲、接受确认的父亲身上提取DNA样本，这与刑事调查中的匹对样本过程一样。

但是，对于亲子鉴定，人们并不是寻求完全匹对。一般来讲，母亲DNA中会找到一半的分子记号，而这些记号又被忽略不计。另外一些分子记号和接受确认的父亲的DNA作比较。如果记号中的任何一个不匹对，那么父亲的身份就被否定。确认是亲子关系需要所有的分子记号都匹配，这种把握取决于受测分子记号匹对的数量。一般来讲，亲子鉴定中分子记号的匹对达99%，身份确认就毫无疑问了。

"我们面对的时间是20亿年的岁月流逝。我们认为不可能的事情在当下是毫无意义的。只要有足够的时间，'不可能'会成为'可能'，而后成为'很可能'，最终成为'确定的事情'。你需要做的就是等待：时间会证明一切"

——乔治·沃尔德（1906—1997）

生物学——
医学和健康

12

"公众健康是可努力获取的。在几个重要的自然限制因素之内，任何群体都可决定自身的健康。"

——赫尔曼·M·贝格斯（1859—1923）

近几个世纪以来，医学飞速发展，传染源——微生物的发现是一重大突破。搞清楚发病原因、传染方式可促进保健学的发展以及防毒疫苗的改善，从而预防疾病。一个世纪以前，细菌感染在是致命的，但现在的抗生素可使病人快速康复。

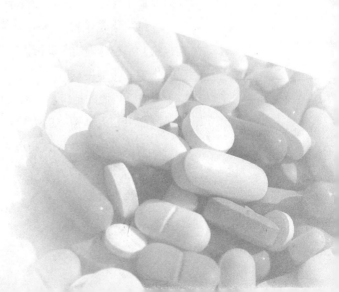

定义

酶是一种蛋白质，用于活细胞控制生化反应的频率。如果不借助于酶，细胞内的大多数生化反应就不可能在人体现有温度状态下发生。

❓ 人体为什么需要维生素

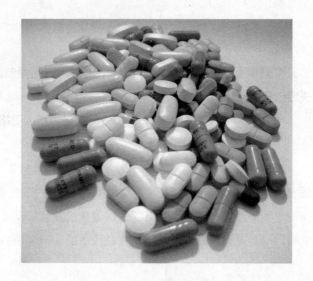

2300多年前，坏血病已被认定，主要侵袭长途跋涉的海员。坏血病病人不能正常产生胶原蛋白，这是一种人体组织连接成分。其症状是黏膜下出血、牙齿脱落、关节剧痛、伤口愈合缓慢，严重时会导致死亡。英国海员闻名于世，号称"英国佬（Limeys）"，因为他们发现长途航行中食用柑橘类水果预防坏血病。今天，我们知道坏血病是维生素C缺乏所致，这是人体维持正常生理功能所需的微量元素之一。那么，为什么人体需要维生素呢？

维生素是维持人体生命活动必需的一类有机化合物（碳水化合物），在体内的含量很少，但不可或缺。人体自身只能合成一种维生素，即维生素D，日照后从皮肤上生成。所以，如果你生活在一个缺乏日照的地带，就需要补充维D。在美国，维生素D会加入到奶制品中。人体需要的大约1/3的维生素K由体内产生，虽然并非自身的人体细胞合成。肠道内细菌产生化合物，人体通过肠壁吸收它。人体需要的大多数维生素应从平衡饮食中获取，纵然有时药物补充也有效。

维生素对人体细胞、组织和器官的很多生理功能发挥重要作用。每种维生素在人体内作用都不同，故一种维生素的缺乏就会导致多种症状，虽说这些症状看起来没有多大关系。例如，维生素A的重要性在于它存在于眼球的视网膜中，是视杆、视锥细胞正常生理功能的必要化合物，故维A的缺乏会导致视力问题。维生素A还促进皮肤健康、改善免疫系统，其缺乏会导致粉刺，而且容易感染。

B类维生素分为六种，对人体的作用体现在它与酶相辅相成，将食物转化为能量，并生成新的细胞。大多数维生素B存在于新鲜水果和蔬菜中，有些也会出现在肉类和奶制品当中。大多数早餐麦片粥中都含有维生素B。维生素B的功能广泛，一旦缺乏，就会引发各种各样的症状，比如腹泻、皮肤病、头痛、身体虚弱以及神经系统错乱等。

大多数人都知道柑橘类水果富含维生素C。还有一些蔬菜，比如西兰花、青辣椒和大多数水果也都含有维C。维生素C是人体产生胶原蛋白的必要元素，而胶原蛋白是人体细胞中结合各器官、各组织的蛋白纤维，是细胞外基质的结构蛋白质。维C缺乏的表现有肌肉关节疼痛、牙齿松弛、血管易受伤害（即身体容易碰伤、青肿、伤口不易愈合等）。维C还有助于预防疾病，促使伤害人体细胞的化学物质氧化还原。

维生素D掌控骨头中钙元素和磷元素的分配。维D缺乏会产生疾病，一个主要的症状就是骨头虚弱、变形，比如佝偻病。

维生素E抗衰老，与体内伤害细胞的化学物质发生反应，加速细胞内氧气的流动。人体心脏、肺以及承载人体氧气的红血细胞都依靠维生素E。人体内缺乏维生素E的时候，上述这些组织就会出现故障，不能有效发挥作用。富含维E的食物包括坚果、全麦制品、水果的籽、菠菜。

虽然人体所需的维生素K存在于肠道中，但大多数还是来源于食品，比如绿叶蔬菜、肉类、奶制品。此类维生素具有强健骨骼、促进凝血的功能。维生素K缺乏的症状是人体易出血、易青肿、骨组织易碎等。

非常识

维生素对人体有益，故食用越多越好。但是，食用过量并非是一件好事。维C、维B溶于水中，人体很容易剔除过量部分。而其他维生素溶于身体的脂肪组织，如果摄入量大于人体需求量，它们就会堆积，最终形成毒素。脂溶性（可溶于油脂的）维生素过量的话，就会引起以下症状：失眠、疲惫、高血压。平衡的饮食是不会导致维生素过量的，人们要特别注意不要摄入过量的维生素补品。

非常识

虽然高胆固醇与身体过胖有关，但是，任何身材的人都会出现高胆固醇现象，特别是饮食中饱和脂肪（多存在于肉类食物中）、反式脂肪（多存在于植物油中）过高的时候。即使并未出现胆固醇高的症状，也需要做定期检查。

胆固醇真的对人体有害吗

生活中比比皆是的警告是：我们的日常饮食中胆固醇过高。蛋类、肉类、奶制品要么被说成是日常饮食的基本组成部分，要么被说成是对身体健康有害，也有二者兼顾的说法。当然，人们也听过"好"胆固醇和"坏"胆固醇的说法。那么，饮食中的胆固醇真的对人体有害吗？

胆固醇是人体内构成细胞膜的蜡状物质，它也是生成维生素D和一些荷尔蒙的必要原料。胆固醇在人体肝脏中生成，而后分流到血液细胞中；但在血液中并不分解，而是携带各种蛋白质。

脂质—蛋白质复合物有两种形式：低密度脂蛋白（LDL）和高密度脂蛋白（HDL）。前者即所谓的"坏胆固醇"，后者是"好胆固醇"。虽然两种形式都存在于人体内，是人体生理功能的必要元素，但过量的低密度脂蛋白会导致身体不适。

低密度脂蛋白将胆固醇从肝脏输送到身体的其他部位。倘若血液中出现过量的低密度脂蛋白，动脉壁中就会出现沉淀，使其丧失弹性，阻止血液流动。如果动脉阻塞，就会导致冠心病或中风。另一方面，高密度脂蛋白将胆固醇通过血液送回肝脏，清洁疏通动脉。通过移走胆固醇，减少它在人体内的数量，高密度脂蛋白缓解胆固醇在动脉的堆积，使其成为"好胆固醇"。人体内胆固醇总量处于正常范围内、高密度脂蛋白高于低密度脂蛋白的话，就会降低冠心病或中风的发病率。

最新调查表明：限制饮食中胆固醇的摄入量不仅不是控制胆固醇在人体血液中含量的最有效的方式，还会对人体造成伤害。一般来讲，减少饮食中的胆固醇对血液浓度的影响相对不大，因为大多数人血液中75%的胆固醇存在于肝脏中。如果胆固醇过高，适当减少一点即可，但是解决这一问题还有更有效的方法。

控制胆固醇的最佳方式似乎是食用低脂肪食物。饱和脂肪（存在于大多数动物脂肪中——肉类、奶制品、蛋黄）和一些蔬菜脂肪（椰子肉、棕榈油）会提高人体胆固醇含量。因为既提高低密度脂蛋白含量，也提高高密度脂蛋白含量，故饱和脂肪的整体效果是遭到否定的，其消耗需加以控制。

还有一种脂肪，叫作反式脂肪。它可降低高密度脂蛋白含量，但却提升了人体血液中的低密度脂蛋白含量。植物油的脂肪分子中添加氢气就会产生不饱和脂肪，它们多见于固体人造黄油、快餐和腌制食品、商业油杂食品（比如炸薯条）中，人们应该尽可能少吃这些东西，因为胆固醇会产生负面作用。

第三种脂肪是不饱和脂肪，可降低低密度脂蛋白含量，提升高密度脂蛋白含量。大多数植物油中都含有这类脂肪，例如谷物油、葵花籽油、大豆油、芥花油、橄榄油等。

辛辣食品会导致胃溃疡吗

胃溃疡是胃黏膜严重糜烂，导致剧痛和内出血。严重时，胃疡穿孔，糜烂物质进入周边组织。30年前，如果你问医生：胃溃疡的原因是什么？答案无非包括以下因素：压力、辛辣食品、酒精。今天，答案截然不同。那么，如果辛辣食品并非导致胃溃疡的原因，真正的原因是什么呢？

从20世纪开始，胃溃疡的治疗手段就是卧床休息、食用清淡食品以及服用抗酸药。其实，这些方法也只是缓解病痛，疗效一般不会持续很久。治疗停止，疼痛又会卷土重来。近期的研究表明压力、辛辣食品、酒精会加重胃溃疡症状，但并不是发病原因。大多数胃溃疡是胃粘膜细菌感染。那么，最佳的治疗方式是什么呢？服用抗生素一两年，即可杀死细菌，治愈胃溃疡。

导致胃溃疡的细菌叫做幽门螺旋杆菌，1982年由澳大利亚的研究人员首次发现，后来他们因此获得诺贝尔医学奖。在那之前，没有人料到细菌能够在人体胃酸中存活。

胃溃疡由细菌感染引起，这一观点在当时并未立刻被人们所接受。有一个名叫巴里·马歇尔的研究人员让自己体内感染细菌，

时事快报

胃溃疡是细菌所致，这一发现使大多数医学专业人员震惊。今天，类似的研究仍在继续：一些常见病，比如关节炎和动脉粥样硬化（血管硬化），是否也是由于细菌感染致病的呢？

导致胃溃疡，之后又用抗生素治愈。这一实例为最初的假设提供了强有力的证据。当然，研究领域并不提倡这种做法。

当知道寻找幽门螺旋杆菌后，科学家发现发达国家大约一半人、一些地区几乎每个人的胃里都有细菌，而且很明显，感染发病于孩提时代，一直持续一生。不过，只有10%～15%的细菌携带者会罹患胃溃疡。研究人员正致力于探讨为什么一些人会出现感染症状，而另一些人又不会呢？

❓ 细菌如何抵制抗生素

20世纪50年代出现了抗生素，当时人们认为这真是一种神奇的药物，因为很多致命的疾病在历史上首次得到控制。先前危及生命的传染病能够在几天内得到控制、几星期之内即可痊愈。

不幸的是，这种奇迹效果慢慢消失了，因为细菌已经能够抵制抗生素了。一些传染病几乎不能被控制，而且一些曾经疗效显著的抗生素现在也不灵验了。是什么原因导致抗生素失去疗效？

对于很多细菌来讲，人体是绝佳的栖息地——温暖、潮湿、源源不断的营养品供给。很多细菌不仅与人体和平相处，而且对人体功能的正常运行也是必要的。当然，还有一些产生有毒生化物质的细菌，它们再生能力强，借助人体细胞汲取营养品。但免疫系统一旦发现，就会立刻努力摧毁它们。

一般来讲，细菌和免疫系统的战争悄无声息、日夜不停。有时，细菌占了上风，开始肆无忌惮地繁殖。随后，免疫系统又反败为胜，全力歼敌。传染病的很多症状——肿胀、高烧、发红——都发生在免疫系统和细菌抗争之时。当然，如果细菌繁殖得太快，疾病就会伤及人体组织和器官，甚至会导致死亡。

抗生素可帮助免疫系统杀死细菌，原因在于它们可以毒害细菌，但对人体细胞又是无害的。抗生素破坏细菌细胞的正常功能，例如生成新的细胞壁、阻碍DNA的合成、破坏新陈代谢，从而使其不能产生诸如蛋白质这样必要的化合物。然后，细菌丧命，不可再繁殖，传染病和症状最终消失。

但是，细菌有时会逃离抗生素的手掌心，因为它们存活的方式有好几种。所有化合物通过细胞膜进出细胞，故细菌有时会改变细胞膜的结构，阻止抗生素合成物进入其细胞。细菌还会改变酶和其他化合物的结构，而这些都是抗生素袭击的目标。细菌保护自身的另一个方式就是破坏抗生素，使其根本无法伤害自己。

细菌是如何学会保护自己的呢？实际上，这并不是一个学习的过程，只是个别有机体形成了对抗生素的免疫力。而当其分解时，后代也就具有了免疫功能。即使周围的细菌遭遇毁灭，这个菌丛也会积聚越来越多的途径去获取营养物质，从而繁荣壮大。

细菌最初的对抗就是"变异"，即单个有机体DNA的改变。如果变异能保护细菌免遭抗生素的打击，那么它就会代代相传，从而出现抗生素耐药菌株。

还有一种抵御抗生素的方式：从其他细菌中将其筛选出来。抗生素不可能杀死各种类型的细菌，所以还会存活一些具有免疫功能、对人体无害的细菌。有时，有毒的细菌会混入菌丛中，混合所有细菌的DNA。还有一种情况，细菌可清除死细菌的DNA残余物，使抗生体丧失对抗性的DNA，导致耐药菌株的生成。

定义

变异是有机体DNA基因序列的改变。DNA分子生成过程中，基因重组或突变、辐射或化学物品都会导致变异。如果变异提升了有机体的生存机会，这一过程就可能代代相传。

流感疫情为什么总是发自亚洲

流感在人群中传播很快，故人们常到诊所注射疫苗抵御流感的传播。似乎每年都有新的疫情出现，也就是说新的病毒会出现周期性的大流行。看看新闻你就会发现，这些疫情似乎都发自亚洲。为什么会出现这种情况呢？

病毒进入体细胞、抢占上风后就会发生流感。细胞功能失调，开始生成新的病毒，从而使更多细胞受到伤害。人体促使免疫系统抗争病毒时就会出现很多流感症状，使人感到不适。而当被病毒杀死的细胞积聚到人体组织中时，又会出现其他一些症状：咳嗽、打喷嚏、肺淤血等。

非常识

人们曾一度认为抗生素是万能的，但事实并非如此。它们只在抑制细菌方面是有效的，但很多疾病是由病毒引发的。耐药菌株的出现只是医生滥用抗生素的结果，因为抗生素的过量使用会生成很多具有抵抗力的细菌链。

一般来讲，人体感染一种病毒，免疫系统就会"记住"它，一旦它卷土重来，免疫系统就会重拳回击。不过，病毒结构有时会有微妙变化，使它能够隐藏下来，人体必须重新施技、全面还击。

流感成为一个严重的问题，究其原因还是在于各种类型的病毒株。有些病毒株只感染人类，而有些只感染动物，比如鸟类、马、猪等。这些病毒通常不会袭击人类。但偶尔也会出现病毒变异，使其能够进行物种转移。流感病毒的遗传物质由八个部分构成，其中两个能够感染某一特定宿主。病毒可进行相互的基因交换，故倘若人类和动物感染的病毒汇集到一起，一种新的病毒就应运而生。

禽流感病毒多见于世界上的鸟群。野鸟携带病毒，但它们通常不会染病。病毒是传染性的，所以有时家鸟（比如鸡、鸭、火鸡）会从野鸟身上感染病毒。

鸟群中病毒的变异、DNA的转换可以在世界的各个角落发生。那么为什么很多变异似乎都来自亚洲呢？病毒传染到鸟类和其他圈养动物，有时是因为各地圈养方式的差异性。在欧洲、北美洲，人们通常在大型农场饲养家禽。而在亚洲的乡村地带，大多数住户都养鸡、鸭、鸟，为的是有肉、蛋吃。大多数人和家禽接触过多。亚洲是流感病毒的发源地还有一个根本原因：亚洲人口密集。这就意味着携带变异病毒的宿主在这里所占比重较大。

❓ 疫苗是如何预防疾病的

天花是致命的。18世纪，仅在欧洲，天花每年的杀伤力就是40万人，使得很多患者毁容或失明。全世界成百万的人死于天花。1796年，爱德华·杰娜发现人类接种牛痘（轻微皮疹性疾病）可对天花产生免疫力。他利用这次发现研制出一种疫苗，用于预防天花。1979年，世界各地的人们都接种了天花疫苗，从此天花绝迹。那么，疫苗的工作原理是什么呢？

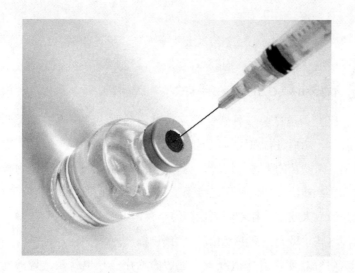

　　当人们感染上病毒或细菌，免疫系统就会产生抗体来应对病害有机体。身体康复之后，人体就会"记住"如何制造抗体对付这一疾病。如果人体再次感染这类病害有机体的话，免疫系统就会立刻行动，生成合适的抗体，将病毒扫地出门。这就是为什么很多疾病（比如水痘）在人的一生中只会感染一次的原因所在。过去，人们称这类疾病为儿科疾病，就是因为很多人在孩提时代感染治愈之后，身体就具有了免疫力。

　　疫苗是"告诉"免疫系统生成必要抗体的一种方式，其间无需直接抗击感染源。有几种方法可以完成这一任务。天花疫苗使人体接触到能够产生相似疾病的有机体，但其症状要轻微得多。即使人体感染这种疾病，也不会产生天花感染带来的问题。但由于有机体相似程度高，用于对抗疫苗的抗体同样抗击天花病毒。一些疫苗是通过削弱病害有机体而制成的，所以它不可能快速繁殖，以至于引起严重感染。免疫系统对外来有机体产生回应——应运生成抗体，以便还击。

　　还可以通过化合物或辐射杀死细菌、抑制病毒活化来制造疫苗。这些有机体是无害的，可注入人体，不会引发任何疾病。但是，它们的出现也使得人体试图生成抗体来对抗它们，就像它们是生命有机体一样。

定义

　　抗体是免疫系统用于确认、抵御细菌和病毒的一种蛋白质。抗体由白细胞生成，其结构通常很类似，但其分子的小部分会有差异。这一差异致使成百万个抗体生存，每一个都有特定的任务。

时事快报

研究人员对药物和安慰剂的疗效进行了对比，旨在确定药物的疗效到底有多大。如果其疗效不胜安慰剂，那它就毫无价值了，即使比不接受任何治疗好一点。

在一项用阿司匹林来预防心脏病的研究中，人们发现阿司匹林比安慰剂要好得多，从此五年的探讨终结。阿司匹林的疗效显著，故医生建议有危险的病人要定期服用。

? 糖丸真的能止痛吗

研究人员试验一种新药的疗效时，需要让没有吃过此类药的人服用，然后进行对比。但同时还要和那些认为自己吃过药，而实际上并未吃药的人进行比较。长久以来，科学家发现一个治愈疾病的方法：让病人确信他们已接受了有效的治疗。这样做的一个方法就是给病人吃下一粒看起来像药的小丸，但它其实并没有疗效。那么，这些"糖丸"真的能止痛、治病吗？

研究表明，有些情况下，虚假的治疗——也就是常说的安慰剂，和真正的药物治疗一样有效。例如，高血压、关节炎，甚至帕金森病病人在服用了安慰药丸之后，状况会有所好转。关节炎治疗研究表明，在病人的膝盖上做个很小的切口，这样的虚假治疗跟实际的骨折手术效果一样。一粒安慰剂是如何达到这样的疗效的？

没有人确切了解安慰剂出现积极疗效的时候所发生的一切，但是它似乎深入大脑，达到了内在的治疗效果。例如，大脑可合成类似吗啡的化合物。研究表明，在特定条件下，如果病人相信药丸能够止痛，那么大脑会释放这些化合物。疼痛减轻了，这是事实，并非幻觉，因为大脑释放的化合物和止痛药疗效是一样的。

安慰剂并非永远有效。大脑明显存在有未利用的资源，和这一境况不同的是，有些疾病，比如癌症，对安慰剂就毫无反应。即便如此，让大脑相信治疗有效还是会解决很多问题的。

? 患关节炎后，关节为什么会红肿、疼痛

患关节炎后，关节会疼痛、发热、红肿。这些症状与一些感染的症状相似，叫作发炎，但其实关节炎并非细菌或病毒引起。那么，是什么导致关节发炎的呢？

很多情况下，关节炎的症状和细菌感染症状一样，而事实

上，病因也类似。发炎是人体保护自己免受细菌、病毒侵袭的过程，即免疫系统输送白细胞或其他工具来抵御外来者。除了白细胞，还有大量的蛋白质、化合物可起到保护作用。

有些疾病，比如粘液囊炎和某些类型的关节炎，在没有外来细胞侵入时，免疫系统就会进入防范模式。在这种情况下，免疫系统敲打人体自身组织，对其进行治疗，就像它们是外来入侵者一样。这种类型的发炎被称为自身免疫反应。

自身免疫反应会引起发炎症状，例如皮肤发红、肿胀，这是由于血液汇集到膝盖部位。这种肿胀和免疫系统化合物的作用一起导致关节僵硬，刺激神经，从而产生疼痛感。如果发炎症状并未减弱的话，关节中就会聚集细胞和其他物质，从而伤及关节，引起关节层肿胀，而此类肿胀还会伤及用来充填组织的软骨。

❓ 青肿的颜色可以说明受伤害的程度吗

胳膊碰到橱柜上或胫骨碰到椅子上，就会出现青肿现象。起初，似乎只是有一点红，但慢慢地就会呈现多种颜色。那么，青肿的颜色可以说明身体部位受伤害的程度吗？

皮下细小的血管破裂就会出现皮肤青肿现象。这时，血管中流出的血液淤积在皮下，不能正常循环。一般来讲，青肿因碰撞、跌倒引起，它并不影响健康。虽说有些难看，但会自行消退。有些人，特别是老年人，身上容易出现青肿，所以他们并不在意怎么造成的。

青肿的颜色并不能说明它的严重程度，但可说明它产生、持续的时间。最初的几分钟，它通常呈现红色或粉色，因为血液聚集在皮下。几个小时后，呈现典型的青一块、紫一块。

再过2～4周，青肿就慢慢消退了。身体将淤血分解，使其进入再循环过程。血液中的各种化合物颜色不一，分解后也是一样的。随着青肿的痊愈，各种化合物和分解物的颜色透过皮肤显露出来。通常，刚刚碰伤时，青肿先是青色、紫色、粉色，然后就是绿

非常识

关节炎并非老年性疾病，虽然很多老年人关节疼痛，但任何年龄的人都会罹患此病。青少年关节炎的发病在16岁以下，表现为关节出现炎症。

时事快报

有时，青肿不会自然消逝。身体不能化解淤血，但可将其分离，使皮肤和肌肉之间形成结实的肿块，有时会让人感觉疼痛。这一肿块称作血肿，需要医生治疗才会消退。

色或深黄色，渐渐又是淡黄色，而后就消退了。

❓ 为什么很难找到感冒的治愈方法

几个世纪以前，人们生病之后只能听天由命，因为没有人知道很多疾病是微生物在作怪，没有抗生素对抗细菌、病毒的感染，也没有疫苗来进行预防。今天，过去很多危险的传染性疾病都得以控制，大多数致命疾病都可通过免疫接种和卫生保健来预防。一旦感染发生，抗生素就会挺身而出。但是，还有一个大祸根——感冒。人们为什么无法预防、治愈感冒呢？

疫苗可预防多种病毒感染，但对于感冒却无能为力。事实证明，感冒不仅只有一种，而是有成百种。鼻病毒是造成感冒的一种主要病毒。由于人体免疫系统对先前感冒的免疫功能，也许会出现对一些鼻病毒的自然免疫作用，但还会有一些侵袭人体。同时，病毒的变异导致新的感冒病毒接二连三地出现。

如果不能制止病毒的话，如何治疗感冒呢？人们提出了一些建议，比如鼻腔喷射、锌处理、补充维生素C等，但都无济于事。

事实上，感冒的症状并非总是由病毒引起。打喷嚏、流鼻涕、发烧、喉咙充血都是免疫系统对抗病毒的反应。淋巴窦发炎并不能有效地根除伤风感冒，但人体中总归要有它。

当今，预防感冒最有效的方式就是常洗手，阻止病毒进入口腔和鼻腔。而最佳治疗方式只能是多喝水、多休息。传统意义上的鸡汤也许可以预防感冒。它不能抗击病毒，但至少口感好，可以多喝点。

"我们什么时候可以说癌症是可痊愈的？我不敢确定是否会有这么一天，因为癌症是一个棘手的病，涉及人体内的大量细胞，而这些细胞又在不停地发生变异。"

——大卫·拜尔泰茅（1938—　）

第四部分

地球学和空间学

　　让我们进入一个更广阔的世界吧。自古以来，地震、飓风、火山喷发"宏伟壮观"，但让人不寒而栗。如果说造物主变幻无常的话，这些就是典型的事例了。但是，地球遵循自然法则——没有推动力，万事万物都会静止不动，绝不会出现异常事件。地理学家和气候学家试图解释世界运行的方式和原因，但环境学家力求探索支撑地球生命的生物、非生物世界。

　　还有一个更深远、更广阔的世界：宇航员开始探索太空。宇宙学家提出的最宏伟的问题是：整个宇宙的大小、年龄、历史、未来命运是什么？

地质学——
地底下的世界

13

"科学家似乎并没有完全理解这样一个观点：所有的地球科学学说都必须提供证据，揭示早期地球的状况，而且只有梳理这些证据，才会看到事实真相……只有彻底探究所有的证据，人类才有希望确定地球上的'真相'，也就是说，才能勾画出所有已知事实的最佳排列的轮廓，人们的猜想才能得到最大程度的证实。"

——阿尔弗雷德·魏格纳（1880—1930）

立于山顶，人们会感受到大地的坚实；俯瞰山谷，又会体会到大地的一成不变。但是，这一切都只是幻觉而已：地球是一个运动着的、不断发生变化的星球。脚下坚硬的岩石曾经是地表以下的海底世界或灼热的岩浆。人们站在山上看到的静止不动的山谷，也许是曾经的高山，甚至比现在脚底下的山还要高出两倍。

似乎很奇怪吧：固态地球不断运动变化着。你站立的大陆正冲向另一大陆；相互冲撞也许已经发生。各个大陆板块每年位移虽说只有几英寸，但地球这个星球可是有40亿年的历史，冲撞一直是在继续着的。地质学就是研究板块冲撞所导致的各种变化的科学。

❓ 地球为什么有一个磁场

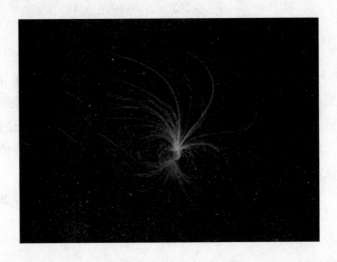

从很早很早以前开始，海员在航行过程中，倘若看不到陆地，就必须有一个可靠的方向指示器来确定方向，使航行不至于偏离轨道。当然，海员可借助星星来辨别方向，但那只能在星光满天之时。海员使用指南针导航有1000多年的历史，其间还结合天文观测。地球磁场可用于导航，无论白天、黑夜，也无论晴天、阴天。即使在今日，虽然用GPS导航（随时随地、准确性高），但每艘船上还会配备指南针备用。首先要回答一个问题：地球为什么会有磁场？

磁力是运动着的电荷产生的一种力。电流流过导线，就会产生磁场。把磁铁靠近导线就可测出磁场的存在。

地球上最大的磁场就是地球本身了。虽说不能从地球深层取样，但地质学家已经证实了地球核心的构成是铁、镍以及少量的其他金属。内核是一个固态金属铁球，外围是液态金属层。内核旋转速度略大于液态金属层。地球自转搅动液体，使液态金属流动起来。在这种状况下，一些电子和原子分离，液体中流动的电子核导致磁场的产生。

地球磁场产生于液态金属中的电流，所以它不是恒定的。北极、南极并没有位于地球自转轴上，所以事实上，磁北极现在离真正的北极大约966千米，每年位移40千米。如果方向、速度相同的位移持续下去的话，磁极就会偏离现在的位置，即澳大利亚北部在22世纪上半期就会进入到俄罗斯境内。使用指南针的航海员必须重新更正真正的北极和磁北极之间的位置。

同时，磁场的强度处于不断变化当中。根据19世纪中叶的首次测量结果，它已弱化了大约10%。但是，地质学证据表明在未来百万年间，地球磁场强度会强化至平均值的两倍。

为什么地球内部温度高于表面温度

世界上最深层次的挖掘达到地球表面以下两英里。在这些深层隧道中挖掘黄金、宝石所面临的一个困难就是高温。因为地底下两英里处的岩石壁的温度高于54℃，这一温度下的作业必须有空调和防护服。如果再深挖，温度会更高，岩石都会融化，其浓度类似糖浆。融化的岩石到达地球表面就形成滚烫的熔岩。那么，为什么地球的温度随深度而增加呢？

地球表面的主要能量来源是日照。日照越强，地表温度越高。当你进入山洞时，会感到凉爽，原因就在于阳光未照射洞内。因此，似乎应该是越往深处走，离太阳光越远，温度就越低。

倘若太阳是唯一的热源，这种直觉性推理就应该是正确的。但是，在地球内部，还存在有其他的热源，故越往深处走，其实温度越高。到了地表以下3.2千米处，温度已经高得令人不舒服了。4.8千米处，温度达到71℃，挖掘工作只能靠遥控机器人了。在地核处，估计温度高达5000℃，近似太阳表面的温度。

地球内部有两个热源，大约1/3是该星球形成时遗留下来的。当今的理论是：我们周围的一切事物都是40亿年前一大团气体浓缩而成的。引力将物质拉入球体，其压力增加、体积缩小。伴随着这些变化和物体的压缩，温度会大幅上升。导致温度上升的能量渐渐进入到大气中，但地核和地表之间的层层物质起到了隔离层的作用，所以能量的损失极其缓慢。

使地球内部受热的第二大能量是放射性物质成分的分裂作用，这与核电站的能源一样。放射性原子的原子核分裂，形成两个或多个原子核。这时，原子堆的一小部分就转化成大量的能量。几十亿年来，一些放射性物质缓慢分裂着，产生的能量不断使地球内部升温。所以，即使地球内部被隔离于太阳能，它也比地表温度高得多。

❓为什么非洲和南美洲看起来是连在一起的

看一眼世界地图，有可能看到的是各个大陆板块有点儿像七巧板游戏（很多初中学地理的学生都这样认为）。16、17世纪，探险者在地球表面航行，并即时绘制地图。返回家园的绘制者发现南美洲和非洲的海岸互补，就像它们曾被切开一样。这显而易见的吻合仅仅是巧合吗？这两块大陆曾经连在一起吗？

这一问题在1912年困扰了德国气象学家阿尔弗雷德·魏格纳。两个大陆的链接，再加上其他一些表面上的吻合，似乎都太完美了，不像是巧合。另外，非洲原始冰川和北美热带气候的证据表明两个大陆肯定移动过。

魏格纳提出了一个假想——大陆漂移——所有的大陆板块曾经连在一起，形成超质大陆板块，他称之为"泛大陆"。遗憾的是，魏格纳并未提出一个方法来解释像板块这样的庞然大物是如何从一个地方移至另一个地方的。直到20世纪60年代中期，地质学家才解决了这个问题。根据建立在魏格纳理论基础之上的现代地表板块构造论学说（参见第二章），南美洲和非洲看起来能够连在一起绝非偶然性，它们实际上是一个断裂大陆板块的两个部分。

为什么很多地震发生在太平洋海岸

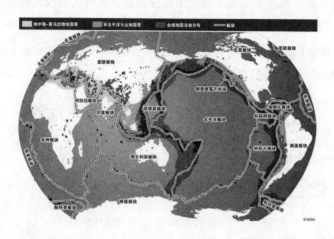

1989年10月17日，美国人民坐在电视机跟前，准备收看第三届职业棒球赛：旧金山巨人队——奥克莱运动家队。就在比赛即将开始之时，一场大地震袭击了旧金山——首次全国电视转播的地震。洛马·普列塔地震是自1906年灾难性的地震之后袭击旧金山最为严重的地震了。其实，在这两次大地震之间，该地还经历了成百次的小地震。为什么美国西海岸会经常发生地震呢？

地表以下的岩石突然位移就会发生地震，释放长期以来积攒的相互之间的挤压力。巨大的能量几秒钟内释放出来，转移到地面。离震中几百英里远的地方都会有震感。

要想搞清楚美国西海岸地震频繁的原因，首先要了解岩石上的挤压力是如何形成的。由于地壳板块的位移，相互之间不断碰撞，而由于岩石的堆积，这样的碰撞就会产生大量的能量。例如，印度次大陆板块和亚洲次大陆板块的相互碰撞铸就了喜马拉雅山脉拔地而起。虽然板块的移动速度很慢（每年2～12厘米），但岩石堆积严重，板块相互碰撞就会产生大地震。

如果两个板块插肩而过，随着大块岩石的相互摩擦，大量的能量积聚成挤压力，直到岩石突然滑落。而这时就会引起积攒了几

科学箴言

"魏格纳假说不仅鼓舞人心，而且对地质学来讲意义深刻，因此赢得每个地质学家的尊重、赞同和兴趣。支持派又提出一些引人瞩目的观点，对研究地球史具有深刻意义的关键线索不可等闲处之，这样是不明智的做法。"

—— 查斯特·R·朗维尔（1887-1995）

定义

震中是震源正对着的地面，即岩石最初发生震动的位置。

时事快报

因为大陆板块的相互摩擦，加州属地震多发区。但有历史记载的美国最强烈的地震发生在阿拉斯加：1964年和2002年，两个板块的相互碰撞。地震的强度很大程度上取决于发生位移的断裂带的长度。洛马·普列塔地震中，7秒钟移动的断裂层长达40千米。1964年，地震使阿拉斯加州的安克雷奇几乎毁于一旦，420秒的地震中，位移的断裂层长度高达965千米。

百年的挤压力的突然释放。此类晃动波及附近的地面，有时也波及较远。

90%的地震发生在两个位移的大陆板块交界处。事实证明，北美西海岸位于两个板块之间，从俄勒冈州到阿拉斯加州，北美大陆板块跟胡安德富卡板块一直处于碰撞状态，使得这里成为地震活动区。和北美板块相接的太平洋板块沿加州海岸向西北漂移。圣安德烈斯断层沿两个板块交界处大约有1600千米长，那么两个板块的相互摩擦导致岩石沿断裂层滑落，发生震动，产生一个又一个的地震，其中就包括1989年的洛马·普列塔地震。

? 化石是如何形成的

人类对地球上生命史的了解多来自于对化石的研究。每个重要的自然历史博物馆都陈列有恐龙骨头；在板岩、石灰岩采石场，人们通常会找到一些岩石，上面有海洋生物的壳层，即使这个地方已在海平面以上，也不例外；筛选成堆的煤时，可能会发现原始树叶的压痕（同时手会变得很脏）。那么，这些化石是如何形成的？又是如何出现在人们的视野当中？

化石的形成方式并非完全一样。一般来讲，人们一提到化石，就想到恐龙骨头。动物死后埋于地下，尸体腐烂或被食腐动物吃掉之前就形成了化石。通常，只有尸体的坚硬部位才会形成化石，所以人们在陈列厅看到的是恐龙骨头。随着肉体的腐烂，水和矿物质渗入到尸体的坚硬部位——骨头、壳、牙齿、爪子等等。

遗骨周围的沉淀物具有防腐作用，而矿物质又使得有机材料硬化。尸体部分被沉淀物掩盖，这些沉淀物在层层压力下最终转化为岩石。化石会埋于地下，直到有人挖掘或由于周边岩石的侵袭而暴露。

通常，最初的有机材料随时间的推移而腐烂，取而代之的是能形成坚硬岩石的化合物，形状是骨头最初的样子。这就是变成石头的化石（例如，石化森林中的原始叶子）被保存的方法。

还有一种化石存在于堆积岩（由沉积物固结而形成的岩石）中，这就是足迹化石。随着沉积物的固结，有些东西会夹于其中，并留下痕迹。想一想小孩子是如何在黏土中留下手印来送给父母作为礼物的吧：黏土变硬后，上面留下一个永久的小手印。道理是一样的——插入沉积物中的东西留下了痕迹，后来干化、硬化，就形成了痕迹化石。再有新的东西填充压痕的话，不会破坏原有的痕迹，因为该痕迹在岩石形成时已然成为永久特征了。痕迹化石包括软组织痕迹、皮肤痕迹，甚至还有远古动物的足印。史前人类的石化足印也已经被发现。

并非所有的化石都存在于岩石中。如果你曾今见过一块打磨过的琥珀，里面镶有昆虫的话，那你就是看到了化石。几千年或几百年前，昆虫掉到树的边材（树皮和心材之间）里死了。随着边材干化、硬化，昆虫被作为化石保存下来。洛杉矶拉布雷亚沥青坑中有很多几千年前陷进沥青中，随后又沉入到黑色黏性液体中的动物。因为沥青具有防腐作用，所以软组织就被保存下来。

科罗拉多河上的大峡谷是如何形成的

站在美国亚利桑那州科罗拉多河大峡谷的边缘，可以真正感受到大自然的力量，真正触摸时间的流逝。大峡谷沿沙漠形成一个大缺口，全长480千米，平均深度1600米，宽29千米。真的是科罗拉多河形成这个大峡谷的吗？其形成耗时多久？

观察大峡谷岩壁，你会看到一层又一层的岩石。这些是堆积岩，由远古洋底的沉积物形成。接近大峡谷底部的岩石大约是20亿年前的，然而顶部的岩石"仅仅"是在2亿年前形成的。形成这些深层堆积物耗费了很长很长时间，这段时间是地球年龄的一半。

其实，科罗拉多河大峡谷的形成并没有花费那么长时间。大约7500万年前，北美大陆板块开始划过另一板块上方，孕育了科罗拉多高原（1500～3000米高），这次板块碰撞还形成了洛基山脉，位于高原东部。

非常识

化石记载并不能囊括地球上生存的所有有机体。一些有机体的身体没有坚硬部位，所以不可能被保存。还有一些有机体死去的地方不可能出现化石化作用，所以尸体就会腐烂，或被食腐动物吃掉。例如，生活在水中的有机体比陆地上的更容易被保存。化石提供的信息仅仅是史上地球生命的一个很小的方面。

大约500万年前，从科罗拉多高原到墨西哥湾形成一个缺口。从高原地带到海洋区域的海拔巨变使得水流加速，冲走沙子和岩石。到了冰期，水流加快，河水猛烈拍打岩石。

时至今日，河水飞流直下，冲走岩石、卵石，有的石头大似一辆小汽车，随波漂流。这些漂流物冲刷着峡谷两岸，进入河床，使得峡谷变宽、河床变深。沙漠上几乎没有植物来平衡土壤岩石，所以高原上的冲蚀快速发展。从地质变化角度来看，大峡谷一眨眼就形成了。

熔岩来自哪里

火山喷发是自然界令人敬畏的景观之一。炙热的火山岩浆从地面流出，温度高达2000℃。有时，就像夏威夷的活火山，熔岩慢慢流进大海，海水受热达到沸点，蒸发出大团的水蒸气。还有一些火山，像华盛顿的圣海伦斯火山，瞬间迸发，卵石飞出几英里，天空中雨点般的岩石落下。那么，这些火山岩浆来自哪里呢？

火山岩浆由地壳下的熔岩构成。在地球内部，它被称为"岩浆"，是液体、气体、固体的混合物。地壳包括所有的陆地和海洋，厚度约8～80米。地壳以下是地幔，主要由炙热的固态岩石构成，但并非一成不变，有点像模型泥。地幔的厚度为600米，围绕在地球铁-镍核心周围。地幔顶部，炙热岩石的压力很低，使其在96千米厚度的层面上液化了。地壳地表板块漂浮在这一层上，这就是所谓的"软流圈"。

虽然这一层的压力低于其他各层，但跟地表相比，软流圈的岩浆仍然被加压了。当地壳出现缺口的时候，岩浆会螺旋上升，直喷地表。这种情况通常发生在板块构造的交汇地带，但有时板块中央也会出现缺口。如此这般的一个缺口已经让岩浆流入了太平洋，形成了夏威夷群岛。

火山喷发类型的差异性取决于岩浆的构成成分，特别是熔岩分解的气体的数量。很少出现气泡的熔岩产生的火山岩浆缓慢地流向地表，研究人员（有时是游客）可安全靠近。

但是，充满气泡的熔岩会产生很壮观的景象。随着熔岩升向地面，气泡增多。倘若一层岩石控制受压的熔岩的话，压力就会剧增，达到迸发点。受压气体喷出山脉，吐出的岩浆高达600米。这样的火山喷发是灾难性的，有时波及几百英里。最严重的时候还会出现太阳光全部被遮掩，原因在于太多的物质冲向天空。这就会在未来几年使世界的天气模式发生变化。

❓ 原油如何形成于地下

很难想象没有石油产品的现代世界是什么样子的。石油给汽车提供燃料，给人们铺筑道路；而且，它还是小到药品、塑料，大到建筑材料的基本原材料，因此竭力搜寻石油酿就了政治运动和战争。事实上，1850年前，石油并不为人所知。但20世纪早期后，它一跃成为首要的能源。据你推测，我们可能会有足够的石油再用一

时事快报

地球上大多数活火山位于大陆板块交汇地带。海平面以上的一半多火山都是太平洋火环的一部分，沿美国西海岸、阿留申群岛以及亚洲东海岸（包括日本、菲律宾、印度尼西亚和大洋洲的很多岛屿）的环形火山带延伸。

定义

碳氢化合物是分子由碳原子和氢原子构成的一种化合物。像石油、天然气、煤这样的燃料就是由不同类型的碳氢化合物和一些杂质构成。

非常识

油井并不像地下湖波。石油河床遍及像砂岩、板岩这样的岩石的裂缝和孔隙中。随着石油的喷出，它流过岩石层，但很多陷入缝隙中。打井工将浓盐水注入岩石，石油就向上漂浮到井口。

个世纪；还是非然？石油最初是怎样进入地下的呢？

石油（字面意义是rockoil）并不是"进入"到地下的；相反，它是在地下形成的。有机体死亡后，尸体的腐烂形成石油。这些有机体主要是海洋浮生生物和藻类。它们死后，身体沉入海底，与泥浆和其他沉积物混合。有机体的尸体使得海底的淤泥含有丰富的矿物质，包括碳、氢。几百年来，一层又一层的矿物质沉淀下来，新的沉积物给旧者施加压力，再加上有机材料的腐烂过程，温度就上升。

在高温、高压的影响下，含碳材料发生化学作用，生成一长串的碳分子，附着在氢分子之上。这种碳氢化合物的混合体在地底不同深度形成深褐色或绿色的泥状物质，人们称之为原油或石油。

石油一旦形成，就会向上漂浮，因为它比盐水轻，而盐水也会陷入淤泥中。它一直上升，直到被一层大密度岩石捕获，形成钻井机探测的石油河床。当然，这一过程会持续不断，因为世界海域中的海洋浮生生物和藻类会不断死亡，并沉入海底。但引人注目的一点是它们转化为石油要耗费几百万年。所以，现在也许是重新思考对现有石油合理运用的最佳时机。

❓ 为什么悬崖上的几层岩石会上下滚动，而不是左右滚动

开车走过山区道路时，人们通常会看到悬崖或边坡，形成山脉的一层又一层的岩石在这里清晰可见。和科罗拉多河大峡谷堆积的岩石层不同，山上的岩石层通常是乱成一团，弯曲层、褶皱层随处可见。有时，还会看到一个岩石层从远处滚来，然后突然碎裂。每层似乎都是连续的，但这种连续性也是在原始层上下几英尺处。有些地方，岩石层垂直堆积在一起。那么，这些岩石层为什么一块压在另一块上面而堆积呢？

人们看到的悬崖或边坡的岩石层曾经是水平堆积层，但有时也会移动——和引发地震的力相同。随着大陆构造板块的碰撞，形

成板块的岩石相互挤压。让我们来想象一下汽车发生正面碰撞时，金属皮的状况吧：它弯曲、折叠，形状就像边坡上的岩石。

与汽车相撞不同的是大陆板块的碰撞耗时几百万年，会发生两种类型的弯曲变形。如果碰撞缓慢、平稳，岩石生热，压力平缓，那么岩石中的矿物颗粒相互擦肩而过，岩石层发生折叠现象。这时不会出现明显的断裂。岩石层向上或向下弯曲，形成曲线。偶尔也会出现岩石弯曲程度过大的现象，从而形成U字形。

如果板块碰撞发生速度快，突然摇晃（请记住，地质学意义上的"突然"意味着历经几千年）的话，岩石层不能发生像在平缓的压力下那样的弯曲。这时，岩石层会断裂，形成断层，而非褶层。在断层区域，岩石层可能会倾斜较大。人们经常看到的是岩石层断裂后的断层，看起来像岩石断裂后向下滑行。

"我们研究地球科学，仔细观测这个神秘的星球。我们还研究太空科学，探究地球大气中的臭氧层。我们也研究生命科学，用自己做试验品来探究人体秘密。"

——劳艾尔·克拉克（1961—2003）

气象学和水文学
——风和水

14

"众所周知，大气是包围地球的气体，逗留在地面和海洋之上，而这二者又是相互作用的。任何一点上的变化都会使其感受到另一点的遥远。我们必须不断探究某一现象的起因，这也许在另一星球业已发生……我们已经发现一个有趣的现象：降雨和气压关系密切，即气压增大导致雨水。因此，我们已证明了邻近的天气现象的互补性。"

——哈格·海尔德布瑞德森（1838—1925）

虽然地面主要是由岩石和金属构成，但这些材料对人们日常生活的影响不及空气、水的作用大。天气决定人们日常的一些琐事：穿衣带帽、待在室内还是户外（午饭时晒晒太阳）、冬天的取暖费用等等。另外，天气的变化还让人们在没话说的尴尬气氛中有了谈资。

温度和降雨是天气的两大构成元素，是地球能量移动的一个部分。地球吸收了太阳能，并将其转化为热能。热能推动风、水运动，从而使温暖地区、凉爽地区的能量再分配，这样就产生了天气变化。全球范围内的风流、水流系统就是一个传送带，转换能量形式。

定义

科里奥利效应指的是因参照物的自转，物体沿直线运动时明显的偏移现象。它通常用于解释洋流、气流北移时似乎偏向右边、南移时似乎偏向左边的现象。

喷流方向为何是自西向东

如果再次跨洋飞行的话，仔细看看时刻表，你会发现自东向西的飞行比自西向东的飞行耗时至少要长一个小时。原因在于飞机进入了喷流中。向西，飞机逆风飞行；向东，飞机顺风飞行——被喷流推动前行。什么是喷流？它的方向为何是自西向东？

实际上，地球上空的大气中有四股喷流：两股在北半球、两股在南半球。喷流就像宽广的气流，流动速度大于周围的空气。喷流产生的原因是：不同纬度太阳能的不同以及地球的自转。

最强的喷流发生在赤道以南、以北50°～60°的位置上（北半球美国、加拿大交界处），较弱一点的喷流在离赤道大约30°处（大约在美国、墨西哥交界处）。

地球主轴的倾斜导致大气、海洋、陆地的热能因离赤道位置的不同而有所变化。低纬度暖和的气流上升到大气中（温度和密度的关系所在），随后向北流动。同时，较冷气流流向两级。暖流、寒流交汇处形成喷流。

这就是科里奥利效应的来源。地球的自转使地表上任何一点自东向西的速度都取决于该处的纬度。赤道上一个点的移动速度是每天4万千米，而在北纬、南纬60°处，一个点的移动速度仅为赤道处的一半。地球表面赤道上空的大气流速为每天4万千米，随赤道暖空气的北移，空气动量使空气东移速度相同。但陆地表面空气的移动速度没有那么快，所以空气东移速度快，风向偏东。科里奥利效应解释了喷流的方向。

暖流、寒流相遇于高层大气中的地方就会出现喷流。喷流的平均速度是144千米/小时，但中心风速高达480千米/小时。冬季，赤道、两级温差最大，风最猛烈。虽然喷流自东向西水平长度为几千英里，但其宽度仅为几百英里（自北向南），厚度仅为6～13千米（地表以上）。喷流的运行并非保持水平，而是偏北或偏南。

喷流是风系的重要组成部分，主宰地球上太阳能的分配。它们控制天气系统，对地区天气变化影响甚大。而且，飓风、热带气旋的轨迹很大程度上也受喷流的影响。

❓ 为什么通常山顶比山脚下冷

提到山顶，人们就会想到寒冷。即使赤道附近的高山和炎热的沙漠上拔地而起的高山，也会全年覆盖冰雪。为什么山顶会冷呢？

想一想，热能是通过原子、分子的相互碰撞，从一种材料向另一种材料转化的。空气中氮气、氧气分子不断运动，相互碰撞、相互摩擦。如果各个分子都能量丰富，相互碰撞又都非常平凡的话，空气就会暖融融的。但如果分子能量较少、碰撞稀少的话，空气自然就会寒冷。

山脚下，地面吸收太阳能（以光的形式），又将其作为红外线反射到空中，从而使空气受热。空气分子吸收这种反射，获取了能量，运动速度加速，温度就升高，密度随即减小，空气就会上升。

但是，大气压力随海拔升高而减小，原因在于空气的稀薄促使挤压力减弱。空气上升到大气层中，气体压力减小，而根据气体定律，其温度也会降低。爬山时，海拔每升高300米，温度平均降低14℃～15℃，这也就意味着温度随海拔降低而上升。所以，当你进入大峡谷时，你会感到谷底比上面高出1℃～6℃。

❓ 为什么有些云看起来是白色的，而有些看起来是灰色的

云由水珠或冰花状晶体构成。水蒸气离开地表，缓缓升空，冷却、浓缩就形成了云。仰望天空，你会发现云的外形并非单一：有的呈现白色，薄薄的，一缕一缕；有的呈现灰色，一层又一层，覆

非常识

虽然有了利萨·辛普森的观测，但科里奥利效应并不能确定水沟里旋涡的方向。虽说它对热带气旋、大的洋流确实影响巨大，但对低洼地带的影响甚微，不足一提。水沟旋涡的方向由低地的形状、低地的水流决定，而且无论在北半球，还是在南半球都有可能出现顺时针方向和逆时针方向。

时事快报

死谷（Death-Valley）位于加利福尼亚，海拔−91米，是西半球最炎热的地方，夏季平均气温高达98℃。而附近海拔4419米的惠妮山，即使在8月，探险队员也必须翻过冰雪，才能抵达山顶。

时事快报

播云（clouds-eeding，人工降雨时云的催化）是在云层上方喷射碘化银颗粒加速降雨过程。这一做法的原理就是碘化银颗粒周围生成冰花状晶体，比如粉末（或碘化银），然后下落，其间会融化，从而形成雨。

盖天空；有的介于二者之间，一大团白云在上，一大团乌云在下。那么，为什么有些云看起来是白色的，而有些看起来是灰色的呢？

水从河流、湖波、海洋、土壤表面蒸发，上升至空中。与此同时，水分子与空气中的氮气、氧气化和。当一团空气被太阳加热或接触到温暖的地面之时，它就开始上升，升至密度更大、温度更低的空气之上。大团空气上升，压力降低，整团空气就冷却下来。水分子失去能量后就开始冷却、浓缩，形成小水珠或冰花状晶体。

云层中的小水珠或冰花状晶体反射、散播太阳光。发散的阳光看起来是白色的，所以漂浮在天空中的云团呈现白色。事实上，白天，当你从飞机上俯瞰云层时，所有的云看起来都是白色，原因就在于云层对太阳光的反射和扩散。

有多少太阳光可穿过云层要取决于水珠的密度。高处的卷云几乎不含水，所以大多数阳光都可穿过。而有些云层中，比如雨云，水珠的密度就大得多，通常会引起暴风雨。从上到下，这些云层要厚得多。所以，它们向上反射的阳光多得多，地面上的人们是看不到的。云越厚，承载的水越多，看起来颜色就越暗。这就是雨天时云的颜色最暗的原因。

❓ 为什么在南极、北极附近不会形成飓风

2005年的飓风季节是记录在案的最严重的一次灾难。那一年，总共发生热带风暴28次，其中4次都超过飓风强度的第五级，包括破坏力极强的美国风暴凯特瑞娜和丽塔。这些风暴发生于北纬10°～30°之间的大西洋地带，大致在南美的最北端以及弗罗里达州和格鲁吉亚交界处，只有少数例外。为什么飓风的形成地点靠北呢？

飓风是热带气旋，形成于大西洋或太平洋东部的温暖水域。几乎所有的飓风始于赤道3219千米内的水域，因为这里存在有导致飓风形成的特殊条件。气旋也形成于大西洋和印度洋，但它们不叫飓风。二者都属于风暴。

导致飓风形成的主要要素是太阳能和地球自转。夏季，热带、亚热带洋流吸收大量的太阳能，使洋面水温上升至27℃或更高。只有水面46米左右处的温度达到27℃的区域才能形成气旋。水分子获取能量后，逃离水面的就越来越多，随即转化为大气中的水蒸气。

随着暖空气的上升，它就冷却、浓缩而形成云。冷凝过程中，大量的能量释放出来，再次使空气受热、压力加大。压力大的空气移动导致风的形成。风的方向变化不一。由于地球的自转，向北漂流的空气偏向东方，从而导致蒸发、冷凝中心的空气逆时针流动。科里奥利效应导致南半球的气流顺时针方向流动。

随着水蒸气的蒸发和凝缩过程的继续，风的模式发生转变，一股冷空气的周围形成旋流。只要这种风的模式流过温暖水域上方，没有其他模式的风来打扰的话，随着能量的增加和风螺旋上升的加快，旋风就形成了。风速达到118千米/小时的大风就可称之为旋风。这些风暴宽度达几百英里，至少上升至大气层1.524万米处。

只要飓风处于温暖水流之上，水蒸气蒸发、浓缩的过程就会继续将能量释放到流动的空气中。飓风抵达寒冷的水面或陆地时，

定义

热带气旋(TropicalCyclone)是发生在热带或副热带洋面上的强烈涡旋，表现为低气压、狂风、暴雨。根据热带气旋形成的地点，它还可被称为飓风或台风。

力度就会即刻减弱。

？天气预报中气象员提到的"风寒指数（wind chill factor）"是什么

寒冷、多风的日子看天气预报时，播音员会提醒大家注意防寒保暖，因为风寒指数为-20℃。但当你看温度计时，发现温度实际上是-7℃。为什么这两个温度相差甚远？

风寒指数是人类对低温和风的一种感觉程度（人类并不直接感受气温，如果我们感觉到冷，实际上感觉到的是皮肤表面的温度）。风寒指数的原理是流动空气携带热量的速度高于静止状态的空气。空气的温度一旦低于身体的温度，热量就会从暴露的皮肤上散发出去。但倘若空气不流动的话，受热空气就会势均力敌，并提供某种隔离层。

风寒指数并非实际温度的测量，所以它不影响测量到的空气本身的温度、物体（比如水、冰）的温度或温度计所示温度。它只适用于表征散热，比如人和动物。

风寒温度（WCT）是-20℃，意味着人体热量的损失速度等同于-20℃下静止状态的空气热量的损失速度。如果WCT是-28℃或更低一些的话，暴露的皮肤不到30分钟就会冻伤。

风寒这一概念的首次问世是在20世纪40年代。2001年，美国国家气象局公布一个测量WCT的最新方法。它基于科学、技术、计算机模拟的进步，这已经提高了测量温度和风的能力。今天，人们使用的WCT复杂的公式源于人体面部和皮肤相互作用的模型。

美国国家气象局风寒指数值

风（千米/小时）	温度					
	30	20	10	0	-10	-20
8	25	13	1	-11	-22	-34
16	21	9	-4	-16	-28	-41
24	19	6	-7	-19	-32	-45

			温度			
32	17	4	−9	−22	−35	−48
40	16	3	−11	−24	−37	−58
48	15	1	−12	−26	−39	−53
56	14	0	−14	−27	−41	−55

30分钟内冻伤	10分钟内冻伤

❓ 为什么雷雨之前通常刮大风

雷雨的到来是有前奏的。还在晴空万里之时就可听到远处轰隆隆的雷声，随后乌云袭来，紧压头顶，并伴有闪电。一股猛烈的冷风吹来了雷雨，有时风大得甚至掀倒大树。这股风是怎么形成的呢？

下击暴流（downburst）是始于暴风、吹向各个方向的灾害性强风。罕见的情况下，下击暴流风力似龙卷风，风速高达240千米/小时，灾害性也类似于龙卷风。但是，下击暴流所致的风不同于龙卷风，因为龙卷风风向单一，起因也不同。

下击暴流是狂风本身所致，是大风向外暴流的强下曳气流。

一般来讲，暴风袭击之时，空气相对干燥的地区会形成下击暴流。雨水进入干燥的空气中，蒸发速度很快，而这又是一个吸热的过程。故在这种情况下，雨水从蒸发的水蒸汽中吸收能量。随着能量被吸收，空气冷却下来，而密度增高。高密度冷空气导致空气下沉至地面。如果空气下沉过快，撞击地面之时就会调转方向，从而形成大风，从暴风基地吹向各个方向。

大多数下击暴流延伸不到4千米，导致的大风只持续几分钟。因为下击暴流可延伸至各个方向，所以它逝去之后，还会有源于暴风的一股风。下击暴流对飞机航行非常危险，因为气流向下，即风切变（乱流）会导致飞机快速下降。

时事快报

风寒指数只用于寒冷的天气中。炎热天气中相关的概念是热指数（heatindex），是将空气温度和相对湿度结合起来，从而确定一个表征温度。高湿度天气里，由于汗水的蒸发，冷却速度降低，所以潮湿的空气中感觉比干燥的空气中更热。热指数只用于实际温度高于68℃的天气里。

科学箴言

"（二战中）登陆法国海岸大获全胜的一个原因就是美军的天气预报。德国气象专家（比我们的强很多）不能相信我们会愚蠢到会作出如此之差的预报，他们还不能够相信我们会按照预报来行动，而偷袭就发生在预报成为事实之时。所以，说来也怪，我们受益于自己的气象学家的预报失误。"

——沃伦·韦弗（1894—1978）

定义

盐度表示每千克水中所含的溶解的盐类物质的量（ppth:-1/1000=0.1%）。淡水的盐度不足5ppth；咸水是5～29ppth。一般来讲，海水的盐度约为35ppth。死海的盐度约为315ppth（31.5%的盐分）。

为什么海水是咸的，而很多湖水并不是咸的

遨游在大海中时，尝一口海水，你会立刻感知海水跟河水、湖水的不同：海水尝起来很咸。如果不冲洗游泳衣的话，那它晾干后，上面会有一层盐。为什么海水是咸的，而大多数其他水并不是？

盐是金属离子和非金属离子结合的化合物。一般来讲，海水重量的3.5%是盐。

海水中的大多数盐是氯化钠，这是人们熟知的，就像是餐桌上的调味盐一样。但海水中至少有72种元素，大多数浓度很低。

水能够溶解盐化合物，能够在大气、海洋之间循环，这两点使得海水具有盐度。

远古时期，由于火山喷发，地球内部释放出大量水源，形成海洋。那时的海水不像现在的这么咸。但是，几十亿年前的大气中含有火山喷发的混合气体，比如氯化氢（盐酸）、二氧化硫、溴化氢，这些化合物很快溶解在水中。

空气中还有一些岩石的构成成分。岩石从空中落下后溶解在酸性混合物中，其中包括钠，它和氯离子化和生成氯化钠。从岩石和矿物质中提取出来的成分还有镁、钙、钾等。

随着时间的流逝，海水越来越咸。因为虽说海水不断蒸发，并以降雨的形式循环不止，但沉入海中的盐分始终不离不弃。而且，雨水更多地溶解陆地上矿物质的盐分，并携带入海。和海水相比，淡水的盐分浓度较低，但其汇入大海之时，带去了盐分，增加了海水的盐度。

为什么湖泊的盐分比海洋的要少一些呢？虽说大多数湖泊的盐度略低于海洋，但实际上也有一些例外。比如，海洋的平均盐度为3.5%，而美国犹他州的五大湖泊的盐度介于5%～20%。苏必利尔湖（世界最大淡水湖）的盐度不到0.01%，这一数字是很多淡水

湖的典型代表。苏必利尔湖盐度低的原因在于水经该湖流入休伦湖。一般来讲，湖水更新一轮的周期为200多年，所以盐分无法积攒下来。

为什么西雅图的降水量是斯波坎市（位于美国华盛顿州）的两倍

西雅图和首都华盛顿的年降水量约为96厘米，而靠近西雅图东边402千米处的斯波坎市仅为43厘米。为什么两个毗邻的城市降水量差异如此之大呢？

如果驾车穿越这两个城市，或认真看看华盛顿州的地图的话，你会发现西雅图和斯波坎市之间的典型地貌特征——卡斯卡特山脉。它自南向北横穿华盛顿州，形成高降水量地区和低降水量地区的分水岭。

北美的主要风向是自西向东。因为太平洋的水分蒸发，抵达西雅图的空气含有大量的水蒸气，故气候相对潮湿、多雨。但是，这股潮湿的空气相遇卡斯卡特山脉时，被迫向上流动，而由于气压低又不断扩散，其温度下降（这似乎是一个熟悉的话题，因为气压、温度对天气影响巨大）。低温情况下，水就会凝结而形成雨，故山脉以西雨水较多。

沿山脉向上流动的空气含有的水蒸气比先前要少得多。事实上，寒冷、干燥的空气流向地面就会升温。地面上的水随后蒸发，从而使这一地区更加干燥。

为什么棕榈树可以生长在都柏林，而在波特兰就不行

爱尔兰首都都柏林比美国缅因州的波特兰更靠北。两个城市都靠近大西洋，但都柏林气候更温暖，一月份的平均低温是3℃，

而波特兰则为零下13℃。在都柏林，人们可以种植棕榈树，而在缅因州的任何一个角落都是不可能的。为什么两个城市的气候相差这么大呢？

奇怪的是，这种差异性源于墨西哥湾暖流。墨西哥湾属海洋表面洋流，有点像汇入海洋中的河水。水源源不断环绕墨西哥湾流淌。海洋表面温度地图显示墨西哥湾最底部阳光受热的暖流环佛罗里达南段流出。因为流出的水温度高于下层的水，它就一直处于洋面。

墨西哥湾流过北美东海岸，流经缅因州的波特兰。但由于自西向东的风向，暖流并未对波特兰气候造成影响。

流过北美东海岸，靠近加拿大纽芬兰，这股暖流流进大西洋，形成北大西洋暖流，流经爱尔兰、苏格兰西海岸。在这里，暖流对气候产生了影响。

吹过北大西洋的风通常也是自西向东，恰恰吹过这股暖流的表面，故空气受热、受潮，送给都柏林一个温暖、潮湿的好天气。

墨西哥湾是环绕全球的洋流体系的一部分，温暖的海水漂流在最上层，成为表面洋流。在两极地区，由于空气寒冷，水丧失了部分能量。流动海水的渐渐冷却，使其密度加大，沉向海底。深海处的冷水洋流从两级向赤道循环。这种洋流返回洋面的时候，它们怀抱的海水温度较低、营养成分丰富。加利福尼亚北海岸的洋流循环就是这样的实例。墨西哥湾深处水温达到32℃，而与其不同的是，加利福尼亚以北太平洋的水温全年保持在10℃左右。

❓ 雨中漫步、跑步会淋湿吗

最后一个天气问题属老生常谈的话题。你准备走过停车场去取车，突然春雨当头。你可以走向车，也可以跑过去（只拎了个包）。那么，哪种方式被淋湿的程度最小呢？

据不完全统计，在雨天，人们通常是跑向汽车。但最佳选择应该是什么呢？如果选择走路，在雨中待的时间固然长，似乎应该淋得更湿。但如果选择跑步，身体与雨点相遇次数加多。因此，实际上，越是跑步，淋得越湿。

1995年英国的研究确定选择一直站在雨中，会被淋得最湿，但是走路、跑步也都不会少淋雨。而美国北卡罗来纳州国家气象数据中心的两名气象学家——汤姆斯·皮特森和特瑞沃·威利斯——提出一点：一方面，研究是数学实践，并非真正的实验；另一方面，他们自己的计算结果都不能统一。

确定结果的唯一方式是进行实地试验。在一个下雨的日子，两名科学家穿了同样的衣服出门，想借此确定哪种方式会更容易淋湿。一位在大雨中冲出去100米，而另一位慢悠悠地走过相同的距离。后来对二者的衣服进行称重，结果是跑步者比走路者的吸水少40%。由此问题的答案确定了。就像从校车上下来的孩子本能所了解的道理一样，快速冲向家门不会淋得太湿。

> "不幸的是，没有人能够依据科学事实告诉你今年新奥尔良是否会遭受雷雨袭击，暴风雪或飓风的强度是多大。但我能告诉你的是：新奥尔良时刻会发生飓风、暴雨，今年当然也不例外。"
>
> ——斯蒂芬·利恩（1955— ）

时事快报

墨西哥湾承载的水流是全球河流总量的100倍之多，其流速高达每天120千米。第一个描述墨西哥湾的人是本杰明·富兰克林。他绘制了地图，试图解释为什么轮船从欧洲到美洲的航行时间比从美洲到欧洲要长。

生态科学和
环境科学

15

　　"人类把地球视为自己的资源，这是很有意思的，因为地球的年龄大约为五十亿年，而人类约为一万年。我们荣获了骄傲和自满，所及程度令人瞠目结舌。我们深深体会到置身自然之外的飘飘然，我们成为高高在上的统治者。"

　　　　　　　　　　　　　　　　　　　——马斯顿·贝茨（1906—1974）

　　生态学家和环境学家研究地球上有机体的不同方面。生态学研究生命有机体的相互关系以及在体系之内它们是如何相互影响、相互作用的。环境学是对生命系统更为广泛的研究，即对其生活环境的研究。环境学家使用的概念包括地质学、化学、气象学、农业、生物学等方面，涉及领域广泛。除了研究生物和环境的关系以外，环境学还探讨人类活动对生命系统的影响。

？为什么森林管理员必须进行有控制的燃烧

"烈火赤子（Smokey the bear）"始于20世纪40年代，是美国历史上持续时间最长的防止森林火灾的公益广告运动。从那时起，人们开始行动起来，防止森林火灾。但是，行动的宗旨经年改变。"烈火赤子"刚出现之时，森林管理的目标是防止一切火灾、扑灭任何火源。今天，美国国家公园和其他一些森林管理部门每年燃起几百次火。为什么随时间推移森林大火的宗旨会有所变化呢？

生态学家已经搞清楚了一个事实：大火是很多生态系统的一个重要部分。自陆地上第一次森林火灾以来，闪电、火山喷发，甚至死亡植物的腐烂都多次引发过火灾。现在，我们知道，很多物种的生存、繁殖、茁壮成长都依赖于大火燃烧。另外，由于早期的防火政策，诸多无法控制的火灾造成的后果更为严重，伤及人类和自然资源。

燃烧对生态系统带来的益处众多，比如改善野生动植物的栖息地、控制树木疾病的传播、赶走入侵种（一个物种，经由人类活动，造成该种存在于原本的分布地区以外）、移走某些燃料（一旦积聚，会造成无法控制的火灾）。事实上，一些松柏科植物的种子，比如红杉，要经过大火热量的刺激才会发芽。

即便如此，大火并不总是尽如人意的。很多森林、草原被受控燃烧之后，都发生了巨大改变。在大火曾经燃烧的很多地方，现在都成为人类的居住地和其他建筑设施。有控制地进行燃烧的时候，通常人们会移走多余的燃料，避免大火引起的温度过高。燃火的条件是：风向、风速适于控制火势；消防队员处于备战状态，随时控制火势的发展，避免波及计划外区域。燃烧已成为维护森林健康发展的一个重要途径。

1998年的夏季是黄石国家公园史上最干燥的一年，大火烧起来了，无法控制，公园的1/3受灾。很多大火都是闪电引起。虽然大规模的消防措施可保护人类生命和财产，但森林中的大火肆虐并没有办法可预防。

美国公众经常谴责国家公园管理的失控，使得一些大火无法控制。很多新闻报道都详细记录了公园的"破坏过程"。但是，生态学看到了时机：研究大火对森林造成的影响。他们发现，大火并不总是破坏性的；事实上，森林在大火之后的几年内都会更加健康发展。

生态学家的发现包括：

◆ 海滩松（一种北美西岸海岸松树）在苗壮成长，改良了很多土地。

◆ 随着森林土地的清理，山杨比以前的再生速度加快。

◆ 由于土壤养分的增加，更为健康的植物使得草原在几年内复苏起来。

◆ 一些动物的栖息地增加了，比如蓝知更鸟。

但是，"烈火赤子"行动的口号并不过时。虽然大面积推广有控制地燃烧，每年无法控制的大火还是摧毁了很多家园。大雨来临之前，土地的保护层脱落，大火也就助长了土地的侵蚀。因此，我们的口号仍然是："防止森林火灾，从我做起"！

苍蝇有什么用吗

总的来说，房间里的苍蝇是很令人讨厌的。在房间里嗡嗡嗡，不停地制造噪声。有时落在人身上，有时落在食物上。苍蝇传染大量疾病，还会生蛆，其幼虫令人作呕。那么，苍蝇的作用是什么呢？

生态系统是由多种有机体构成的，它们相互依存。比起有机体的生存目的，谈谈有机体在生态系统中的作用更有意义。乍眼一看，苍蝇似乎没有用，但它们在自然界的作用却不容忽视。

一只母苍蝇在某个东西上可放置100～150个卵，只要这个东西可以给孵化出的幼虫提供食物。幼虫的食物都是些腐烂的材料，比如垃圾、动物粪便或剪草。8小时到两天之后，蛆孵化后开始进

时事快报

无法生存。很多野草的根茎很深，大火烧不尽，而这就破坏了植物的生长，因为它们争夺土地中的养分。如果没有大火，天然草原生态系统的草就会被灌木、树木所取代，草原就不复存在了。

食，最终形成蛹，而后变成成年的苍蝇，随即又开始了新的一轮循环过程。苍蝇是有效的垃圾和死亡物的"处理器"，它们联合细菌和一些分解物，把废物材料转化成其他形式。设想一下，假如没有什么途径破坏的话，植物残体、动物材料、人类和动物粪便如何积聚呢？

生命循环中，苍蝇对其生态系统还有另外一个作用——给其他有机体提供食物。食草昆虫、蜥蜴和小的哺乳动物的食物就是苍蝇的卵、幼虫和蛹。鱼和其他一些水生有机物一生都以苍蝇为食，还有一些鸟类和陆地动物也是这样。也许，苍蝇是我们生存的世界上令人讨厌的东西，但它们的存在也是有其价值的。

什么是生物多样性，它为什么那么重要

自然资源保护主义者的一个目标就是要维持生态系统的生物多样性，从而保护生态系统健康发展。什么是生物多样性？它为什么那么重要呢？

生物多样性指的是生态系统内部、即整个地球上生命形式的多样性。生态系统中的生物多样性分为三个部分：

◆ 遗传多样性：某个特定物种基因构成的变异性。

◆ 物种多样性：生态系统内物种的丰富程度。

◆ 生态多样性：各种生物与其周围环境所构成的自然综合体，包括森林、沙漠、草原、浅滩地、湖泊等。

对于生态系统及其各个物种（包括人类）的常规健康发展来讲，各个层次上的生物多样性都是极其重要的。生物体的各个物种的生存都仰赖于其他物种。食草动物需要大量的植物；食肉动物需要大量的食饵；植物依靠动物进行授粉、播种、提供养分——相互影响、相互作用的链条数也数不清。

从人类角度来看，生物多样性极大程度地满足了人类的需求。人类生存的环境中，所有的食物都来自动植物，至少有4万个物种满足人类的衣、食、住的需要。多样性还为特定需要提供不同

的材料。大多数常规药品都是直接或间接取自自然界中的化合物，只有一小部分药用化合物是人类研制出来的。除了提供材料，地球上的生物多样性还给人类创造了文化、娱乐活动的机会。

在一个种群中，遗传多样性可抵制疾病。种群中的个体对各种遗传性疾病或传染性疾病反应各异。那么，一个生态系统中的物种多样性也可以用同样方式保护该系统的正常性。一些物种对某些压力和侵袭敏感，而有些就有抵抗性。于是，各种各样的物种的存在就可以使生态系统适应并抵御各种外来侵袭。

当灾难降临单一栽培（无变异的环境）的时候，生物多样性的重要性就不言自明了。19世纪爱尔兰马铃薯饥荒发生的原因就是人们过度依赖单一庄稼来维持生计。庄稼受灾，人们无法凭借转换食物来适应生存。

热带雨林是变化最为多端的生态系统之一。这里树木高大茂盛、日照充沛，而树下的物种也适应了日光较少的阴凉处，很多动植物都仰赖大树筑巢、觅食。地面上，还有一些植物存活于阴处，汲取头顶上动植物掉下来的材料中的养分。地面上、地底下，细菌和其他分解物化解树叶和其他材料，为下一代植物提供营养成分。

为什么大多数洗衣粉里的磷酸盐被清除掉了

肥皂、洗衣粉并不总是可以在环境中降解，一些残留物会引起污水处理问题。20世纪50年代，很多溪流、小河几乎都覆盖了一层泡沫，这对很多小的有机体是有害的，而它们又是水生生态系统正常循环的必需品。于是，人们给肥皂、洗衣粉添加了一些材料，使其可以生物降解。同时，还添加了另外一些材料，使其在硬水中去污效果更好。含磷酸盐的几种材料可满足上述目标。如果在20世纪50年代那个时候磷酸盐的作用很大的话，为什么现在要将其从洗衣粉中清除掉呢？

虽说洗衣粉中含磷酸盐的化合物有助于提高去污效果和生物

定义

生物降解指的是某种材料能够被称作分解物的生物有机体化解。大多数的分解物都是细菌或藻类。

时事快报

大多数大陆的沿岸水域都形成了很多"死区"，这些区域位于氧气空缺的洋底。海洋表面的大量浮游生物种群向低层丢下很多有机材料（因为一些浮游生物的死亡），分解这些材料的细菌消耗掉可获得的所有的氧气，导致海洋动物无法在这一区域生存。大多数死区形成于河口处，因为很多农业灌溉径流养料丰富，滋生了浮游生物。密西西比河河口的墨西哥湾已经形成了 8000 平方英里的死区。

降解能力，但是，水中的磷酸盐也会引起一些问题。最令人满意的一个结果是细菌分解洗衣粉，但这样又会产生磷酸盐所需的过量的必需营养物。这些化合物在水沟中的作用就是自然催化剂，破坏了自然生态系统。

藻类是水生生态系统的重要组成部分，分解有机物质，给其他有机体提供食物。藻类种群的平衡调节通常是通过水中存在的磷酸盐数量来完成，而这一过程又是从土壤和岩石的慢慢分解开始的。但是，如果洗衣粉的分解产生了磷酸盐的话，藻类种群就失去了平衡控制。

不幸的是，很多水道中藻类剧增，而随着藻类种群的快速增多，藻类消耗掉的氧气越来越多，导致其他有机体缺氧而死，这样更助长了藻类的生长。最终结果是水中的氧气消耗殆尽，各类昆虫和鱼无法生存，水道成为死亡区。藻类暴增可发生在溪流、湖泊，甚至大片的海洋中。

今天，大多数洗衣粉不含磷酸盐，但是记住这个教训至关重要：生态系统是各成分相互依赖的、极为复杂又极为敏感的体系。有时，一个问题的解决会滋生另一个意想不到的问题。

为什么湿地很重要

50年来，人们已制定很多环境保护法规，精心计划保护各类湿地。联邦和州的法律确定了冲积平原的界限和它的发展。地方法规凭借都市的区域划分来控制溪流、沼泽地附近的建筑。什么是湿地？为什么要保护湿地？

根据清洁水法案，湿地是地表或地下水周期性泛滥或浸透的区域，适应浸透土壤条件生存的植被足以在这一区域生存。这一定义并未要求湿地必须是表面一直有水。事实上，湿地的确认通常是凭借它的本地生植物，而不是承载的水量。一般来讲，水、沉淀物、溶解矿物质从高纬度地区下流时积聚的地区就是湿地。因为这些资源在一个地区的聚集，就给大量的生物体提供了家园。

虽然湿地生态系统的变化取决于温度、降雨条件，但通常它们给大量适于潮湿环境生存的植物、昆虫、微生物和两栖动物提供了栖息地。鸟类、爬行动物和哺乳动物数目繁多的原因在于食物供给充沛。腐烂的植物材料喂养了浮游昆虫和其他一些无脊椎动物、水生贝壳类动物以及生存在水面上的小鱼。

同时，湿地对人类是有价值的。很多社区的饮用水仰赖地下水。水流进地面时，湿地的植物和土壤可过滤水中的污染物，它们是净化地下水的首要资源。而且，它们相当于自然海绵，吸吮雨水和河流、溪流暴涨的洪水。植被垫、树根使水流速度减慢，逐渐平缓下来。盐碱滩是海洋风暴的第一道防线。飓风来临之际，沼泽地完整的地区受到的伤害要小得多，而枯竭的低地则会受灾严重。

虽然低地、沼泽地曾经被认为是荒地，到处是危险的动物和滋生病菌的昆虫，但环境研究表明它们是生态系统平衡的基本要素。除了改善水质、提供食物、控制腐蚀——从人类角度来讲，实用性非常强——湿地还是很多动物（大到食肉动物，小到最小的昆虫）的食物、住所的关键资源。

非常识

通常，湿地被描述成蚊子泛滥的地方，这就是附近居民反对再建湿地的一个原因。蚊子在平静、温暖的水里产卵，沼泽地这样的湿地为其提供了住所。但在大多数湿地，水是不断流动的，蚊子并不能在此产卵。而且，蚊子居住的湿地也通常会给捕猎它的动物提供了住所，比如蜻蜓。

定义

同温层位于地表以上 6 至 30 英里的高度，是地表大气的第二层。同温层顶部吸收了来自太阳的紫外线而被加热，因此，气温会随高度而上升。大型飞机通常飞行于同温层的底层以增加稳定性。

❓ 什么是臭氧层空洞，它是如何形成的

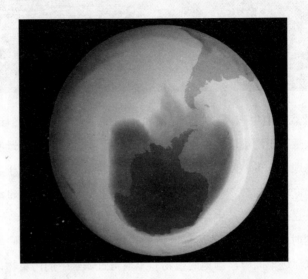

20世纪80年代，高空大气臭氧层的空洞引起人们的诸多关注。为了保护臭氧层，人们用另一种的材料替换了空调、喷灌、某些灭火器中的化学制品。真正全球范围内的环境保护措施取得了成功，处于缓慢、但平稳的进步中。但是，首先必须搞明白大气中的空洞是如何存在着的呢？

回答这一问题的第一步是描述一下"臭氧层"，以及它对地球上生物体（包括人类）的作用。臭氧是无色气体，易于与其他物质发生反应。高压电器周围有时出现的刺鼻的味道就是臭氧。人们认为臭氧是毒素，因为它对动植物有害。

但在同温层，臭氧是自然产生的物质，是构成大气的重要元素。所谓的"臭氧层"并不是真正的一个层面。通常，海平面以上11～40千米的海拔处的大气中，臭氧就是一个组成部分。这一区域的臭氧浓度平均为每1万个氮分子和氧分子中有一个臭氧分子，所以即使在臭氧层中，臭氧也是很稀薄的。

同温层的臭氧吸收对有机生物有害的紫外线，故臭氧层的变

化成为人类的一大关注点。通过观察空气中臭氧的数量，人们发现，从20世纪70年代开始，南极洲上空大气中的臭氧在春天（南半球的9～12月）急剧减少。最糟糕的时候，在这个"空洞"的臭氧减少至正常水平的1/3。科学家发现臭氧减少的原因在于氯氟烃（CFCs）气体中的氯原子。这些气体用作气雾喷雾器中的推进剂、空调中的制冷剂。

氯氟烃进入大气后就会升至同温层，而且，它们在这里可稳定停留多年。

同温层低温和春季阳光的结合会导致化学反应，毁坏臭氧速度加快（快于其自然更替过程）。北极地区春季消耗掉的臭氧要少一些。

虽然全球臭氧总体数量下降并不明显（约4%），但这一现象还是引起人们的担忧。遭致破坏的臭氧数量每年都有所增加，所以人们担心空洞会在其他地方出现。而且，空气中只有很少的氯氟烃分子遭到破坏，其密度会与日俱增。

紫外线辐射的增加会带来有害影响：人类皮肤癌、白内障等疾病的增多；谷物产量的下降；海洋中藻类植物种群的瓦解。这些担忧引发了1989年全世界范围内氯氟烃的禁用。自20世纪90年代后期以来，科学家已发现对臭氧的破坏每年都有一些下降。

我们如何了解远古时期的气候

大约1.5万年前，北美天气寒冷、冰雪覆盖，巨型冰川几乎密布整个大陆。1575～1585年，北美南方的亚利桑那州遭遇干旱，是迄今为止最严重的一次。这种信息可用于环境科学家分析并预测环境条件、气候状况及其变化趋势。科学家是如何发现史前时期天气、气候的具体情况的呢？

对地球史上天气变化状况的研究称为史前气候学。它运用各种各样的方法探求过去的天气状况，并绘制天气随时间变化的曲线图。

探究过去2000年左右的降水情况的一个最准确的方法就是观察树木的年轮。雨水较多的年月，树木长得快，树干上的生长轮就

非常识

和大气相关的两个独立的问题经常会被混为一谈。全球变暖与同温层臭氧的耗尽无关。臭氧耗尽的原因是含有氯的某些化合物的释放，这导致的问题是紫外线辐射抵达地球表面，但并不影响天气或气候。全球变暖是由过量温室气体引起的，比如二氧化碳。它与紫外线辐射无关，但抑制热量，不会辐射至太空。

宽一些。通过清数这些生长轮，可得知准确的年代。这是研究过去天气状况的一个最可靠的工具。

冰川、大冰原承载了众多天气信息，可延至80万年前的天气状况。通过向下钻孔直至外壳即可移走冰芯。凭借冰的层次可了解冰的深度和其历经岁月的关系，而冰层的厚度又提供了年降水模式的信息。科学家通过观察冰层中的划分来推算不同年代相关植物的生长状况，还可以研究冰层中的灰烬来追踪火山迸发的情况。冰层中氢气、氧气同位素比例的些许差异让科学家们了解了海洋温度的变化。

冰层锁定的天气信息是有限的，所以史前气候学家转向研究沉淀物、堆积岩等。海洋、湖泊、沙漠地面上一层又一层的沉淀物中呈现出腐烂的动植物材料，例如骨头、花粉。堆积岩岩层并未显示出年代的变化，因为凝缩在其中的信息岁月过于悠久。但是，它们却记录了长期以来的天气状况以及其主要的变化阶段。

❓ 温室效应如何发挥作用

在地球上任何一个地方，影响气温变化的因素都很多，但平均气温取决于两种能量的平衡度：即抵达地球的能量和辐射至太空的能量。如果地球接收的太阳光的能量大于其辐射出去的能量，平均气温就会上升。能量辐射至太空有一些控制因素，其中一个就是温室效应现象。什么是温室效应？它如何发挥作用呢？

太阳能量抵达地球的形式是电磁辐射，包括可见光和紫外线辐射。这一能量的30%反射回太空，主要是借助于云。一些能量被大气吸收，但大多数电磁辐射抵达地面，被土壤、水吸收，而后二者变得更暖和。

暖和的物体辐射电磁能，这是热辐射。随着地表温度的增加，辐射的能量也增多。地球辐射的能量，一部分被大气吸收，一部分回到太空中，使地球有效降温。如果抵达地面的太阳辐射与返回太空的热辐射平衡的话，地球的平均气温不变。现在，地表平均温度约为15℃，相当稳定。

大气中的大多数分子并不吸收热辐射，这就是热辐射可返回太空的原因。还有一些分子，比如水和二氧化碳，就吸收热辐射能量。"温室效应"指的就是这些分子的所作所为。它们吸收地表辐射的能量，将其控制在大气中，阻止其返回太空。这一名称的由来源于对比玻璃或薄膜制成的温室的内外温度：阳光射入温室，使其内部增温，但热能不再返回。（有趣的是，真正的温室效应机理不同与大气的辐射原理，但名字就这样沿用下来了，仅此而已）

对人类和其他生物体来讲，温室效应极为重要。如果所有的热辐射都返回太空，大气没有吸收一丁点的话，地表平均气温将是0℃，而不是15℃。

这里还有一个热量平衡的问题。倘若大气中二氧化碳的数量发生改变的话，会出现什么情况呢？如果这样，地球辐射向太空的能量就会改变，进出地表的能量就会失衡。这是环境科学家担心的问题。大气中二氧化碳浓度增加，大气就会吸收更多的热辐射，从而地球温度升高，这一效应称作全球变暖。

从冰芯开始的冰层测量结果表明80万年来二氧化碳的变化范畴为180ppm（百万分之一百八）到270ppm（百万分之二百七）。冰期的温度较低阶段，二氧化碳浓度低；温度较高阶段，二氧化碳浓度高。在1960年，科学家测量了大气中二氧化碳的含量，结果为313ppm，现已增至375ppm。这一变化的主要原因是燃烧矿物燃料和滥伐森林。

气候学家预测在未来几十年，全球平均气温会上升几度，原因就在于温室效应的变化。而这几度的上升就会导致地球气候的巨大变化。

时事快报

现在，我们处于地球一个"冰期"的中期。通常，人们认为冰期就是地球表面覆盖大规模冰川的地质时期，但这只是冰期的一个方面。第一次冰期是在25亿年前，第二次从8.5亿年前至6.3亿年前。现在的冰期开始于四千万年前。两次冰期之间，极地冰盖完全融化。一个冰期内，天气会出现冷暖交替现象，原因在于冰川的退缩和扩张。现在，我们处于这个冰期的温暖阶段，大型冰川已在格陵兰岛、南极地区变小。但是，现在，地球还是比真正温暖的时期凉爽得多。科学家担心全球变暖会极大加快冰川融化速度。虽然人们料到地球处于冰期中的温暖阶段，但全球变暖带来的变化之快远远超出人们的适应能力。

❓ 酸雨是由什么引起的

自工业革命开始以来，石灰岩雕像、大理石雕像的寿命减少。由于酸和石头的化学反应，雕像易于腐蚀，变得模糊不清。这

非常识

有时，人们拿酸雨中的酸度和柠檬汁或醋进行对比，得出的结论是：酸雨并不具备危险性。这一说法忽略了一个要点：酸雨引发的问题是它给环境带来了影响，不管它的酸度是否会伤害人类皮肤。如果把鱼放到一个醋缸里，你认为它会活下来吗？

种酸随着雨、雪、雾或雹等降水型态而落到地面。那么，酸性降水是由什么引起的呢？

大气中的二氧化碳和水化学反应生成碳酸，故不受污染的、常见的雨有一点点酸味。而酸雨的酸性强得多，含硝酸和硫酸。通常，酸雨的含酸量是普通雨的10～100倍。

酸雨的形成是由于矿物燃料（例如煤、汽油）的燃烧。矿物燃料主要是由碳和氢气构成，而它们的形成又源于生命有机体，所以其中还有包括其他元素的化合物，比如硫和氮气。在燃烧过程中，这些化合物和氧气发生作用，形成二氧化硫和一氧化二氮。这些氧化物和水分子相遇在空气中，就形成了酸。

酸雨除了腐蚀雕像和建筑物以外，对自然系统也造成了破坏性的影响。溪流中的大量昆虫、浮游生物被酸雨杀死，而它们构成了水生动植物的食物链。即使是酸性较弱一点的酸雨也会影响鱼卵孵化，严重时还会杀死成年鱼。

海拔较高的森林中，树木经常被酸雾包围着，这里的植物会遭到酸的毁坏，甚至死亡。周围空气酸度高使得植物无法吸收土壤中的矿物质，从而抑制生长。

控制酸雨的主要措施是防止氮气和硫进入大气。烧煤的发电站将一些装置放在烟囱上，在燃烧气体进入空气之前，吸入二氧化硫。汽车引擎的气体排放控制系统的设计就是防止一氧化氮从废气中溜走。

"不管世界多么广阔无垠，不管国家间的竞争多么激烈，无法否认的事实是：人们日益相互依赖。我相信，在普遍存在的相互依赖性面前，国家统治会退缩。大海，这个伟大的牵手人，是人类唯一的希望。今非昔比，人类赋予'大海'——这个古老的词汇——新的含义：我们同舟共济！"

——雅克·库斯托海（1910—1997）

天文学

"我们应该研究天文学，因为这是极其美妙、极其有趣的一件事，也因为老百姓想了解天文知识。我们想搞清楚我们在宇宙空间的位置，弄明白身边所发生的一切。"

——约翰·巴赫（1934—　）

天文学是历史最悠久的科学之一。人类从存在即日起就观测天空，所以几千年前，很多文化就有准确的日历，这是凭借认真观察太阳、月亮、星星的运动而制定的。但是，直到17世纪发明了天文望远镜，现代天文学才真正发展起来。天文学家研究的课题极为广泛：地球大气之上的一切事物。

时事快报

小湖泊不会出现潮汐现象，因为潮汐取决于日月对地球各处引力大小的差异。湖泊经受月亮的引力，就像地球上的其他事物一样。但是，湖泊距离月亮最近的点和距离月亮最远的点相距很小。地表海洋上的一个点和地球另一面的那个点相距八千英里，所以海洋潮汐效应强烈，但湖泊非也。

为什么我们只能看到月亮的一面

每天夜晚，熟悉的"月亮之人"俯瞰大地，但月面一成不变。即使月亮自转，我们也总是只能看到月亮的一面。要想勾画它的另一面，唯一的办法是发射携带照相机的卫星。我们为什么看不到月亮的另一面呢？

简单地说，月亮每月自转一次，绕地球公转一次。因此，我们每次看到的都是它的同一面。但这并不是问题的原因所在。这两圈是一样的，不仅仅是巧合，一定有原因。

同步的原因是重力的存在。宇宙中的任何两个物体相互之间都有引力。如果物体很大，靠近一面的吸引力就大于另一面，这一差异产生了潮汐效应。在地球上，当水流涌向地球的一边，使海水上涨之时，人们就可以观察到这些潮汐效应。重力也就是地球固态部分上的引力，促使它们暴涨，只是因为岩石不像水那么容易流动，所以人们不易察觉。

地球重量约为月球的81倍，故地球对月球的潮汐效应就要强得多，是月球对地球的20倍。地球的引力拉动月球，使其有些变形，向地球方向凸起。凸出的一面被地球吸引，引力大于另一面。也就是说，地球的引力导致了月亮潮锁，凸出的一面总是面向地球，自转周期减慢，与绕地球公转周期相同。

为什么同样的事情没有发生在地球身上，也就是说，为什么地球不是总把同样的一面朝向月亮？事实上，在过去的40亿年间，月球的潮汐效应放慢了地球的自转速度，但是这一变化极其缓慢，原因在于两个天体大小的差异性。每个世纪，地球上一天的长度会增加千分之一秒，这就是潮汐力的作用。假如时间充沛，地球最终也会潮锁，但在那之前，太阳系有可能会因太阳的爆炸而毁灭。

❓ 行星可以像月亮那样显示相位吗

月亮看起来并不总是一成不变的。有时，它是一个明亮的大圆盘；有时，是一个弯弯的月牙。月亮形状周期性的明显变化被称为月亮的位相。其他行星也会像月亮一样反射太阳光，但它们也显示位相吗？

首先，让我们来看一看月亮的相位产生的原因。我们之所以可以看见月亮，是因为其表面反射太阳光，它本身是不发光的。太阳光总是照到月亮的一面，而这一特定的部分又会随月亮的自转而改变，就像地球自转导致美国、印度这两个地区阳光照射的时间有所不同一样。

当太阳在地球的一侧，月亮在另一侧时，我们能够看到的月亮的那一面就会被照射，也就出现了满月。如果月亮、太阳出现在地球的同一侧的话，月亮反射太阳光的那一侧渐渐远离我们，新的月形就出现了。当月亮、地球、太阳构成一个直角时，月亮能够照到太阳光的那一侧就有一半被照亮，另一半照不到。这时的相位就是弦月。在这些位相之间，我们看到的月亮上被照亮的部分有所不同，也就出现了月牙、凸月（弦月、满月之间）。

因为地球和其他行星都是围绕太阳旋转，所以也会出现同样的状况。同样，各个行星都反射太阳光，而且，从我们的角度来看，被太阳光照射的面积大小取决于太阳、行星和我们站立的相对位置。而这些行星离地球太远，我们的肉眼无法看到它们的亮光处。但如果用天文望远镜来看的话，位相就会很明显。第一个看到金星相位的人是意大利天文学家伽利略·伽利雷，那是在1610年。他的发现证实了哥白尼学说：日心说。

虽然我们能够看到月亮相位的整个变化范围，但对于其他行星来说，却只能看到一些相位的变化。例如，水星、金星的完整相位就无法观测到，因为它们的运行轨道离太阳更近。地球永远不会运行到太阳和这些行星之间，而这一位置正是满月所在，故金星和

时事快报

月亮本身不发光，月光是月亮反射的太阳光。地球反照也是这种方式。一个晴朗的夜晚，如果你看到的是月牙，那么你看到的就是月亮的暗区，即受到地球反射光照射的区域。

非常识

流星进入到大气中，以每小时几千英里的速度下降，并受热形成光晕。这种热并非来自与空气的摩擦，而实际上大多数的热是由于大气上方的空气挤压产生的。自行车打气筒的受热方式也是这样，即内部空气挤压产生热。

水星的相位变化是从凸圆到半圆。当它们离地球最近的时候，我们就无法看到，因为照在它们表面的所有的光都被地球反射，回归太阳。

比地球离太阳更远一些的行星也有相位变化，但是不易察觉。由于观察角度的不同，它们的相位变化是从凸圆到满圆，不如金星、水星明显。人们很难观察到位相，因为随着行星从满圆到凸圆，它们越来越远、越来越暗，地球轨道之外的行星不可能出现牙形或新的相位。

小行星碰撞地球的概率有多少

灾难大片的热门话题：一颗庞大的小行星冲向地球，人类陷入万分恐慌：大似一座小城的岩石变形成一个大火球，滚向地球；海啸掀翻摩天大楼；天气变化多端——真是一片大乱。这仅仅是科幻片吗？我们需要担心吗？

虽然这些是科幻电影中的情节，但是，地球和小行星碰撞的可能性确实存在。事实上，这种状况在地球史上已发生多次了。有观点称恐龙的灭亡可能就是地球和小行星碰撞的结果。如果事实斐然，好莱坞夸大小行星撞击地球的灾难性场面也不是个容易事。

但庆幸的是，我们已计划应付这一灾难。美国国家航空航天局已启动项目，搜寻所有近地天体（NEOs），追踪其直径大于1000米的运行轨迹。近地星体是彗星或小行星，受近旁行星引力的驱使进入靠近地球的轨道。近地星体研究小组认真考察太空中星体的照片，搜寻位置经常发生变化的星体。

美国国家航空航天局预测大约有1000颗直径大于1000米的近地天体。追踪星体项目监控太空照片，旨在到2018年年底，可以搜寻到至少90%的近地天体。一旦人类发现它们，就会监控它们的运行轨迹，确定哪一个会更靠近地球，有碰撞的可能性。2008年年初，该项目研究人员就已经发现5000颗近地天体，其中有733颗直径大于1000米。

如果我们探测到了与地球即将发生碰撞的小行星或彗星的轨迹，下来要发生的事情还无法确定。研究人员已提出了一系列方式方法，试图摧毁这些天体，或使其运行轨道偏移，但局限性很大。科幻大片中的解决办法是用核弹头将其爆裂，但这毕竟是不现实的，因为该星体会被分割成很多部分，仍然困扰地球。研究人员提出一些更具实效性的建议：用重型宇宙飞船敲击小行星，使其改变运行轨道；借助大型推力发动机；甚至借助强烈的激光使其偏离轨道。任何一种解决方案要花费的时间都是漫长的，但越早意识到问题，越有助于抓住解决问题的时机。

为什么夏季看到的星星和冬季不一样

有文字记载之前，人们就开始观察星星了，注意到星光模式。我们意识到了天空中星座区域，即星星位置相对稳定。有些星座可以全年观测到，但有些非也。为什么我们所看到的星座区域在一年内会有所变化呢？

虽然星星在运动着，但由于距离遥远，人们难以观测到。一年当中发生变化的并不是星座区域，而是我们的观测点发生了变化。

想一想地球绕太阳公转的状况吧。在公转轨道的任何一个位置上，人们都无法看到星星，因为它们和太阳自转的方向相同，使得白天大气中的太阳光过于强烈。只有在夜晚才能看到星星，这时地球位于太阳和人之间。

一月份仰望星空，我们看到的那群星星就是猎户座（其实从10月到次年3月也可以看到猎户座）。但在7月，地球运行到轨道的另一侧，猎户座处于太阳后面，从地球上就无法看到。现在去找找天秤座，一月份的时候站在世界的任何一个角落都是看不到的。

大熊座的情况又怎样呢？它全年面对北极星。又要想到地球在其轨道上的运行了。太阳从来不会运行到北极以上的天空或南极以下的天空。那些方向的星座区域总是可以看到，不受季节影响。

时事快报

小行星和彗星过去撞击过地球，这一点科学家是知道的。月球上环形山的形成也是由于这些天体的存在。有理论证明说6500万年前恐龙的灭亡就是一颗横截面几千公里的小行星撞击地球的结果。往近处说，众所周知的1908年发生在俄罗斯西伯利亚地区的通古斯事件，就是一颗直径几百米的小行星的轰击所带来的最剧烈的爆炸事件。爆炸的力度难以形容，使得800平方英里的广阔土地上的8000万颗树木拔地而起。

但是，全年运行的星星在北半球和南半球的情况是有差异的。

❓ 产生季节的原因是什么

季节对人们的生活影响重大，决定人们的穿衣带帽；工作、娱乐活动；什么时候种植什么样的植物。早期人类文化当中，对季节变化预测的能力极为重要，人们进行复杂的观察就是为了掌握及接待变化。那么，季节以一种规律性的、可预测性的模式进行变化的原因是什么呢？

人们可以感受到四季的变化，原因在于地球的自转轴相对与地球公转轨道的平面偏移大于23.5°，结果抵达地球表面某一特定位置的太阳光的强度一年内周期变化。让我们来看看这个运行原理，思考一下极端状况——南极、北极。夏季，自转轴的偏移意味着极点与太阳全天处于一条直线上，太阳能全天候提供热量和光。而在冬天，极点的阳光总是被地球遮住，黑夜持续近六个月，极地根本无法直接接收太阳的能量。

现在，如果你生活在波特兰（缅因州或俄亥俄州，随你挑），即北极和赤道的中间点上，情况会如何呢？地球自转轴的偏移对季节会产生重大影响，但比对南北极的影响要小得多。当下世界，日出、日落之间间隔约为15.5个小时，而在冬季，间隔则为9小时。另外，太阳光在夏季照射地表的角度更为垂直，所以平均日照能量更多一些。

❓ 为什么月球上的陨星坑多于地球上的

用小型望远镜或双筒望远镜观察月球，就会看到上面到处是陨星坑。用大型望远镜拍摄到的详细的图片显示在月球上有成千上万个陨星坑，使它看起来像一块拼凑图。大型陨星坑的底部覆盖着小陨星坑。地球上也有陨星坑，但数量要少得多。为什么月球上的陨星坑多于地球上的呢？

　　陨星坑的形成有两种方式——火山周围岩石的塌落和太空天体的撞击。地球上的大多数陨星坑的形成都是由于火山喷发，也有少数几个是陨星坠落的结果。月球的情况就恰恰相反了。一些陨星坑是火山喷发造成的，一些大面积的平原是由于熔岩流动形成的。

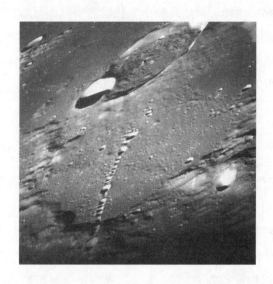

　　但是，月球上的大多数陨星坑的形成的原因是快速运行的天体撞击月球表面的结果。撞击释放出来的能量击碎并融化岩石，将其吹向一边。这些喷射出来的岩石就构成了陨星坑的四壁。一些陨星坑周围是条形材料，蔓延几十英里，方向不一。月球上也有几个陨星坑类似于地球上的，亚利桑那州的巴林杰陨星坑不到一英里宽，198米深，它就有点像月球上的陨星坑。

　　地球比月球大得多，所以被陨星撞击的频率应该高一些。事实也正是如此。但是，地球上的陨星坑稀少，这是有原因的。我们身上披了一张保护毯——大气，所以袭击地球的大多数天体通常都不会抵达地球表面。陨星坠落的前方空气的挤压产生大量的热，使得它在远离地表的地方就爆裂，只有一道亮光划过天空。月球表面没有大气这个保护伞，所以成为陨星撞击的最佳目标。

　　即使地球上形成了陨星坑，通常这也是暂时的地质现象。大

非常识

　　季节变化并非地球距离太阳的差异性引起的；但是，距离的变化确实对温度有些影响。地球在12月比在6月离太阳近，所以，相对于北半球，南半球的冬夏差异不是很明显。

时事快报

2006 年 5 月 2 日，美国国家航空航天局的宇航员拍摄了月球上一个新的陨星坑的诞生过程。一颗陨星撞击月球表面，随即发生爆炸，爆炸物足有四吨。爆炸之时出现一道闪光，基于这个火球的亮度和它持续的时间，宇航员计算出来自太空的岩石直径约为 25.4 厘米，运行速度为 85000mph。这次撞击的结果就是一个约 12 米宽、3 米深的陨星坑的诞生。

非常识

一个天体围绕另一个质量更大的天体旋转，周期并不取决于密度，而是取决于总质量、与天体中心的距离。如果太阳缩进一个橘子大小的黑洞中，地球就不会螺旋进入，只会继续在同样的距离处沿轨道运行。但是，离小恒星非常近的天体经受巨大地球引力，因为它离物体中心的距离要小得多。

多数地方，风、水的侵蚀立刻开始冲刷陨星坑。巴林杰陨星坑位于亚利桑那荒漠上，有 5 万年的历史。这里的沙漠气候将侵蚀力降低到最小程度，即便如此，坑壁、坑底都有被冲刷过的痕迹。月球上的陨星坑 40 亿年始终如一、保持不变（除了坑内的新创伤）。40 亿年的持续时间，这可是巴林杰陨星坑历史的 10 万倍。

月球上有更多的陨星坑还有一个原因：月球表面更为古老。板块构造导致地球表面始终处于变化状态中，而月球表面从不变化。大陆板块相互碰撞，有些板块难免被覆盖，从而形成了新的地壳，地表物质循环变化，不断冲刷任何地貌。地球绝大多数表面不过两亿年历史，约为月球表面的八分之一。

如何测量地球的质量

如果想知道自己的体重，只需在浴室门前的秤上过一下即可。通过测量地球对身体的引力，秤上会显示出你的体重：50 千克、60 千克、70 千克等等。但是，如何测量地球本身的质量呢？

地球的质量约为 6×10^{24} 千克。我们是如何得到这个数值的呢？英国物理学家艾萨克·牛顿发现了万有引力定律：任何两个物体都是互相吸引的，引力大小与这两个物体质量的乘积成正比，与它们中心距离的平方成反比。

一个物体围绕另一个物体运行，它始终处于轨道位置上，原因在于重力加速度与沿轨道运行的物体的惯性完全相等。一个物体围绕地球旋转，如果已知其运行轨道与地球中心点的距离，就可计算出重力加速度。如果该物体的质量比地球小得多的话，它的质量就可忽略不计。相离地球特定距离的物体，小到大理石、校车，大到卫星，都能够以同样的速度围绕地球旋转，如果已知速度、距离，就可计算出地球的质量。

已知地球、月球的距离和重力加速度，我们就可以计算出地球的质量。

❓ 为什么人们不能每个月都看到日食、月食现象

新月运行到太阳、月亮正中间时，月球的影子落在地球表面上，就会出现日食现象。这时，地球运行到太阳和满月之间是，地球的影子就遮住了阳光，使其不能抵达月球，这时就会出现月食现象。那么，为什么人们不能每个月都看到日食、月食现象呢？

如果把地球、月球的运行轨道画在一张纸上来解释日食、月食的话，似乎应该每个月都能看到这一现象。但是，画在纸上的并不是一张完整的运行图。月球绕太阳运行的平面图与地球绕太阳运行的平面图有些许差异。在纸模型上，月球一半时间在纸的上方，一半时间在下方，所以只有当太阳、地球、月球三个天体处于同一直线、月球运行轨道横穿平面时，我们才能看到月食现象。

图片解释把情况搞得更为复杂了。日食现象出现时，月球的影子只覆盖了地表的一小部分，而且这一现象只持续几分钟。即使发生了日食，也只有站到特定的位置才能看到。每年会出现两到五次的（日或月）全食现象，但即使处于地表的特定位置上，也只能每隔360年之久才能看到一次全食。

事实上，月食出现的频率少于日食。但是，因为地球的影子比月球大得多，月食现象持续的时间要长，在地球上，整个夜晚都可以看到。所以，在某个特定的位置，一年内看到的月食是日食的3倍，虽然在有些年份并不出现。一年内可能出现的最大频率是日食4次、月食3次。

❓ 为什么冥王星被降级了

大多数人在小学阶段就知道太阳系有九颗行星，冥王星是最晚被发现的，首次观测到是在1930年。2006年，行星的数目突然改变了，但并不是我们失去了冥王星，它仍"健在"，一直沿同一轨道绕太阳运行。天文学家只是对它进行了重新分类，它不再属于行

时事快报

月球大小视觉差异这一偶然因素才使得人们看到日食现象。月球、太阳和地球的距离差异使得它们看起来直径相同。由于潮汐效应，月球运行逐渐减慢，每年远离地球约几厘米。再过10亿年，月球直径看上去会更小，它的影子几乎不能覆盖太阳，所以就不会再出现日食现象了。

非常识

冥王星距离太阳最远，不属于太阳系的行星范畴。一个称作柯伊伯带的圆盘状的冰体，离太阳的距离是冥王星轨道距离太阳的10倍。奥尔特云距离太阳更远，是太阳与比邻星距离的1/3。据估计，奥尔特云囊括的彗星数目高达1万亿颗。偶尔，由于地球、远距离恒星、或云中其他天体的引力作用，其中的一颗彗星会发生偏移运行轨道的现象，从而有可能靠近太阳，使得地球上的观测人员可以考察几个月的时间，直至它返回奥尔特云中。

星了。为什么冥王星被降级了呢？

在1930年冥王星被发现之前，人们了解其他八颗行星了。它们分为两类：类地行星和气体巨星。包括地球在内的类地行星主要由岩石、金属构成，它们体积小、硬度大、密度大。而气体巨星是氢气、氦气和其他气体构成的大圆球。虽然气体巨星的密度小于类地行星，但是它们体积大，所以质量就远远大于地球的质量。气体巨星体积庞大、松软柔和，距离太阳最远。冥王星有点另类——看上去是一颗穿越气体巨星的轨道而运行的类地行星。

随着人们对冥王星了解的深入，它和其他八颗行星的不同之处日渐明显。其他八颗行星在同一平面上旋转，而冥王星偏离这一平面约17°。1978年，宇航员确定了一个事实：冥王星并不比水星大，这和人们先前的想法相违背。它的质量仅为水星的1/25，小行星古神的九倍大。冥王星和它的卫星卡戎主要是由冰构成，与其他行星的构成材料迥异。

到20世纪90年代，冥王星的材料构成还不是大问题，天文学家开始在越过冥王星的区域，即柯伊伯带太阳周围的轨道上发现了其他物质。我们现在知道在柯伊伯带上有几种物质，其大小类似于冥王星。这样，问题就显而易见了：每一种这样的物质都是行星吗？即使它们与通常所说的行星截然不同。如果事实如此的话，可能会出现几十颗甚至几百颗行星，那么，行星的定义范畴就太大了，失去了意义。如果非也，冥王星还是行星吗？

在2006年，国际天文学联盟致力于探讨什么样的天体可称为行星这一问题。有人提出这样的定义：行星是围绕太阳运行、质量足够大且近似圆球状的天体。这一定义存在的问题是按照这样的说法，又会出现三颗行星：小行星古神、冥王星的卫星卡戎、柯伊伯带天体厄里斯。可能还会有更多的天体落入行星范畴，留下一个极为模糊混乱的定义。

最终，天文学家将围绕太阳运行的天体划分为三类：

◆ 行星。它是圆形天体，必须清除轨道附近区域，公转轨道范围内不能有比它更大的天体。

◆ 矮行星。它是圆形天体，轨道附近区域并未清除，不能成为更大天体的卫星。

◆ 太阳系更小的天体。除行星、矮行星以外围绕太阳运动的其他的所有天体。

根据这一分类，冥王星、卡戎（大小近似冥王星）、古神、厄里斯都属于矮行星。

❓ 为什么所有的星星颜色不一样

晴朗的夜晚，仰望天空，你会看到成百颗明亮的星星。但它们看起来并不一样，亮度也有所变化。虽然看上去都像白色的小点，但颜色是有差异的。有些星星，比如参宿四，呈现红色或橘色。而有些星星，例如参宿七，它的颜色比大多数的颜色更蓝一点。如果观察天文望远镜拍摄下的照片，你会发现星星的颜色五花八门。那么，为什么星星的颜色会有所不同呢？

就像每个人都有差异一样，每颗星星都有自己的特点。它们的体积相差甚远，最大星星的质量是最小星星的300倍。它们的亮度也不一样，最亮的星星发出的光是最暗的星星的1亿倍。但是，观察人员看到的星星亮度不一的原因并不在此。通常，原因在于可见星星间的距离变化。

还有一点，星星的颜色不一样。这里的个中原因在于星星的表面温度。星星的发光过程和白炽灯的工作原理相同。靠近星星表面的原子吸收能量，随即以光的形式发射该能量，这时，高能电子回归基态。原子发出的光的颜色与其所吸收的能量多少有关，而星星的颜色与其表面原子的温度有关。

红色的星星，例如参宿四，温度相对低一些，约为2727℃。产生太阳黄色光的温度为约为5727℃。在1万K这一温度下，星星会发出白色的光。温度最高的星星，例如参宿七，其表面温度为2万-3万K，它发出蓝色的光。这并不意味着星星只发出一种颜色的光。跟太阳光一样，每种颜色的星光都包含有完整的光谱。蓝色星星的高能蓝色波段发出的光多于低能红色波段发出的光，即发出

定义

开氏温标（kelvin）是国际单位制中的温度单位，等于摄氏温标的 1℃。开氏温标的零度称为绝度零度，等于摄氏温标的 −273℃。计算开氏温度的方法是给摄氏温度加上 273。

时事快报

决定星星颜色的温度指的是它的表面温度。虽然星星表面温度的变化范围在 3000 到 3 万 K 之间，但是它的内部温度要高得多，因为核裂变的发生。一颗即将爆炸的星星，其内部温度可高达 1 万亿开氏，而太阳的中心温度约为 1500 万开氏。

的蓝光多于红光，而红色星星也发出一些蓝光，只是其强度低于红光。

但是，我们看到的天空中的星星几乎都是白色的，这是否意味着大多数星星的温度在 9727℃ 左右呢？答案是否定的。星星呈现白色，原因在于我们的视觉。晚上，光的总量是最低的，通常，眼睛的感觉器官对不同颜色的反应是不一样的，就像拍摄天空中的黑白照片一样。各种各样的颜色是存在的，但是信息的缺乏导致人们看不出来。

如何测量恒星和地球之间的距离

对于天文学家来讲，了解恒星和地球之间的距离是至关重要的，因为距离是探讨恒星的亮度、质量的首要因素。但是，恒星遥不可及，我们无法测量其重力效应。那么，如何测量太阳系的天体到星星之间的距离呢？

要测量与恒星之间的距离，关键是要明白地球围绕太阳旋转以及其旋转轨道的直径。我们首先必须观察恒星，注意恒星之间的距离。6 个月之后，再次观察，就会发现有些恒星的位置似乎已经发生了变化。

要搞清楚恒星位置发生变化的原因，可以做一个实验：在面前举起一只一英尺长的铅笔，闭上一只眼睛，透过铅笔，用另一只眼看远处的一个物体。然后，睁开闭上的那只眼睛，用这只眼睛再去看铅笔。你会发现相对于背景参照物，铅笔的位置看起来发生了改变。这里的个中原因就是两只眼睛之间有几英寸的距离。基于观察点的这一变化就称为视差。

再回过头来讨论星星。我们分别在春季、秋季两个季节观察恒星，那么，基线相差就不止几英寸了，而是 2.9 亿千米。相对远处的恒星，近处的恒星位置有些许改变。通过测量这一变化，我们就可利用视差这一原理得出与近处星星之间的距离。如果用遥远的星系作为背景参照物的话，我们就能够测量出远离恒星和地球之间的距离。

"太空旅行完全是胡说八道。"

——理查德·伍里（1906—1986）

（1956年的言辞，俄国人造地球卫星发射的前一年。）

宇 宙 学

"即使只有一套独特的、可能存在的法则，它也只不过是一套等式。到底是什么给这些等式中喷火，制造了一个供其统治的宇宙？构件数学模型的普通的科学方法不能回答下列问题：为什么有一个可以描述的宇宙模型？为什么宇宙要自寻烦恼地存在呢？"

——斯蒂芬·霍金（1942— ）

宇宙学是从整体的角度来研究宇宙的结构和演化的天文学分支学科。宇宙学探讨的宏观问题包括宇宙的本质、起源以及最终命运。物理宇宙学的基本假设是：宇宙的历史是一个在物理定律支配下的有秩序的进程。例如，电磁力、重力的性质以及物质的基本结构在宇宙间的每个角落都是一样的，过去、现在、未来都没有发生变化。和其他学科的科学家一样，宇宙学家也是遵循提出假设、形成理论、检测发现的研究过程。但是，和其他领域不同的是宇宙学家不可能通过改变实验条件来验证理论。虽说我们今天仍然可以获得很多关于宇宙演化的数据，但毕竟这都是几十亿年前生成的。

宇宙之外存在着什么

很久以前，人们认为宇宙包括地球（绕太阳运行）、月球、行星和星星。随着宇宙天体信息的增多，我们知道宇宙比早期的模式要大得多——大的程度无法想象：秒速30万千米的光也要运行几十亿年才能抵达最远的星系。宇宙大而无边，但我们还是想搞清楚一个显而易见的问题：宇宙之外存在着什么？

人们给宇宙下的定义是：宇宙是存在着的万事万物，即由空间、时间、能量和物质构成的统一体。所以，宇宙外不可能存在什么东西。即使是空旷的空间也不能说成是宇宙以外的东西，因为外层空间是宇宙的一部分。从宇宙的概念来看，人们很难理解为什么广阔无垠的宇宙不能一直延伸、直至触及到什么东西，但是，从数学角度来解释宇宙，就可以打破人们想象力的局限性。

有一些猜测是说宇宙以外还存在着其他的世界，甚至这样的世界不计其数。如果真的有另外的世界，那么支配它们的自然法则有可能跟我们生存的这个宇宙截然不同。但是，这些想法不能成为科学概念，因为我们无法获取其他世界的数据，无法用实验来证明它们的存在，也无法证明我们的宇宙之外其他任何事物的存在。

❓ 我们怎样能够证明宇宙正在膨胀

多普勒效应：相对运动体之间有电波传输时，其传输频率随瞬时相对距离的缩短和增大而相应增高和降低的现象（参见物理学——光和声）。这是我们理解宇宙无限性的首要要素。多普勒效应和宇宙的大小是怎样的关系呢？

星星和其他星系的光来自原子中电子能量的变化。因为只有特定的能量才可以转化为光，所以我们知道光的哪些波长才能被能量源（例如星光）发射。远离银河系的星星发射的光线频率变低，即移向光谱的红端，称为红移，天体离开银河系的速度越快红移越大，这说明这些星星在远离银河系。反之，如果星星正移向银河系，则光线会发生蓝移。

相对于银河系处于运动状态的星系都会存在多普勒效应。附近星系的光也会发生蓝移现象，但是宇宙中的大多数星系的光都属红移现象。极为有趣的一个发现是：除了附近个别的星系以外，星系或天体离银河系越远，红移现象越强烈。这就意味着最远的天体运动速度最快。我们所观测到的任何方向的天体运动都是这种情况。

如果朝各个方向运动的所有天体的分离速度不断加快的话，那么整个宇宙就处于膨胀状态。但是，观测的结果是我们并不一定处于膨胀的中心点。参照点并不重要，重要的是宇宙正在朝各个方向膨胀已成为既成事实。解释这一概念的常见模型是气球：在一个半饱的气球表面画上几个圆点，然后继续充气，那么圆点之间的距离会发生怎样的变化呢？任何两个圆点之间的距离都会加长，而且，距离越远的圆点之间的距离变化越大。其实，银河系和星系群就是宇宙中的"圆点"。

 非常识

注意：设计气球模型只是解释了宇宙膨胀的一个方面。它不是宇宙本身的模型。大爆炸理论认为宇宙是爆炸后膨胀形成的。就我们所知，物质是从爆炸中心向外移动的，但这也仅仅是一个解释宇宙起源的"模型"而已，因为宇宙作为一个整体来讲是没有中心点的。

定义

光年指的是光在真空中行走一年的距离。请注意：光年是距离单位，不是时间单位。1光年约等于950亿千米。

时事快报

如果一颗恒星的热量不足以使其在自身的引力影响下向中心塌缩的话，就会出现新星或超新星（恒星走向死亡前的"回光返照"）。当恒星确实塌缩之时，其内部生成巨大的能量，导致恒星爆炸。银河系每年要发生几次新星现象。但是，超新星比较罕见，在像银河系这样的星系中一般是每个100年发生一次。银河系最近的一次超新星出现在1680年。

如何测量星系和地球间的距离

测量和太阳位置相对靠近的恒星与地球之间的距离，通过观察地球运行轨道的两端而形成的视差来确定其数值。这一方法对于距离地球300光年的天体是有效的，但是银河系约为10万光年宽——大多数星系都是几百万、几十亿光年远，所以，如何测量视差范围之外的天体和地球之间的距离呢？

首先，让我们来看看如何测量到离地球超过300光年远的银河系的恒星的距离。虽然有很多恒星，但是种类是有限的，可以根据它们发出的光的频谱来进行区别划分。某一特定类型的所有恒星都极其相似，发光量也几乎相同。但是，光的亮度与地球到光源的距离的平方成反比。如果已知一个恒星的实际亮度（根据离地球较近的类似恒星的亮度进行推测）以及它看上去的亮度，就可以计算出它和地球之间的距离。这一方法用于测量我们银河系和临近星系的恒星到地球的距离。对于远于3000万光年的恒星，其特有的常规亮度不足于距离的测量。

但是，可以采纳类似的技术来测量10亿光年远的星系与地球间的距离。亮度的测量方法有两种。第一种适用于一些称为变体的恒星。这些恒星的亮度变化周期为1～70天，因为它们的亮度与循环周期有直接关系，所以利用周期内亮度的明暗变化就可测量出其实际亮度。第二种适用于在生命终点会发生爆炸的恒星。这类恒星又叫新星或超新星，爆炸之时它们的亮度为普通恒星的几十亿倍，但这一光华只持续几个小时或几天。发光的实际数量取决于星星的类型，可通过其频谱来确定。一个星系中的新星或超级新星是测量该星系与地球间距离的基准点。

对于10亿光年远的天体来讲，我们可以通过光的红移来测量距离。光波的逐渐加长可以提供一些信息：既能用于测量距离，又能用于测量速度。

❓ 宇宙的年龄是多少

人类的存在大概有几百万年了，但是地球的历史要悠久得多——约为40亿年或更长一些。科学家已获取证据：即使是太阳系，也是宇宙中就为年轻的一个组成部分。那么，宇宙的年龄到底有多大？我们又是如何呢？

到目前为止，推算宇宙的年龄有两种不同的方法——最古老的恒星的年龄和宇宙的膨胀速率。恒星的年龄可以通过其质量和释放能量的速率计算出来。宇宙膨胀的速率可以通过远处星体的红移计算出来。要确定宇宙的年龄，你可以"倒退"时间，退到整个宇宙还是单一的一个点的时候。

这两种方法都不能得到一个确切值，只是在两个值之间达到一定的共识。反过来再看宇宙的膨胀，你会发现它的年龄约为90亿年。但是，最古老的恒星年龄为110亿～180亿年。很明显，恒星的年龄不可能超过宇宙。然后就出现了这样的几种解释：宇宙膨胀速率的计算有误或我们的测量法法不够准确；大爆炸理论是错误的；宇宙中还有更多的物质存在；等等。人们认为，宇宙中有可能还存在有其他物质，这是因为它可以解释宇宙膨胀速率减慢的现象，而且，也有证据表明我们不能探测到宇宙中的所有事物（参见本章后面的讨论：暗物质、暗能量）。

❓ 如果光不能摆脱黑洞的话，我们如何能够探测到黑洞

黑洞是一种引力极强的天体，就连光也不能逃脱。事实上，这就是它的名字的由来：说它"黑"，是指它就像宇宙中的无底洞，任何物质一旦掉进去，似乎就再也无法逃出。如果光不能摆脱黑洞，我们就无法直接观测到黑洞。那么，怎样才能探测到宇宙中

非常识

仅仅通过观察，我们无法得知宇宙当今的模样。例如，如果我们观察10亿光年远的一个星系，就无法得知它现在的样子，只知道10亿年前的情况。而且，该星系距离地球也不是10亿光年，而是它的光抵达地球需要耗费10亿年，但是，它和地球间的距离在不断增长着。我们现在看到的光开始传播之时，该星系和地球之间的距离就不到10亿光年了。今天，这一距离可要比10亿光年远得多。

的黑洞呢？

地球的逃逸速度约为每秒7英里，即天体必须以这一速度离开才能逃离地球的引力。如果地球的质量增加一倍的话，逃逸速度也要增加一倍。如果地球的直径减半的话，逃逸速度减少1/4。这是因为地球引力与质量成正比，与质量中心点的距离平方成反比。站在地球表面，你离地球中心点的距离约为6437千米。

黑洞的质量与太阳相同，但直径却少两英里。这一直径相当于视界线，即黑洞的边界，这里的逃逸速度为每秒30万千米，也就是光速。因为任何物体的速度都不可能达到光速，而这里说的任何东西当然也包括光本身，所以，如果光处于视界线上或视界线以内，它也跟所有其他的物体一样无法逃离黑洞。

因为光无法通过视界线，所以人们无法直接看到黑洞，也不可能获取其内部的情况资料。但是，有可能根据黑洞对其他天体产生的作用而观测到它。

如果某个区域出现一个质量很大的物体，那它对其他物体的引力作用就会使其露出马脚。天文学家寻找不发光的、体积小但质量大的物体，以此来搜寻黑洞。他们确信已经在一些星系（可能也包括银河系）的中心点发现了黑洞。注意：通过测量其他天体沿轨道围绕某一物体运行的速度，人们能够确定该物体的质量。恒星围绕某些星系中心旋转的速度表明它们核心部分的质量为太阳质量的几百万倍到几十亿倍。

寻找黑洞的第二种方法是搜寻其周围物质发出的能量。如果黑洞被气体所包围，或靠近某颗恒星、其他气体源头，那么靠近黑洞的原子就会被拉向黑洞。随着原子运动速度的加快，它们就获得了巨大的能量。抵达视界线之前，如果这些原子发生相互碰撞的话，他们就会发出射线：高能X射线或伽马射线。因为这种辐射发生在视界线以外，所以它能远离黑洞。这些辐射也不能确切表明黑洞的存在，因为可能还会有其他的源头，但它们毕竟可以引导天文学家对黑洞进行搜寻。

为什么类星体如此之亮

类星体（quasars）是迄今为止人们所观测到的最遥远的天体，也是宇宙中最明亮的天体，从小于太阳系的一个区域发出的光的亮度都是银河系的 100 倍。什么是类星体？它们为什么这么亮呢？

首次发现类星体是在 20 世纪 50 年代，当时观测到的很明显的一点是它们比星系小得多，但却亮得多，以至于不能称为恒星。类星体这一称呼是类型电波源（quasi-stellarradiosources）的简称。到目前为止，人们已经观测到 10 万颗类星体。它们距离地球都很遥远，发出的光抵达地球需要几十亿年的时间，所以我们观察类星体，就像是很久以前存在的天体一样。大多数类星体看上去都是在宇宙生成的最初几十亿年形成的。

现在的一些理论解释说类星体是一个星系，其中心位置有一个巨大的黑洞。因为类星体距离地球太远，我们无法观测到黑洞周围的恒星和其他物质，所以它的直径看上去非常小。随着物质被牵引至星系中心的超大质量的黑洞（黑洞质量约为太阳的1亿倍），它就在黑洞引力作用下获得了巨大能量。其中的一些能量以电磁辐射的形式释放出来，例如光、微波、X射线。正是这种辐射使得我们能够在几十亿年后在地球上观测类星体。

据推测，在100亿年前，类星体的数量更多，因为物质落入黑洞中时，它们只能发光。随着星系中心附近的星际气体、星际尘埃被黑洞消耗殆尽，它们就暗淡很多。大多数星系有可能曾经都是类星体，只是渐渐地暗淡下来，成为现在安静的样子。

什么是暗物质、暗能量

根据宇宙的膨胀速率和对星系的观测，天文学家对宇宙的构成物质进行最新推测。结果表明：我们什么都看不见。如果我们能够

时事快报

人们无法直接观测到黑洞。近年来，基于我们的物理学知识，黑洞成为一个理论框架，但它们确实不断有大量的数据证明它们的存在。虽然很多天文学家都相信许多星系的核心部分都存在巨大的黑洞，但这一解释必须基于对银河系周围的物体运动的大量的观测。虽然不断有数据表明黑洞的存在，但是科学家还是在搜寻更多的证据来肯定这一说法。迄今为止，还没有人直接观测到黑洞。

科学箴言

"黑洞是宇宙中存在的最完美无缺的巨大天体：黑洞构成的唯一物质就是我们理解的时间、空间概念。"

——苏布拉马尼扬·钱德拉塞卡（1910—1995）

看到的那些部分解释了整个宇宙状况的话，那么不违反物理原理，宇宙就无法正常运行。天文学家通过计算得出结论：我们只能观测到宇宙物质的1/4。剩余的部分是无法探测到的物质、能量，我们称为暗物质、暗能量。那么，什么是暗物质、暗能量呢？

几十年前，科学家提出宇宙中存在有暗物质。那时，他们已确定恒星的总质量以及它们之间的灰尘太小，不能生成足够大的引力，从而将星系连接在一起。同时，成群的星系移动速度超快，人们不能通过已知的其中物质的引力来解释该星系。因此，我们周围一定还有其他的物质，起到链接作用，只是我们无法观测到而已。人们称这一物质为暗物质，原因就在于它不发光、没有电磁辐射，所以我们看不到。

这种暗物质包含的成分也许很普通，只是我们无法看到而已，比如极为暗淡的恒星或不发光的恒星。因为无法看到的物质数量很大，所以天文物理学家也提出这样的观点：宇宙中存在有不同类型的暗物质。这类物质不含质子、中子、电子或已知的亚原子粒子，不通过电磁力和我们已知的物质相互作用，但引力作用会促使它们与周围物质相互影响。这样的物质无处不见，只要达到足够大的密度、对重力产生影响的话，我们就能够探测到它。

暗能量这一概念的首次提出是在20世纪90年代后期。那时，天文学家发现宇宙膨胀的速率在不断增加。因为重力作用会减缓膨胀速率，故一定有某一个反作用力抵制重力，从而提升了膨胀速率。天文学家还没有搞清楚暗能量的本质特征，但却提出了很多想法。一些天文物理学家认为，暗能量的源头可能在宇宙之外。如果能够找到数据支持这一理论，那么它将成为一个重大观点的证据：我们的宇宙并非唯一性。

❓什么样的力塑造了星系

旋涡星系的结构太神奇了：每一个"优雅"的旋臂都是由几十亿颗恒星构成，例如，银河系就是这样的。据推测，我们这个星系的恒星数量约为1000亿颗。那么，这些精细的结构最初是怎样形成的呢？

就像地球上有几十亿人口，而每个人又有自己独特的外表一样，每个星系都有其独到之处。很多星系都呈旋涡状，例如银河系、仙女星系，人们经常会拍下它们的照片。还有一些星系呈椭圆状，外形像一个滚圆的足球（美式足球，并非橄榄球），通常沿自转轴呈对称状态。大多数的星系属于旋涡星系或椭圆星系，但每个类型之内的变数又很大。

旋涡星系外形呈旋涡结构，有明显的核心，核心球外是一个扁平的圆盘，围绕着星系核心旋转。随着星系的旋转，恒星出入旋臂。旋臂并不是恒星运动造成的结果，它们本身就是密度波，就像声音是空气中的密度波一样。各个旋臂之间的区域并非空区——这里有星际气体和其他一些不发光的物质，而且物质数量接近旋臂本身。我们能够看到旋臂，原因在于密度波能够局部浓缩物质，即在旋臂处生成新的恒星，星光使得旋臂呈现在人们眼前。

根据当今的大多数理论所述，绝大多数的星系（包括我们所处的恒星系）都形成于大爆炸生成宇宙的第一个10亿年。在这期间，大团的星际气体受引力影响堆积在一起。通常的情况是在力的作用下，物质团开始旋转，形成圆盘状的云。在这些云状物的内部，更小的堆积物凑在一起而形成恒星。引力作用牵引旋转物质靠近旋转轴，旋转球就会增大。随着时间的推移，恒星燃烧、灭亡，新的恒星形成，但是引力使得星系的物质团结在一起。

引力作用同样会导致星系的碰撞。星系靠近之时，每个星系的恒星都会对另一个星系漂移过的恒星施加一个力。恒星和星际气体融合，形成一个更大的星系，即庞大的椭圆星系。

星系以恒星物质和其他物质形式穿流在太空中，但是，一般来讲，它们不会独立存在。大多数星系都是星系群的一部分，这个星系群由引力连接在一起，星系数目可高达50个。它们一起运动，互相施力。这些星系群通常会形成星团的一部分，而一个星团中的星系数量高达1000个。

非常识

看一眼哈勃太空望远镜拍下的照片，上面展现的是不同形状、不同大小的成百个星系，人们很容易把它想成是瞬像。星系是不断变化着的，一张照片上呈现的两个星系的光携带的信息来自两个完全不同的时间范畴。虽然我们可以看到临近地球的星系几百万年前的样子，但是最遥远的星系的光向我们展示了它们几十亿年前的样子。很多这样的星系已经不存在了。

时事快报

宇宙中星系的总数不为人所知，因为我们无法看到全部星系。有一些星系太暗，有一些躲藏在邻近星系或云状尘埃之后，现代技术无法探测到它们的存在。通过观察哈勃太空望远镜拍下的照片，天文学家作出推测：星系数量在2500亿到5000亿之间。如果能够设计出更高倍率的望远镜，可以观察到宇宙更遥远的地方，那么这一数字可能还会增加。

宇宙会怎样终结呢

随着对宇宙研究的深入发展，宇宙学探讨的问题不再仅仅局限于宇宙的现在和宇宙的过去，而是增加了一个关键性的问题：从长远角度来看，我们何去何从？也就是说，宇宙会怎样终结？

这是一个棘手的问题。我们掌握了关于宇宙现在状况的大量数据（至少是我们所能观察到的一小部分），还凭借光记录了过去，因为光在源源不断地从遥远的星系抵达地球。表面上看，我们似乎应该可以审视过去、探究现在、展望未来。但是，科学领域的大多数事情并非这么简单。

首先，我们对宇宙的质量大小并不确定。这是一个关键性的问题。宇宙在不断膨胀，而引力又在抗击着这种膨胀。如果加上我们并没有观测到的物质，那么，引力的力度就还不够大，不足以将远处的那一部分拉在一起，故宇宙会不断膨胀的。这就是暗物质之所在。我们对观察到的物质之间的引力进行了解释，但有证据表明，宇宙中的引力远远大于这些，所以一定存在有不为我们所知的物质。有足够的暗物质把宇宙"拉回"，阻止其膨胀吗？导致的结果会不会是宇宙的"壮烈牺牲"呢？会不会形成一个无法想象的大黑洞呢？

为了找出答案，天文学家开始测量宇宙的膨胀速率，想搞清楚这一过程是不是已放慢脚步。这使得问题又更加复杂化了，因为他们发现宇宙的膨胀速率不但没有减慢，反而加快了。这一发现导致了"暗能量"这一概念的出现，其作用是"抗拒引力的能量"。

我们敢肯定的是在几十亿年之后，太阳和其他恒星会耗尽自身的能量，渐渐暗淡下去。除此之外，其他的都不太确定。也许几百万亿年之后，巨大的星团物质会聚拢在黑洞中，留下一个什么都没有的宇宙，点缀着看不见的洞穴。还有一种可能性是由于膨胀作用，宇宙间的物质越来越稀薄，逐渐丧失能量，生成一个超冷，几乎是空的巨大空间。第三种可能性是重复导致大爆炸的所作所为，一切从头开始。

也许，我们永远无法断定哪一种假设是正确的。科学家并没有停止研究，而是继续搜集证据来说明宇宙的过去和现在。根据搜集到的资料，他们期待能够更准确地预测宇宙的未来。暗能量、暗物质、宇宙的膨胀，这些都是最新提出来的概念，表明我们了解最遥远的过去的能力增强了。随着科学技术的发展，科学家能够搜集到更多的信息和数据，这些概念会不断完善，而关于宇宙的未来命运的理论也能够以这些新的数据为基础，孕育而生。

"时间存在的唯一价值是用于证明任何事物都不曾存在过。"

——阿尔伯特·爱因斯坦（1879—1955）

第五部分

科技——付诸实践

Massively
Multiplayer Data
human-data interaction emerges
as a core discipline

Hacking Space

Engineered Evolution
manipulating biology from the bottom up

　　每一项技术的进步，都需要有大量的科学观察。现代世界的工具、玩具都建立在科学与工程相结合的基础之上。

　　在过去几十年里，一些最伟大的技术进步都聚焦数字信息的处理。数字技术不仅改变了我们处理信息和彼此沟通的方式，而且可延伸至我们生存的方方面面。计算机在许多方面扩展了医疗技术，最重要的一项就是不需要手术，就能够检查一个人的身体内脏。

科学和技术 18

"应用科学这一科学类别并不存在。科学和应用科学必须捆绑在一起，犹如树和树上的果子一样是密不可分的。"

——路易斯·巴斯德（1822—1895）

如今，我们普遍认为，技术是工业革命期间机器的发展——机车、水力发电厂、制造处理器——或者，最近半个世纪计算机驱动的进步——个人电脑、手机、医疗成像。不过，从更广泛的意义来讲，技术指的是人类为改造自然以满足自身需要所做的任何事情。将一个大棍棒改造为小球棒、学习控制植物在特定地区的生长、方向盘的发明等，都是技术方面的重大进步。

还可从另一种角度来看技术：它是科学和工程的结合。科学是了解自然世界的过程，工程是解决问题的过程，而技术就是运用科学知识来设计解决方案。

时事快报

微波通过玻璃和塑料时不会被吸收或加热。在玻璃门里面有一个金属片，将辐射反射回箱内的食物上。金属板内的小孔允许光线通过，因此在烘烤时，你能够看见食物。然而，由于微波的波长比小孔的直径长得多，因此微波不可能通过小孔抵达玻璃门外。

非常识

你可能听过这样一种说法：微波炉从内往外烹调食物，这是不正确的。外面的水分子吸收能量，当水分子与外来分子互相碰撞时，热量转移到内部。当你用微波炉解冻食品时，打开几秒钟，然后关闭几秒钟。这使得在增加更多热量之前，一些能量向内转移。

微波炉如何加热食物

直到20世纪晚期，烤箱还是通过聚拢周围的热空气来加热食物。人们用气体火焰、发光的电子受热元件，甚至用木火来加热放置食物的房间，然后热量通过热空气再传递到食物。但引进微波炉后，烘烤方式完全不同了。那么，微波炉的工作原理是怎样的呢？

微波炉使用的是电磁辐射，与光或无线电波有关，以适当的频率与水分子相互作用。烤箱内的磁控管发射的微波辐射频率，与无线电发射塔发射无线电波辐射频率的方式是相同的。橱柜的设计是为了微波来回反射以加热内厢，直到能量被食物完全吸收为止。

这就是为什么在厢内没有任何食物的情况下，不能操作微波炉的原因所在。因为随着微波辐射的聚集，其能量增加，最终会损坏磁控管本身。

当微波穿过微波炉内的食物时，它们就创造出以24.5亿次/秒的周期而改变方向的电磁场。磁场的规律性变化导致极性的水分子旋转。随着旋转速度的加快，水分子就会"邂逅"周围的水分子，并传递能量，导致这些分子的旋转速度也加快，且温度升高。

微波与大多数分子并不相互作用，因此，除非加水，否则就不能在微波炉内烘烤很干燥的食物。例如，干米饭或面团是不能烹制的，除非加过水。然而，爆米花却是一种"伟大"的微波食品，因为它的每个谷粒都存储着水分。

发光二极管如何工作

将安装发光二极管的手电筒与安装白炽灯泡的手电筒进行比较，你会发现发光二级管手电筒亮得多。而且，白炽灯的灯泡随时间的推移变得很热，但发光二极管却始终很凉，而且电池持续时间更长。但为什么发光二极管比白炽灯泡效率更高呢？

足够的电压加在两端时，发光二极管就会发光。发光二极管的主要部分是一个半导体芯片器件（通常由镓、砷、铝结合而成），而这个半导体芯片器件又由接合点分离为两部分。接合点的一端是负电荷，另一端则是正电荷。接合点就是一个防止电子从负极区域移动到正极区域的屏障。

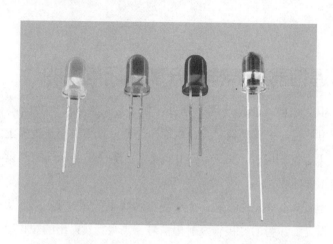

二极管连接到电源时，接合点就有了电压，电子就由负极移动到正极。当负电荷(电子)与正电荷(失去了电子的原子)结合时，电子移动到一个低能极并释放出光子。因此，来自电池或其他电源的电势能转换为电磁能。发出的光的颜色，是制造半导体的确切材料的一项功能。

由于发光二极管不产生热量，灯丝不会烧毁，所以它们持续的时间比普通灯泡更长。直到最近，与其他光源相比，发光二极管的制造成本还是相当高的。但是，相对便宜的半导体已研发出来，发光二极管的应用范围将会更为广泛。

发光二极管在一段时期内，已作为共同指标，以显示某项应用什么时候开启、什么时候关闭。发光二极管的一些用途包括轿车和卡车的尾灯、手电筒，甚至一些童鞋的闪灯。也用于许多交通指示灯，那里可靠性至关重要而且维护成本昂贵。虽然这项应用很贵，但发光二极管交通灯，很多年都不需要更换灯泡，而且它们消耗的电量也明显较低。出于以上原因，许多城市已开始用发光二极管取代旧交通灯。一旦更换了所有的交通灯，仅在美国，一年就可

 定义

二极管是一个只允许电流向一个方向流动的电子组件。它通常将交流电转换为直流电，将电能转换为电磁能，或用作电子线路的通断开关。

时事快报

餐馆的传呼机，在原理上，类似于电视遥控。然而，即使一个人与发射机之间的线路是不通畅的，传呼器也必须是可用的。要解决这个问题，传呼器就得使用无线电波，因为无线电波比红外线的波长要长。即使在酒吧，无线电波也能够穿过墙壁，抵达传呼机。

节省2亿美元的电费。

事实上，发光二极管已普遍使用，只是司空见惯，以至于我们往往注意不到。试着去关闭房间的所有开关，包括电脑、路由器、打印机、电视以及其他一些电子设备，你可能会注意到，你被发光二极管"包围"了。

遥控器是怎样打开或关闭电视的

很久以前，在那遥远的过去，如果想调换频道，你就不得不走到电视机前去转动拨号盘。然而，今天，只需触摸遥控器上的按钮，即可控制电视、音响、DVD播放机甚至吊扇。远程控制设备是如何工作的呢？

电视遥控器（或任何一个放置在咖啡桌的遥控器），是从一个类似发光二级管的二极管发射出信号。二极管发射出的波长取决于电子与正离子结合时所产生的能量变化。遥控设备使用的二极管由硅制成，而硅的能量变化比发光二极管要小。硅二极管以红外波的方式发出辐射。

因为辐射在红外线范围，所以我们看不到，但电视机接收器却可感应到。倘若某物或某人挡在控制器和接收器之间，因为信号的阻断，遥控器就失灵了。

周围总是有红外线光，所以电器设备也需要某种方法来识别远程信号。信号是一系列的闪光。一个数字信号可以在两个频率之间来回转换，某个信号会鉴别出正确的设备（允许一个远程信号同时控制几个设备），这个信号就执行所需的任务。

烟雾报警器是如何探测烟雾的

火灾的第一个迹象通常是烟雾，即飘浮在空气中部分燃烧材料的小颗粒。烟雾探测器提供危险预警，每年都能拯救众多生命。

在夜间，人们睡着了，一个响亮的警报比烟味更容易唤醒人们。通常，其他方式奏效之前，探测器是如何探测到空气中的烟雾的呢？

家中经常使用的烟雾探测器有两种：光电烟雾探测器和电离烟雾探测器。一些烟雾探测器是这两种类型的结合体，因为针对不同类型的烟雾，二者的敏感性是不同的。

光电探测器采用的是真空管内的发光二极管发出的一束红外线。镜头将穿过真空管的光线聚焦，光传感器以90°角对准光线。通常情况下，光线从一端传递到另一端，传感器并未检测到从光源发出的任何光线。但是，当烟雾粒子进入探测器时，它们驱散了聚集的光线。而当一些分散的光线撞击到传感器时，报警器就响了。

电离烟雾探测器使用五千分之一克放射性同位素——镅-241，它会发出阿尔法辐射（一种和氦原子核相同的粒子）。这一数量的镅-241每秒钟会发射出370亿的粒子。听起来数量似乎很大，但它不足以危害人体健康。

电离探测器的另一端通过探测器时，探测器会成为带电金属板，一端是正极，另一端是负极。连接到这两个板块的电池保留这些电荷。当阿尔法粒子与空气中的氧分子或氮分子碰撞时，电子就与分子中的原子分离。这就产生了两个带电粒子，即一个带正电荷的分子和一个带负电荷的电子。这些带电粒子被相反电荷的带电金属板所吸引，就向反方向的带电金属板移动，从而引起电流流动。

烟进入房间时，它吸收阿尔法粒子，并且扰乱空气中的电离子。当传感器检测出电流在下降时，就会发出警报。

两种类型的烟雾探测器都非常有效，但在敏感性上存在一些差异。光电探测器对浓烟雾特别敏感，例如，床垫火灾和慢慢冒烟的火灾。这类火灾产生大颗粒浓烟，并且更易散射光线。电离探测器对能够产生大量微小颗粒的快速燃烧的火焰反应速度较快。电离探测器有一个额外的内置安全功能，如果电池开始衰退，电板之间的电荷减少，电流就会降低，报警器随即警告信号。

时事快报

虚然电离探测器含有放射性物质，但它们并不存在健康危害。即使发射粒子的绝对数量看起来很大，但辐射量却非常小。阿尔法辐射被薄如纸张的材料封锁，因此它不能穿透探测器的塑料外壳。事实上，阿尔法辐射是由一英寸或两英寸的空气封锁的。一般来说，只发射阿尔法离子辐射的材料是不会造成危险的，除非它们被人体吸入。

全球导航系统接收机是如何确定位置的

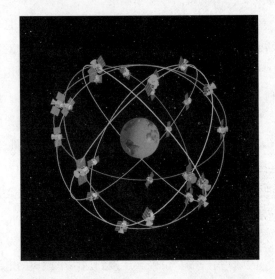

古代航海家利用星星的位置来确定他们自己的位置。之后，远离陆地的水手借助指南针和太阳来确定自身位置。如今，开车从一个地方到另一个地方时，全球定位导航系统会不断更新我们当前位置和抵达目的地的路线。该系统是如何确定位置的呢？

原理上讲，全球定位系统(GPS)是相当简单的设备。全球定位将绕地球轨道运行的卫星作为参考点，卫星不断发出无线电信号，这些信号会被地面接收器(船舶上或飞机上)侦测到，它们包括卫星的位置和准确时间。

接收器使用时钟来测量无线电信号传播所需的时间长短，无线电传输时速为每秒30万千米。基于这个时间，可以计算出到卫星的距离，这意味着它位于与卫星的距离相同的球体上的某处。紧接着，来自第二颗卫星的信号，将可能的地点缩小到一个圆圈。然后，第三个信号只为接收器提供了两个可能的位置。地球表面是第四个球体，使选择缩小到一个可能点上。该系统在任何时候都至少会有24颗工作卫星，因此，总是有三个或更多的卫星在接收机的视线范围内。

从实践角度来看，这一过程较为复杂。精确的计算需要精确的测量时间，精确度要达到几百纳秒或更小。这种类型的精度只能借助于原子钟，但原子钟耗资数高达几万美元。这一数字超出了大多数GPS接收器买家的承受范围，所以还需精打细算。

每颗卫星都携带一个原子钟（至少还有一个备用的），所以时间与卫星同步。接收机首先计算这些信号到达的实际时间，然后再计算距离。

GPS测量精确度如何呢？大多数接收机能确定的位置范围约为9米之内。倘若能获取更多卫星的信息，定位精度就会提高，也许确定的实际位置范围在3～4.5米。最后，在一些地方，地面发射器提供了一个额外的位置。除了卫星，借助这些信号中的一个信息，接收器计算出的位置范围可缩小至几英尺内，即精确地"说出"你正站在哪一个十字路口。

？ 为什么原子钟如此精确

18世纪早期，英国钟表匠约翰·哈里森从英国议会赢得一个开发时钟的机会，这个时钟的精确度很高，每天误差在1/3秒之内内，远比其他任何时钟精确得多。精确的计时是确定纬度的关键要素，所以，哈里森的钟表对英国海军来说是一件宝贝。如今，精确计时也同样重要——通信、全球定位、空间探索，甚至证券交易等，都离不开分秒秒的计算。然而，现在，几分之一秒已是巨大的误差了，因为原子钟的精确度达到10亿分之一秒。这些原子钟是怎样达到如此精确的呢？

所有的时钟取决于振动或振荡运动——以可预见频率发生的重复运动。从远古时代开始，许多不同类型的运动已被用来记录时间。地球绕地轴自转以及绕太阳公转，是最早记录时间的周期性运动。后来，钟表基于收缩流沙、钟摆的周期性摆动、有节奏的弹簧摇摆。现代的石英手表利用不断振动的石英晶体接触恒定电流来

定义

一纳秒是一秒的十亿分之一。在国际单位制，前缀"nano（纳）"，表示十亿分之一。

非常识

原子钟并不依赖核衰变，这是基于"原子能"和"原子弹"的普遍误解，因为这个概念确实涉及原子衰变。像其他任何时钟一样，原子钟使用振动频率记录时间，即原子中的带电粒子的振动。

时事快报

虽然电流从电厂通过电网的传输速度很快，但电子本身并不迅速移动。电子获得能量，"碰撞"导线中的另一个电子，把部分动能传递给这个电子，这个电子又反过来把能量传至更远处。

测量时间的流逝。

运行的时钟，每个周期都有一定的变化。摆钟可能失去了几分钟，所以，每天不得不重新设定。即使一块廉价的石英表，每天都可能增加或减少一秒钟。然而，原子钟可将每天测量的时间精确到2纳秒，或大约140万年中的一秒钟。

原子钟基于原子的振动计时，这是已知的最稳定的周期。大部分原子钟使用激发状态的铯原子，也就是说，电子能量水平高于基态。当电子失去能量，它以微波频率的形式发出电磁能量。正是因为微波频率与每一个铯原子的振荡频率完全一致，时钟才可以利用与铯原子核周围的振荡相匹配的振动频率来进行调整。在国际单位制，一秒钟，顾名思义，是铯-133原子完成9192631770次振荡所需的时间量。

发电厂是如何发电的

现代世界运行于电力之上，即通过某种材料的电子流。大型铜导线把电子从发电厂输送到遥远的工厂、家庭和企业，为其灯泡、大型印刷机或其他设备提供能量。发电厂是如何产生电流的呢？

电厂利用电和磁的关系给电子增加能量。当电导体（如一个铜丝线圈）在磁场内移动时，电子移动就产生电流。这个基本原理适用于燃烧矿物燃料的工厂，例如，煤厂或天然气厂、核电站、水力发电厂以及风力涡轮机。

势能储存在化合物或原子核中，化石（或再生）燃料火电厂、核电厂将其转化为机械能——移动气体或液体。移动流体带动涡轮叶片，将机械能集中到旋转轴，而旋转轴附有巨型铜丝卷，可在一个强有力的磁场里转动。电子流入线圈时，电流就输送和分布于整个电网之中。

水力发电利用重力效应使水通过涡轮。大坝在水中创建一个能量梯度，使得水库大坝的顶部和底部之间形成一个巨大的势能。水向下流动，通过巨型涡轮机带动发电机。在一些地方，海浪和潮汐也被用于转动磁场的导线圈，只是规模比较小。风力涡轮机的叶片形状不同，但功能相同。由于风转动巨型叶片，所以位于中心点的旋转轴驱动发电机。

家用打印机的工作原理是什么

随着廉价计算机的发展，对可用于企业和家庭的廉价打印机的需求也与日俱增。虽然计算机显示器可以处理许多记录和过程，但纸质记录的需要依然存在。打印稿可用于邮寄、脱离电脑阅读、海报张贴等，而且一些人喜欢拿着文件稿。那么，家用打印机是如何工作的呢？

家用打印机主要有两种类型：喷墨打印机和激光打印机，二者使用的技术截然不同。和激光打印机相比，喷墨打印机卖得便宜但运转费用高。喷墨式打印机多用于家庭彩色印刷和非纸质媒体，如传输T恤上的图案。激光打印机速度更快，而且，一般说来，图像质量更好。

穿过纸张时，喷墨打印机的墨水从喷管喷出。当持有墨水喷嘴的打印头来回穿梭时，滚筒则从上到下滚动文件。每个打印头都有数百喷管，其大小约为人类头发的直径。它们将油墨小点送到纸上，1毫升墨水就足以制出大约10亿个小点。如果通过放大器材或显微镜观察喷墨打印机的打印，你能看到无数小点构成的图案。

喷墨打印机使用内置计算机，控制墨水从打印头喷嘴喷出的时间和顺序。喷嘴喷出小点的方法共有两种。一些打印机制造商使用微小的加热元件来加热墨水，制造泡沫。当泡沫破裂，墨水敲击纸张，更多墨水再进入喷管。这项技术也有两项限制：墨水必须耐热、打印头两端必须冷却泡沫，减慢进程。喷墨打印的第二种方法是使用压电晶体，即弯曲晶体电流。每次电流施加到喷嘴后面的晶体时，弯曲晶体便产生喷射墨滴的压力。这一过程速度更快，不需要耐热的墨水，但打印头往往比热打印头价钱更高。

激光打印机使用带有静态负电荷的旋转金属鼓。当光照射到

科学箴言

"我们也遇到过这样的事情，几乎没有人理解科学和技术，这是一个灾难。我们可以摆脱一时，但总有一天，这种无知和权力的可燃混合剂会试图摧毁我们的颜面。

——卡尔·萨根
(1934—1996)

定义

压电晶体是一种水晶物质，当施加压力时，会产生电荷。当电流施加于压电晶体时，会产生反效果，造成其弯曲。石英是最常见的压电晶体。

金属鼓，原子吸收能量，电子开始移动。由于金属鼓的旋转，它由带电导线来充电。打印机中的计算机通过将明亮的激光照射到鼓上，促使电子移动，以绘制图像。

而后，金属鼓接触调色剂。调色剂是一种含有塑料颗粒、碳或着色剂的超细粉。粉末带有负电荷，所以它依附于被激光照射的那部分金属鼓，但是仍然被带有负电荷的部分所排斥。接着，调色剂转移到纸片，热量和压力熔化调色剂并将其融入纸张。

辐射是如何保护易腐食品的

有时可能会看到这样一些食物，特别是农产品和肉类，有标签说明此产品已被照射。也就是说，将食品辐射，延长其保质期并杀死可能产生的细菌。食品的辐射何以作为防腐剂呢？

辐照是以伽马射线或X-射线的形式，将食物暴露在电磁辐射下。这种辐射类似于可见光，但是，它的波长更短，并且携带的能量更多。伽马射线由钴-60原子核自然产生，钴样品贮存在水中，原因在于水吸收辐射。对食品处理来说，应将其放置在厚实的混凝土墙的房间里，这样可以吸收杂散的伽马射线，而且可以从水中去除放射性钴。

用于食品辐照的X射线，是由类似于制造医用X射线的机器生产的，但性能更强大。高能电子光束击中金属板，产生X射线。

辐照杀死产品表面和里边的微生物，从而延长食品的储藏寿命。当伽马射线通过活细胞时，其能量被细胞中的分子吸收。由于脱氧核糖核酸分子很大，所以它们特别容易遭受伽马射线和X射线的损害。当这种情况发生时，细胞不再繁殖，有机体就会死亡。

在辐照过程中，食物容易遭受强度是 X- 射线几百万倍的辐射。

辐照通常适用于肉类，特别是绞肉，以便杀死细菌和寄生生物。然而，辐照对病毒的作用非常小。它也可以用来消灭细菌、真菌以及水果和蔬菜里的昆虫，以减缓腐烂。通过辐照处理的马铃薯在贮藏期间不会发芽，原因在于其块茎生长芽的活组织也被伽马射线杀死了。

❓ 生物识别技术是如何工作的

安全问题对许多政府和企业越来越重要，有人提议将生物识别技术作为一种确认身份的方法。在某些情况下，如今许多国家需要在护照或驾驶执照上有生物标志。那么，什么是生物识别呢？它又是怎样工作的呢？

"计量生物学"这个词的字面意思是"生命措施"。生物识别是自动检查、衡量人的生理特征的一种方法。最简单的形式，身高、体重以及驾驶执照上眼睛的颜色等，都是一个生物标志。然而，一般来说，这些都不足以识别，因为这些是随着时间的推移，可以改变的特点，即它们可以被改变或掩盖。一般来说，出于安全考虑，生物标志使用不会改变、不能轻易伪装、并且是一个人所特有的特征。

以前，只有在间谍电影中才会有自动化安全检查，而现今，电脑和相机技术的进步已经使它在现实生活中变得越来越普遍。最常见的识别功能是指纹、手印、五官和眼扫描。每种方法都有其优点和缺点。

非常识

"辐射"一词已与毒性效应紧紧联系在一起，以至于很多人都在关注辐照食品。然而，食物并不接触辐射源，所以，消费者从来没有从食品的处理上遭受到任何辐射。这个过程与在机场使用 X 射线扫描行李是类似的。

人脸识别是最灵活的技术之一，因为它不需要受试者，甚至不用意识到这一点。这也就出现了一个有关技术伦理性和合法性的关注点。人脸识别系统可分析普通数码相机拍摄的照片，但采取了一些特定措施，包括脸上特定点之间的距离、两眼之间的距离和鼻宽。这些措施相结合形成为一个独特的代码。照片并不需要通过特定的角度拍摄，所以相机可以在人群或在机场获取许多人的照片，并与数据库进行比较。涉及的伦理问题包括：在不知情的情况下，收集大量人的数据、进行秘密跟踪。

指纹是最早普遍使用的生物措施之一，警察机构已使用了一个多世纪。指纹是独特标志——即使同卵双胞胎，其指纹类型也会有差异。指纹识别是借助数据库对指纹类型进行比较。扫描和比较非常简单、可靠，所以，已被安装在商业电脑系统和个人数字助理器中。对于某些应用，扫描整个手的手印更为有效。

视网膜的血管模式也是独一无二的，似乎一生都不会变。不像指纹，视网膜扫描不可能被污垢或疤痕掩盖，所以，它已经成为许多军事设施鉴定的标准方法。视网膜扫描作为常规标志的主要缺点是：受试者必须经过15秒的扫描，并保持眼睛不动。

虹膜扫描，就是看看环的模式、皱纹、光和虹膜上的黑点、以及虹膜围绕着眼睛的瞳孔。就像视网膜扫描一样，虹膜扫描提供了一个不受磨损或被掩盖的独特标志。目前，虹膜扫描比视网膜扫描更容易获得，而且可通过镜片矫正。商业系统已经证明，利用电脑匹配程序把虹膜与数据库进行对比，能取得积极识别效果。一些国家已经将它作为移民计划的一部分，几年来没有一个虚假匹配。更有甚者，可以用150美元买一个虹膜识别系统，连接到电脑，找出未授权的使用者。

"一个优秀的科学家是一个有独创性见解的人。一个优秀的工程师是一个设计过程中，尽量不用任何独创想法的人，因为工程容不得华而不实。"

——弗里曼·戴森（1923—　）

电子世界

"看来我们已经达到了计算机技术所能达到的极限，可是人们应该对这种说法小心翼翼，因为在未来的五年内，这可能听起来有些荒谬。"

——约翰·冯·诺依曼（1903—1957）

电子学就是研究电子流动的学科。从电报开始，人们就借助电子进行通信了。随着电子元件的发展，包括无线电、电话以及后来的电视在内的相关工业也快速发展起来。

自20世纪下半叶始，不仅在信息传递方面，而且在信息处理方面，电子学都开始扮演起重要的角色。由于工程师的潜心开发，电子元件越来越小，计算机执行运算的能力在以一个不可思议的速度增长着。最早期的计算机的大量真空管要占满整个大房间。但是，今天，一个花费不到一美元的、信用卡大小的计算器都拥有更强大的计算能力。

定义

　　硬件指的是一台计算机的所有物理元件，包括CPU、硬盘驱动器、鼠标、显示器和键盘。软件是指告诉计算机做什么的指令，包括基本输入输出系统、操作系统以及诸如文字处理器、游戏、电子邮件等程序。

计算机内部是如何运作的

　　开启计算机的时候，你会听到硬盘驱动器开始旋转的声音，偶尔发出哔哔声和风扇轻轻的呼呼声。这些所有的声音，都会伴随着计算机的运行。但是，以惊人速度进行的数据"粉碎"却是悄无声息的。当计算机工作的时候，它的内部情况是怎样的呢？

　　私人电脑的主要处理部件是微处理器，即中央处理器（CPU），它的功能是通过进行数学运算来实现的。这个处理器大概有火柴盒般大小，但是实际上它就是计算机。处理器周围的其他东西，都是为了帮助接收数据和输出结果的。

　　打开电源，处理器开始"启动"（"用自己的引导程序把自己往上拉"）。首先工作的是基本输入/输出系统（BIOS），这是一个永久存储在内存中的小程序。这个基本输入输出系统主要是告诉计算机：它是一个计算机并且去哪里找到更多的计算机。它测试所有的硬件组件，并且给CPU提供一套关于怎样找到并使用硬件组件的指令。

　　启动过程结束之后，CPU开始接管之后的处理。CPU是大量微小电子元件的集合。当我写这篇文章的时候，最高级的微处理器有接近10亿个的元件（更为可能的是，当你读这篇文章的时候已经超过了10亿）。晶体管控制电子流的开关，而电容器能存储或释放电子，打开或关闭与二进制数字0和1相对应的某一进程。这些是CPU每秒处理数10亿信息的基本单位。

　　CPU有两个功能：管理输入、输出其数百万个电路的数据流；执行数学和逻辑运算（例如，比较两个数的大小）。大多数的数据流管理包括把数字发送到内存，并且在需要的时候取回数据。当计算中实际上并不涉及数字的时候，把它们放置在内存中，就释放了CPU的电路，因此，CPU就可以处理更为紧迫的计算了。

　　进入CPU的每个事物，包括文字、图片和音乐，都用数字进行了编码。操作系统是这样一个程序：它能把所有来自输入设备——

例如，键盘、鼠标、麦克风或是因特网——的信号转化为CPU可以处理的代码。它把输出信息转化为方便使用的合适形式——显示器、扬声器、打印机等等。早期的计算机使用的操作系统，也许需要几千行的代码来处理简单的任务。而现如今的操作系统，用数百万行的代码占据了大部分的硬盘驱动器，这些代码可以指示计算机执行复杂的运算，并且控制声音、图表及计算机上众多程序的运行。

除了操作系统之外，个别程序还包含了特定应用的指令。例如，一个视频游戏程序包含了CPU响应鼠标移动来执行特定类型的运算，并把结果显示在显示器的指令上。

❓ 超级计算机和常规计算机的区别在哪里

有些研究项目需要大量的计算。例如，大气和海洋模型都非常复杂，以至于气候变化研究者必须考虑极其微小的变量。这种详细的分析通常都是在超级计算机上完成的。那么，超级计算机和你桌子上放的计算机有什么不同呢？

计算机的速度可以由每秒钟处理的浮点运算（FLOP或flop）的数量来衡量。每一个浮点运算都是一种处理，比如加法、减法，或是由一串数字表示的两个数的乘法等。

非常识

尽管许多人发现他们的电脑在使用一年或两年（有时更短）之后，运行的速度减慢了，但是，电脑不会随着时间的流逝而磨损，CPU和其他元件的效率不会逐渐降低。它们有时工作，有时不工作，有可能是你电脑上的程序需要的资源比你电脑本身可用的资源多得多的原因。除非用最新的程序来扫描不需要的程序，否则，一台计算机运行速度减慢的最大可能性就是病毒，或者是一堆占用了大量计算能力的间谍程序。

定义

每 gigaflop 表示每秒 10 亿次（在英国叫做 10 万万）浮点运算。国际单位制规定前缀 giga 代表 10 亿，tera 代表 1 万亿，peta 代表 100 万的四次方，exa 代表艾可萨（即 10 的 18 次幂）。

时事快报

寻找解决超级计算新途径的动机之一就是，以 2008 年的技术，要运行一台每秒可进行一艾可萨次浮点运算的计算机的花费巨大，即每年要超过 1000 万美元。

超级计算机是它制造之时速度最快的大型计算机之一。"它制造之时"这个词真的很重要，因为计算机标准变化很快。例如，1988年，克雷研究公司引进了第一台超级计算机，它能够以大于每秒20亿次浮点运算的速度运行，这在当时是一个惊人的速度。而现如今，许多廉价的便携式电脑处理起数据都要比1988年那台超级计算机快。

新型快速超级计算机的公告总是定期出现，所以，当你读到这些文字的时候，想要说出什么是最快的超级计算机，那根本就是不可能的。1988年，最快的速度是每秒400亿次浮点运算。到2006年，IBM公司宣布他们的蓝色基因计算机的速度已几乎达到400万亿次浮点运算了，快了1000倍。2008年年初，桑迪亚和橡树岭国家实验室宣布了联合研究所为每秒可进行一艾可萨次浮点运算的计算机开发新奇和创新结构的标准，这在计算速度上又是另一个2000倍的提升。

那么，开发最大的计算机用来干什么呢？超级计算机能解决具有许多变量的、非常复杂的问题。想象一下，试着做一个整个大气层的模型，要把世界上每一个由阳光引起的小小的热量变化都考虑进去。大气模型用到了许多数据，而超级计算机可以处理这些数据。倘若没有超级速度的处理，蛋白质模型及其在药物和疾病中与其他分子相互作用的方式等，这些问题就得不到处理。飞机制造商使用超级计算机来完成大型喷气式客机的细节设计。它总是帮助人们避免在真飞机上进行反复试验。

❓ 信用卡上的磁条是如何工作的

看一下钱包，你会发现你所有的信用卡和提款卡背后都有一个黑色的、长长的矩形。医疗保险证、图书证，甚至驾照可能都有一个相似的条条。这些就是存有信息（比如卡号，当读取器扫过卡的时候，它就能解译出来）的磁条。那么，这些磁条是如何工作的呢？

磁条是一层薄薄的磁性的材料。它是通过把排列定向的铁性氧化粒子嵌入塑料，然后再把这种混合物黏合到卡上制成的。当铁粒子暴露在强磁场中时，它们自身就变成了小磁铁。对于像账号这样的信息，它是由和磁带录音机顶部相似的磁性设备编码到磁条中去的。这些磁条能够根据南北极的方向，被解译为一个零或是一个一。

把卡插入读卡器的时候，你也就把这些磁铁放置到了导电线圈中。移动的磁场在线圈中产生电流，而电流被放大，并且输送到计算机中，这样就能解译出信息了。

磁卡必须远离强磁场。尽管磁条上的微小磁铁很稳定，可将信息保存好几年，但是，其中的信息还是很容易被擦除的。当卡片磁条上的铁粒子暴露在强磁场中时，它们自己的磁极会快速改变，这就很容易改变磁条上的粒子排列，并且擦除存储在其中的信息。

❓ 零售防盗警报是如何工作的

零售商店入口通道的两边经常会有一套塔形的支架，它们能触发防偷盗警报。倘若店员忘了给顾客购买的商品解除上面的警报标签的话，那些塔形的就会真正发挥作用了。一个不是很贵的、一次性的标签怎么会触发警报呢？而店员又是怎样把标签关掉的呢？

电子商品防盗系统（EAS）使用贴在物品上的标签，来判断这个物品到底有没有"被授权"离开商店。大多数系统使用的是一次性标签，无须移除。而且，当购买了某物品之后，商场会采取一些方法来解除标签上的磁性，这样就不会触发警报了。有时候，标签实际上已经和产品融为一体了。

大多数商店使用的电子防盗系统技术包括三种：无线电射频系统（RF）、电磁系统（EM）、声磁系统(AM)。这类标签很便宜，花不了几分钱，不能重复使用，而且消费者离开商店之后，就会丢弃。

在美国，最常见的是无线电射频系统，系统中的标签里含有一个微型电路和一个天线。它们通常封装在两张大约15厘米的方形

时事快报

把磁条黏合到卡上的技术是运气的一个实例——表面上偶然的灵感导致了突然地了解。据发明卡的IBM工程师弗里斯特·帕里所说，他每一次寻找能把磁条黏到卡上的黏合剂的尝试都令他十分沮丧。当他把困难告诉给妻子时，她正在熨衣服，因此，她尝试着用熨斗的热度把塑料黏合，恰好是合适的温度能把材料黏合，并且没有损害材料。

科学箴言

"世界上人类在所有书籍中认真积累起来的一切信息，都能写进一个2%英寸宽的立方体材料中——这是人眼能辨别出的最小的尘埃粒。"
　　——理查德·费曼（1918—1988）

纸夹层中。倘若把纸分离开，就会看见各个电子元件。电路中有一个非常小的线圈和一个电容器。而天线看起来则像是薄薄的螺旋铝箔纸。门旁边的一个支座发射出特定频率的无线电波。当电路检测到这个频率的时候，它就会吸收其中的能量，并且以不同的频率发射出无线电波，这时，另一个支座就会检测到这个频率。标签经过一个更强大的无线信号，这个信号会烧坏电子元件，标签的磁性也就因此而解除。

在欧洲，声磁系统则更为普遍。它们主要用于图书馆，因为标签可以永久性地粘贴在书上，并且可被激活，以便重复使用。粘贴在物品上的标签包含有一条能吸收电磁能量的材料。无线电波信号处于射频系统中时，会从两支座之间穿过。

当电波和条状物相互作用时，这个条状物就会吸收电波的部分能量，从而变得具有磁性。一旦条状物被完全磁化，它就不再吸收能量了，系统会检测到穿过两支座之间的电磁能量的增加。条状物和一片薄薄的磁性物质结成一对。为了激活标签，磁性物质会被消磁。而要使标签失效，它就会被磁化。附近磁性的出现会使不断吸收能量的条状物总是保持磁化，因此它就不会发送信号到检测器。

和其他的电子防盗系统一样，声磁系统使用一个无线电波信号来引发标签的响应。声磁系统标签中有一种灵活的材料，在遇到磁场的时候会出现收缩反应。这种材料和一种把条状物暴露于磁场中的硬磁铁成对出现。当标签暴露于支座发射出的无线电波中时，条状物就会收缩和扩张，像音叉一样共振。这个共振会送出一种高频的声波，可被另一个支座检测到。声磁系统比其他电子防盗系统更加适合用于宽一点的入口通道处。把硬磁铁消磁，条状物就会失效。

❓ 杂货店里的扫描仪是如何工作的

空白背景下的一系列黑色线条——它们最初于20世纪70年代出现在杂货店中。现如今，你购买的任何包装上都有条形码。每个产品都有独一无二的标签，它经过激光扫描的时候，就会提取出价格。那么，这些条形码包含了什么信息呢？它们又是怎样工作的呢？

最初设计条形码是为了帮助杂货店能较好地跟踪存货清单，并加快结账的速度。这项应用被编纂进了通用产品代码（UPC）标签，UPC很成功，已扩展到几乎囊括所有的商品。每一个UPC标签都是一连串的黑线条，有的粗、有的细，都位于白背景之上。线条下面是一连串数字。

产品标签上的数字是独一无二的编码。每一个加入通用产品代码系统的制造商都要交一定的年费，随后，他们会分配到一个识别码——编码的前六位。接下来的五位确定的是特定的产品和包装的尺寸。最后一位是校验码，用于确定识别码的准确释读。

数字上面的线条就是一个编码，代表着和扫描仪可以识别的形式相同的数字。激光扫描条码之后，阅读器检测出条码的类型，并把识别产品的编码发送给电脑。产品价格没有包含在条形码中，而是存储在电脑中，一旦识别，就立刻有效。这使得商店不必重新标注产品标签就可改变价格。

产品标签并非条形码的唯一用途。这一技术可用于涉及监控或追踪的任何事情。其他条形码系统使用的不是一个分配好的通用产品代码，而是为特定目的专门设计的编码。条形码的用途包括以下几个方面：监控工厂的存货清单、追踪实验室里的医药样品、跟踪包裹从整理到运送的整个过程、识别医院的病人。研究人员甚至给蜜蜂装上了微型的条形码，以此来追踪它们的来来回回。

❓ 无线电频率识别设备是如何工作的

为了加快交易速度交易（节省整整10秒钟），信用卡公司已经开始使用非接触式信用卡了。只需在阅读器前面摇晃一下卡——没有压痕也不用刷卡——交易就可进行了。实际上，速度只是一种考虑因素。信用卡的发行者还认为这种卡更加安全，因为信用卡的卡号在交易过程中从没有被记录下来过。那么，完全不需要和阅读

时事快报

UPC 条形码上的校验数位是一种保护措施，避免出现错误。尽管扫描仪很少把编码读错，但偶尔也会发生。校验数位是由其他11位数的数学运算推导出来的。如果电脑计算出的校验位和条码上的校验码不相符，则表明编码没有读出来。这种检查方法将错误降低了 90%。

时事快报

非接触式信用卡对你的财富"有害"。研究人员发现，在同一个地点，和传统的刷卡式信用卡相比，使用无触点的信用卡会多花费大约 15% 的钱。

器接触的信用卡是如何工作的呢？

非接触式信用卡只是无线电频率识别技术的一个应用实例。信息不是存储在磁条当中，而是存储在信用卡上一个小小的芯片中。在阅读器里面，有一个天线，用于发射出无线电波信号。在芯片里面，有一个电路，可以检测到这个信号，并且送出一个响应，而这个响应就包含着它所存储的识别码。阅读器里的接收机把解码转播到电脑，用于处理剩余的交易。

无线电频率识别标签有两种形式——被动式和主动式。被动式标签中，来自阅读器的无线电信号提供了芯片接收和发射信息所需的所有能量，而且，这些标签并不涉及电能消耗的问题。主动式标签中，芯片有一个用来提供电能的电池。主动式的标签拥有较长的读取距离，然而，虽说电池可以用上好几年，但终究会耗尽。

无线电频率识别标签、条形码或磁条使用信息的方法是一样的。它仅仅只是一个识别者而已。其他信息存储在阅读设备可用的电脑中。和条形码、磁条相比，无线电频率识别设备有几个优点：被动的标签可以在距阅读器几英尺远的地方工作，主动的标签就更远了；它们不和任何东西接触，所以不会磨损；能够很快读出信息；许多的标签可以在同一时间由一个阅读器读出来。

无线电频率识别标签的尺寸和形状各异。最小的只有一粒沙大小。目前，在批量生产中，这些标签的成本只有几分钱，而且还有望跌落到不到一分钱一个。并入每一产品中的无线电频率设备最终有可能会代替通用产品代码标签。那么，整整一货车的产品只要把车在一个阅读器前面转一下，扫描任务就结束了。

这种标签已开始大范围使用了。除了信用卡和产品标签，我们还有以下几种用法：嵌入宠物的皮肤之下，以此来识别迷路的宠物；放置到昂贵的乐器中、用于追踪仓库的存货和打开紧锁的门。放置在汽车挡风玻璃上的无线频率识别标签可使车流平稳地经过收费中心，因为标签在顶部的阅读器扫描之下，可以识别自身信息，所以就可从各自的账户中减去通行费。

❓ 太阳能电池是如何把光转化为电能的

　　行驶在公路上，经常可以看见表示实时路况的一些标志，例如，在建的建筑。通常，这个标志都会有一根柱杆，柱杆上有一片面朝上的扁平金属板。这个金属板就是太阳能电池，它在白天的时候给电池充电，晚上就能点亮标志。那么，太阳能电池是怎样产生电流的？

　　对太阳能电池、光伏电池来说，当太阳光和电池里的原子发生相互作用的时候，它就会把光能转化为电流。尽管第一块光伏电池发明于1954年，但是对于普通的用途来说，它们还是很昂贵的。直到20世纪80年代，这种电池主要用于给宇宙飞船提供能量，原因在于它们不需要使用重质燃料就能产生能量，这就大大降低了成本。目前，光伏电池效率的提高以及生产材料成本的降低，使得它们可用于大量的生产实践中，例如，用于给建筑物提供能量。

　　所有的光伏电池都是由半导体制成的，最常见的就是硅。在一个硅晶体中，每一个原子通过共享电子和它周围的原子紧紧相连。当我们把一种杂质，比如电子数多于硅电子数的磷，添加少量到硅中时（原子比例大约是1:100万），它就会出现一个不能被另一个原子共享的电子。给硅中添加杂质叫做掺杂。如果添加物中有

定义

半导体是一种坚固的材料，这种材料的导电性介于导体和绝缘体之间。通常，可以通过改变它的温度或者是掺杂其他元素来改变半导体的导电性。大多数应用于电子方面的半导体都是由硅、锗或含有这两种元素之一的混合物制成的。

非常识

关于太阳能电池的文章有时候会这样说：它们是"把光子转化为了电子"。这是一种误导。光子会被一个原子所吸收，而且这个增加的能量会导致一个电子离开原子。但是，电子是已经存在的，所以，在这个过程中没有创造电子。光只是给电子补充了能量。

不能共享的电子，这种掺杂就叫做n-掺杂（n代表阴性，是电子的极性）。硼的电子比硅的少，它能提供一个空间，在这个空间里一个电子可以和两个原子结合。

如果一层n-掺杂的硅和一层p-掺杂的硅放在一起，一些阴极上的电子就会移动到阳极上。但是，当电子充满外围边界的空间时，两个半导体就变成了一个二极管。如果电子的能量是一定的，那么，电子就只会在外围边界移动。那里也就是光线进入的地方。当光线到达n-掺杂的半导体，掺杂原子里的电子就会吸收能量，然后开始穿过边界，抵达p-掺杂的半导体内。

这个过程不会持续很长时间，因为在阳极会建立一个负电荷，它会抵制试图穿过边界的电子。然而，如果用一根内置的导线把二极管的两端连接起来，磁性电子就会继续穿过导线，从而返回到阴极（现在是正电荷了）。

电流就是导体中电子的移动，所以，现在可以说我们已经创造了一股电流。移动电子的能量可用于打开灯泡、开动汽车或给电池充电后备用。只要光把能量补充到光伏电池阴极上的电子中，这股电流就会继续流动。光伏电池产生的电流量和抵达电池的光的数量是成正比的。

❓ 数码相机是如何照相的

你多长时间去一次暗房冲洗胶卷？你是不是和大多数人一样，不再使用胶卷照相机，而是使用数码相机了。廉价计算机的发展，已经给摄影行业带来巨大的影响。那么，数码相机和胶卷相机有什么区别呢？

通常，这两种相机的工作方式是相同的：照相机前方物体反射出的光被透镜所捕捉，并且聚焦在记录物体图像的检测器之上。它们的不同之处在于把光转化成所记录的影像所用的检测方式是不同的。在胶卷上，光敏化学药品的细小微粒暴露在光中时，它们就会发生变化。一旦胶卷洗出来，这些改变就是永久性的，而这个胶卷就不能再次使用了。

在数码相机中，光聚集到一排叫做电荷耦合组件（CCD）的电子设备上，这种设备是光敏元件。一旦光聚集到电荷耦合组件上，电子就会流动，并且引起电荷的累积。然后，计算机会以数字化的形式，记录下每个CCD元素上的电荷，并把它们组合成一张图片。在最终呈现的照片中，每个CCD的响应都代表着一个微小的点，我们称为像素。

但是，CCD响应颜色的方式和胶卷上化学物质响应颜色的方式是不同的。因为每一个CCD不是开就是关，它对任何聚集到它上面的光线都有所反应，摄影师必须具备有控制技巧。每一个电子元素之上都放置着滤色镜。滤色镜只允许一种颜色的光通过，因此，每一个像素仅对它自己的颜色有所反应。计算机把那个颜色分配给代表着那个CCD的像素。就像计算机显示器上的图像是由一排排微小的彩色点组成的一样，一张数码照片也是由一排彩色点构成的。一个CCD响应构成最终照片的一个像素。

早期的数码相机是不能照出和胶卷相机等质量的相片的。但是，随着CCD的尺寸变得越来越小，功效也随之提高，相机制造商就能够在增加像素的同时提高相机的性能。一张数码照片的质量取决于像素（就是CCD使用的方式）的大小，以及能将图像聚焦在CCD上的相机透镜的质量。现如今，大多数的数码相机都能够拍出和胶卷相机的4×5英寸分辨率同等质量的照片。尽管许多专业摄影师对于一些特定类型的照片倾向于使用胶卷，但是，顶尖的数码相机正在不断接近最好的胶卷相机所拥有的分辨率。

为什么会有手机不起作用的地方

一般来说，手机是一种可靠的通信方式——非常的可靠，以至于很多人已经抛弃了陆线，而只使用手机。即便如此，还总是会有无法通话的讨厌时刻以及没有信号的地方。那么，为什么会存在手机不起作用的盲区呢？

首先，让我们来看一下手机的工作原理。从 20 世纪 40 年代开始就出现移动无线电话了。早期的系统只有少量的信号塔，通常是每一个大都市有一个，用于发送和接收无线电波信号。信号塔通过无线电来和移动电话进行通信，然后使用固定的陆线传输。通过以大量不同的频率播发强信号，这些塔就可以同时处理数十个或上百个的呼叫。当打电话还很贵而且移动电话也很稀有的时候，这是有效的，但是可用频率的数量却是有限的，因此，没有足够的提升空间来满足人们不断增长的需求。

解决有限利用率这个问题的办法就是蜂窝概念。在一个蜂窝系统中，曾经只有一个塔的区域内出现了许多的塔。每一个塔都覆盖着一个小得多的俗称为蜂窝的区域。当用手机打电话的时候，你所使用的通信频率，可能整个城市中的呼叫者也正在使用，尽管在特定的蜂窝内你是唯一一个使用它的呼叫者。

蜂窝手机系统的一个很大的优势来自于计算机，因为计算机可以监控系统，并且当你从一个蜂窝移动到另一个蜂窝的时候，它可以追踪你的电话。通常，从一个塔转移到另一个塔你察觉不到变化。电脑化的系统还可以处理数字信号，这些数字信号对于转移数据是非常有效的。由于塔的数量增加了，每个塔能够处理的呼叫量也增加到了一定的程度，这就出现一种奇怪的现象：似乎人人总是在打电话中。

排列紧密的蜂窝塔的另一个优点是手机需要信号能量很小。一些老式移动电话的电池有砖头般大小，和砖头一样重。现如今，我们可以把手机放到衬衫的口袋里，并且仍然还有空间放一个名片盒。这种变化来自电子元件的微型化，以及用于发送强信号的电池电量的需求的减少。

尽管如此，较低的能量输出也有一个缺点。早期手机所播发的强信号能够被一个 80 千米甚至更远的信号塔检测到。但是，如今所设计手机都是在塔周围几英里内操作的。在乡下地方，你有可能会离一个网络塔太远，因而不在覆盖的范围内。同样的，信号较弱也有可能是被山、建筑物，甚至浓密的树叶给遮挡住。因此，在本该有信号覆盖的地方也会出现盲区。无线服务提供商一直都在增加塔和天线的数量，同时也在改善传输系统。

"最具有深远意义的是那些从人们注意力中消失的技术，这些技术已经渗透到人们的日常生活中，以至于与生活难以区分。"

——马克·威瑟（1952—1999）

医学技术——
探究人体内部

20

> "我们不能忘记,当镭被发现时,没有人会知道它可以在医学上发挥重要作用。"
>
> ——玛丽·居里(1867—1934)

  有史以来,关于人体内部的运作情况一直都是一个谜题。器官和组织隐藏在皮层和肌肉下,携手发挥作用。然而,现如今,医生可以看到、听到身体表面下边的部分,并通过动脉观测到大脑的功能、听到血液的流动。

  医疗技术综合科学和工程学,为医生提供检测、手术工具,这在一个世纪以前,或是十年以前都是不敢想象的。影像成形技术提供了观测人体特定器官的方法,以及追踪个体细胞回应刺激或某种药物的手段。最新的外科手术技术能够把一个摄像头送至血管中,所以,外科医生能够通过在胳膊或大腿上的微小切口来进行心脏手术。专家已进行了一些实践操作:通过使用自动化工具和远程网络连接,可以在几千米外的病人身上进行手术。

  医学技术的进步,在很大程度上直接取决于计算机技术的进步。随着计算机技术的飞速发展,它们能处理庞大的数据量。这就使得医生可获取用其他方式无法获得的影像,并在一毫米范围内控制设备的移动。

定义

内视镜是一种使用光学纤维和强大镜头来观察人体内部构造的仪器。它具有两个光学纤维系统，一个用于将外部光源的光传递到操作面，另一个将内视镜终端的影像传递至镜头或监测器上。内视镜还可能有一些管子，通过这些管子来操作小型仪器。内视镜用于医学诊断，例如，结肠镜检查，或用作外科手术工具等。

关节镜手术是如何操作的

膝盖韧带受到严重撕裂所造成的伤害愈合较慢。这些裂痕时常折磨着运动员、跑步者以及其他一些经常进行易磨损膝盖关节活动的人群。如果把膝盖切开，通过手术修复撕裂的韧带，需要几个月的恢复和物理治疗。现如今，大多数韧带修复都使用关节镜手术，恢复时间一般是4～6周，有些运动员在术后一个月就返回运动场了。那么，关节镜手术是如何操作的呢？

膝关节镜手术时，外科医生在患者膝盖上做三个微小的、长度小于1.3厘米的切口。将一个内视镜放入其中一个切口内，然后将远程控制仪器放进另外的两个切口。影像将通过光纤显示在监控仪器上，这样医生就能精确地观察到膝关节内部的情况了。

小型工具，包括剪刀、钳子、吸管和刷子由其他切口送达损伤位置。整形外科医生甚至采用微型强效工具磨掉多余的骨头，以及一些更为坚硬的组织，而残留物则由吸管吸走。由于这些工具具有放大功能且尺寸较小，所以医生可在损伤处进行极其精细的操作。

膝关节修复手术对肌肉、跟腱和其他关节组织的损害非常小，因此患者术后恢复很快。这类手术属门诊手术，病人当天即可回家。除了应用于膝关节外科手术外，关节镜手术还可应用于肩关节、腕关节、肘关节、踝关节和臀部的治疗。

如何选择可替代人体组织的材料

骨头严重骨折时，必须进行永久性接合手术，在愈合期间还需由金属螺钉和金属板来固定支撑。受损的人类心脏阀门可由钢铁及塑料材质的机械阀门来替代。若用塑料气垫取代残缺的软骨，受损的膝关节即恢复功能。以上所有治疗技术都依赖于能够用于人体内部的永久性材料。那么，什么类型的材料可被移植到人体内部呢？

人体对材料的相容性并不是很好，它温暖、潮湿、含盐分，到处都是细菌和细胞，具有排斥任何不属于人体内部物质的特殊功能。研究人员必须小心翼翼地研究每一种将要放置于人体内部的材料的化学和物理特性。

最早的成功移植体是接骨板，早在20世纪就应用于骨头接合的治疗。这些金属板的材料是加钒不锈钢，专门用于人体内部。现如今，很多金属植入体是由强度高、重量轻、无磁性的惰性钛金属制作而成。

并非所有的植入体都由金属构成。例如，膝关节置换手术中，通常要在骨头或金属之间嵌入一个或多个塑料缓冲物，以避免相互摩擦。缓冲物的用材必须精挑细选，因为倘若塑料受到磨损，出现微小颗粒的话，人体自身的免疫系统会将其视为异物。白细胞大量聚集，使微小颗粒周围区域出现炎症，导致人体自身免疫的反应，破坏植入体周围的骨细胞。

目前，很多植入体都由陶瓷制成，因为陶瓷的耐磨性较强，且易于与骨头结合，更加结实、耐用。随着时间的推移，骨头可生出新组织，扩展至陶瓷内部。

当前，关于植入体材料众多研究的焦点是寻找可与现存组织共同发挥作用的材料，最好可成为人体组织的一部分。气孔材料能够提供组织生长以及与植入体结合的皮层。还有一些方法，可使人体接受植入材料，即在材料上添加活细胞涂层。倘若这些活性细胞涂层在人体细胞中生长的话，那么，人体就能够把植入物看成是身体的一部分而非"侵入者"了。

❓ X射线是如何显示受损骨头的

动画中有一个特定场景：主人公在X射线仪器面前晃动。当他经过屏幕时，我们会突然看到他的骨骼结构。尽管医生借助快照技术，而非目不转睛地盯着屏幕，但X射线拍摄的图像就足以起到协助作用。那么，X射线是如何运作的呢？

 定义

植入体是一种可取代生物结构的医学装置，植入体包括人造关节、心脏起搏器、动脉持久开启支架，甚至包括将药物输送至可控区域内的一些装置。

X射线是一种类似于可见光的电磁辐射,可穿透一些材料,并被其他材料吸收。如果将一条黑色磁带贴在窗户上,太阳光的照射下,它会产生阴影,因为磁带将光线全部吸收,而玻璃却让光线穿过。

原子吸收了光,增加的能量致使电子移动到较高能级,这种情况仅仅在光的能量与电子可改变的能量相匹配的时候才会发生。电子只能获取特定数量的能量,而数量大小也会因元素不同而有所差异。光是由一堆具有特定能量的光子组成。当光子的能量与电子到达更高能级所需的能量相同时,原子就会吸收光子。

组成皮肤和其他软组织的原子吸收的是可见光的光子,这就是肉眼看透手的原因所在。然而,X射线的光子能量远远多于可见光的光子能量,它可以穿透皮肤、肌肉和血液,并且不会被吸收。这些组织对X射线的透明性相当于玻璃窗对可见光的透明性。

与软组织相比,骨骼由各多种元素构成。骨骼(和牙齿)主要由钙和磷组成,这些元素中的电子能够获取与X射线光子能量相匹配的能量,因此骨骼吸收X射线的光子,就如同黑色磁带吸收了可见光的光子一样。

在X射线仪器中,放射源于电子流的活性原子,这与电灯泡在可见光谱区产生放射线是同样的道理。放射线穿过入口,经过一片可吸收X射线光子的薄膜。如果一些能够吸收这些光子的物体,比如胳膊里的骨头,被放在信号源和薄膜之间的话,那么,物体的阴影会显示在薄膜上。这个阴影类似于医生用于判断骨头受损处的X射线图像。

计算机X射线层析成像(CAT)扫描是如何获得身体影像的

X射线图就像是物体位于放射源和薄膜之间的阴影,这对于检测受损牙齿或观察受损骨骼是否复原具有重要的作用。但是,如果需要观察牙齿的背面或隐藏在骨骼之后的器官时，就需要一个CAT（或CT）扫描仪，俗称"猫扫描仪"。那么，CAT扫描仪是如何提供身体内被隐藏部位的影像的呢？

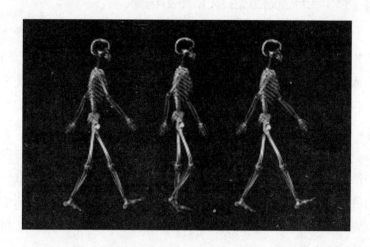

如果看名字，计算机（轴向）层析成像（CT或者CAT）听起来很复杂。然而，计算机化的意思肯定耳熟能详；层析成像就是在截面收集到的图像；轴向表示从周边，即任意方向。同时，CAT扫描仪就像它的名字一样，从不同的方向拍摄一系列图像，然后由计算机进行合成。

在CAT扫描仪中，X射线电波对人体部位进行环形扫描，即从不同的角度拍摄成百张X射线影像。对于全身扫描，扫描仪会从头移动到脚，拍摄一系列影像，每一张都像是人体的单一剖面。接着，计算机就该发挥作用了。对我们来说，观察所有的这些图像，并用三维图片来解释是不可能的。但对计算机来，这却是小菜一碟。计算机将所有的影像进行处理，然后就组成了患者身体内部结构的影像。

尽管一般的X射线影像不能显现出包含了许多人体器官的软组织，但CAT扫描仪是诊断器官疾病的重要工具。在进行扫描之前，通常会给病人注射造影剂和显影剂，即一种能吸收X射线的可溶性材料。这种染液可以聚集在器官上便于观察，或停留在血液中以便研究动脉或静脉。

时事快报

MRI 充分体现了当基础科学深入人心之后，技术进步的速度是无法想象的。人类第一次进行 MRI 检测是在1977 年，几乎花费了 5 个小时才完成扫描。由于计算机技术、磁技术和电子技术的飞速发展，如今的 MRI 扫描仪可在数秒内获取更多信息。

核磁共振扫描仪如何成像

通过X射线和CAT扫描仪获得的影像，均可提供有关人体骨骼和其他坚硬部位的信息。利用显影剂，CAT扫描还可给医生显示病人体内器官的状况。但是，对于人体软组织和器官的详细图像，MRI扫描仪所生成的影像比基于X射线的扫描仪生成的影像精细得多。那么，MRI扫描仪是如何生成人体软组织影像的呢？

与X射线技术相比，核磁共振成像（MRI）是一种观察人体内部结构的新方法。这是一种非创伤性技术，不会让病人暴露在任何有潜在伤害的放射物下，也无需任何体内探测器。通过调整病人的位置和机器的设置，医生就可获得体内器官、血管、骨骼与其他组织的细节影像。

MRI扫描仪通过强大的磁场和无线电波的结合技术生成影像。当氢原子接近强大的磁体时，其原子核就会在磁场的影响下重新排列。人体内的大多数分子都含有氢原子，因此对MRI扫描十分敏感。不同分子中的原子的反应有着轻微差异，从而增强了协调性，即聚焦扫描仪的能力。

MRI扫描仪的巨大磁性促成一个强大磁场的生成，贯通整个管道。当病人躺在管道内部时，所有的氢原子都会在磁场中自动排列。当能量以无线电波的形式增加时，一部分氢原子会吸收能量，并在磁场的作用下从队列中脱离出来。当关闭无线电波源时，这些氢原子就会回归原位，并以无线电波的形式释放能量。而这些能量一旦被发现，计算机就将这些数据转换为一种数字信号，以便转换成影像。通过适当地调节扫描仪，医生便可以观测到特殊器官或组织极其微小的位置。

与X射线和CAT扫描仪不同，MRI不需要射入一种造影剂来对像肝脏或血管那样的器官成像，而是通过调节扫描仪内的磁体便可观察到人体特定部位。同样，软组织中含有大量水分，而氢原子又占了水分子中原子数量的2/3。因此MRI影像对水十分敏感。相较于其他技术而言，MRI对能引起积液的病（例如，癌症和炎症）的研究更加有帮助。

当然，一些人在进入检测管道时会感到恐惧，但MRI扫描是一种安全、非创伤性的观测人体内部的技术。MRI的最大风险来自强大的磁场对金属物产生的影响。MRI技术人员必须确保自己病人都未将钥匙、听诊器或别针之类的物品携带至检测区域内。当这些普通的无害物品靠近MRI强大的磁场时，它们可能会成为致命的发射体。我们知道，由于MRI磁体的磁化作用，水桶、氧气罐甚至是一个警官随身佩戴的武器都有可能会飞越整个房间。

❓ 如何区分正电子发射计算机断层扫描（PET）与其他影像技术的不同

影像技术的一个主要目的就是在不需要切口的情况下来研究人体内部作用机理。核成像技术使用发自人体内部的信息，而MRI、超声波、X射线和CAT扫描仪则是看透人的身体。正电子发射计算机断层扫描（PET）便是核成像技术的范例之一。那么，PET扫描仪是如何对体内器官成像的呢？

PET技术通过观察放射性原子所释放的放射物来成像。粒子加速器使得原子以接近光速的速度碰撞在一起，所以，许多元素的放射性原子都可以通过它来获取。这些放射性原子分裂时，会释放出易被追踪的放射物。

PET扫描的原理是：放射性碳、氟、氧或氮原子被制成化合物，注入患者体内。患者位于扫描通道内，这里可转换发出电子信号的放射物质的。扫描仪从头至尾地扫描所需区域，然后计算机将数据汇总，并转换为三维影像。这一影像显示出放射性物质聚集的具体部位。

PET扫描常用于检测癌症。将糖分子作为放射性原子注射至人体内部，体内糖代谢加快的部位，辐射就加强。由于癌细胞内的代谢速度要高于周围其他正常细胞，所以，PET扫描能够清晰地显示肿瘤的位置。

PET扫描还有另外一些用途：通过追踪循环系统血液的流动，探测脑部受损部位及功能减退区域。PET还用于大脑正常功能的研究，扫描结果显示出大脑在执行某一特定任务时，哪些部位是最活跃的。

PET利用快速衰变的放射性原子，将病人裸露在放射性条件下所受的辐射减少到最小。但是，这样做却导致这项技术的局限性。因为放射性材料必须在几天内使用，有时是几个小时，所以，从它们制成开始，大多数PET设备都要位于粒子加速器附近，随时待命。

心脏除颤器是如何拯救心脏病患者的

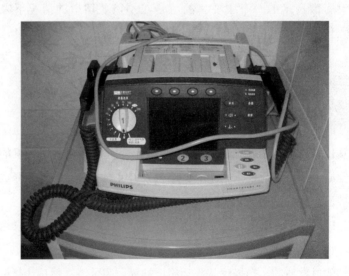

关于医院主题的电视剧里，都会出现这样一个剧情：有人心脏骤停，一队人马推着装满电子设备推车迅速赶到，将金属板放在病人的胸口处，喊："电击"，并对心脏实施电击，使其重新搏动。那么，电击是如何使心脏重新开始跳动的呢？

当血液流入心脏或心脏的一部分，引发阻塞时，便会导致心脏病发作。这时，在两种严重的情况下，可使用心脏除颤器，即对胸口实施一次电击。第一，当心脏不能输送足够的血液，甚至有时完全停止跳动，出现心脏衰竭的时候。第二，由心脏正常输送血液发生变化而引起的心律不齐或心跳异常的时候。

当心室（较小一点的室）搏动非常急促时，就会引发一种特殊的心律不齐，即心跳加快。在这种情况下，心脏就会因供血不足而发生颤动。倘若体内血液流动停止，全身组织在几分钟内便会死去，因此恢复血液输送是当下最紧急的行动措施。多数情况下，电击可使体内血液再一次流动起来。

心脏运转正常时，心脏内的起搏细胞，会发出可转换为电子脉冲的化学信号。这种电子脉冲能够通过神经传送至心肌，促使心脏收缩并输送血液。这些信号失控时，心脏便不能以正常的节奏跳动。

心脏除颤器就是一种能够在心脏附近传递电子信号的仪器。电流的突然波动引起所有心肌立即收缩，终止心律不齐的问题，恢复心脏的正常跳动。倘若心脏已停止跳动，这种突然性的收缩可促使心脏恢复跳动。

医院里使用的电板，在电视剧中表现得尤为突出，它也仅仅展示了除颤器的一种。很多人已在体内移植了人工除颤器，这些电池带动的除颤器接管了原来的起搏细胞，控制着心脏的每一次跳动。

在过去的10年里，心脏除颤器技术飞速发展，它早已成为正常急救设备的一部分，受过培训的技术人员已经利用它拯救了无数性命。然而，近几年的心脏除颤器已经分配给了那些受过培训的技术人员。他们通过计算机编程来分析心跳，从而确定是否需要进行电击操作。这一性能表明一些接受少许培训或未接受培训的人也可以使用心脏除颤器，因为在心跳正常时是不会进行电击操作的。现如今，这些心脏除颤器已然成为飞机、警车以及老年中心的必备设备。

非常识

如果仅仅是从电视上了解心脏除颤器，也许，你会认为它们总是能使心脏重新跳动。但不幸的是，事实并非如此。对成百家的医院进行的一项研究发现，如果在心脏停止跳动的两分钟内进行电击，那么，病人会有39%的生还概率。五分钟后，生还概率会跌至15%。这些数据当然要比不采取治疗措施的0生还率要好。如果已意识到心脏病发作，并且在心脏停止跳动前就采取治疗措施，生还概率会更高。

❓ 声波图是如何对胎儿成像的

　　你们孩子的第一张照片是什么时候拍摄的？50年前，可能就是孩子刚出生后不久，在医院里拍摄的。现在，孩子的第一张"照片"可能比以前早7个月便可拍摄到。超声波技术可使妇产科医生得到孕妇怀孕早期的胎儿影像，以便监控胎儿的发育，避免孕期问题。那么，如何利用声波对胎儿成像呢？

　　声波图应用了超声波——即一种不能被人耳所识别的高频率声波。通过记录人体内的目标物体（如器官或胎儿）的回波来生成影像。这项技术类似于潜水艇上的声波定位仪（用于安全驾驶，躲避水下障碍物）。每一秒都有上百万的声波脉冲进入人体，当声波脉冲进入两种不同组织的交界处，探测器中便会出现回波。然后，计算机通过计算声波传输的距离信息来制成影像。

　　因为超声波不使用任何对正在快速成长的胎儿造成伤害的电离放射物，所以它被广泛应用于产科医学中。它们在怀孕早期就能提供充分的细节信息，以检测胎儿的性别和表面特征。超声波图像可即时获得，因此也用于指导微创手术工作。

　　医学上对超声波的应用主要是多普勒效应。多普勒效应是因声源与物体的相对移动而产生的声音频率的变化。多普勒超声波可用于测量从心脏到动脉的血液流动。

　　"医学的发展减轻了病人的痛苦，提升了人类的幸福指数。但是，完全抵制科学的人却因此而陷入一种尴尬境地。"

——彼得·梅达沃（1915—1987）

第六部分

科学：回顾过去、展望未来

本部分，我们将涉足一些伟大的科学思想。这些思想在科学历史的发展进程中成长壮大，在众多伟人的携手塑造中渐趋成熟。

目前，越来越多的科学难题"束手就擒"，悬而未决的问题也日渐减少。尽管如此，仍然会存在一些推动科学家不断进行探索的科学问题。这些大问题衍生出一系列小问题，我们必须逐一解决。最终，问题的答案浮出水面，构建了未来的科学知识和技术。

伟大的科学思想

21

"对某种思想的研究，必然囊括万千头绪。思想，好比大江大河，从来不曾只有一个源头。正如靠近入口处的江河里的水，它最终是由很多支流汇集而成；所以，一种思想，最终会在很大程度上生出一系列衍生物。"

——威利·莱伊(1906—1969)

当希腊科学家阿基米德大呼："找到了！我终于找到它了！"的时候，他正一丝不挂地跑过锡拉库扎大街。他欢天喜地、忘乎所以，因为他已找到鉴定希耶隆（Heiros）国王的王冠是纯金还是合金的方法。当时他在洗澡，进入浴盆，水即刻溢出，这一现象让他想到一个实验。金的密度大于银，一个掺了银的王冠可能会溢出较少的水。他进行试验时，情况确实如此，这就是众所周知的阿基米德原理。尽管想法很新，但并非侥幸所得。因为细致的观察和思考过程才会酝酿指引科学前进的伟大思想。

科学发展史上，时时刻刻都闪现伟大思想，而这些又很可能会成为一系列跨世纪的研究项目的出发点。对于某一观点，每一位研究人员都有自己独特的观察方式、源于不同角度的假设、勇于创新的大胆尝试，甚至形成一种崭新的理论。本章的科学思想并非包罗万象、并非举足轻重，但它们却可证明科学是如何从一个最初的想法发展成为一个或多个理论的。

❓ 原子

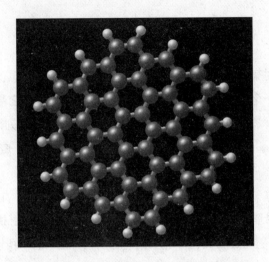

原子的概念是我们理解物质的核心——它是元素的最小粒子，并具有该元素的性质。"atom（原子）"一词来自希腊语 atomos，意思是"indivisible（不可分的）"。具体地讲，"a"意味着"not（不）"；"tomos"意味着"cuttable（可切割的）"。

哲学家德莫克利特曾提出过一种古希腊的原子观点。据他所言，任何物质都可以被切割成两半，然后可继续一分为二，直到不能再进一步分割为止，最终的那一极限就是原子。因为这些原子"不可再分"，所以它们还保持着每种物质的基本性质。以金原子为例，从其本质属性上讲，它的密度很大，有韧性，手感也正如由纯金制成的任何物质一样细致光滑。原子可能也会有刃口，以便原子之间能够紧密地聚合在一起，从而形成固态金属。相反，气体原子间距大，所以气体没有一定的形态和体积。

德莫克利特认为自然界中的任何物质都是由看不见的原子自由碰撞而形成的。万物的本原是原子与虚空。这一观点在希腊哲学界并未被广泛接受。例如，亚里斯多德认为任何可观察得到的物质都由四种元素构成，即：土、气、火和水。这些东西没有原子，但它们却是连续的。而倘若"虚空"存在，那么它将会违背基本的物理定律。

然而，希腊的原子概念并不是我们今天所使用的那种理论（当时的原子理论只是一种哲学理论而非科学理论）。而当时用于构建实验去验证想法的工具与技术也不存在。比较德谟克利特和亚里斯多德的想法，其实从本质上讲它们都是不成熟的，并没有一种科学的方法可证明其中一个优于另一个。

道尔顿原子模型

1801年，约翰·道尔顿作为曼彻斯特文学与哲学学会的一名秘书，向该协会递交了一系列"实验论文"。这些文章是关于气体性质的。在研究众多不同物质的性质时，他发现无论分析多少种物质，一种化合物中所含元素的比例总是相同的。道尔顿的结论是：这些固定的化合物是由各种元素的原子相互作用所形成的，而且每一种元素都有一个特定的质量。他还公布了一张原子量表，将最轻的原子——氢的质量设为1，并列出碳、氢、氧、氮、磷以及硫的原子量。

道尔顿认为所有的元素都是由一个基本单位组成的，他称为原子。这一认识源于希腊有关物质最小单位的概念。某一既定元素的所有原子都是相同的且质量相等。当某些特定元素的原子以一定的比例结合时，就会形成化合物。化学反应涉及原子组合的重新排列。尽管我们对原子的理解与道尔顿的观点大相径庭，但他的原子理论为现代原子理论奠定了基础。

与古希腊人相比，道尔顿在发展其观点方面有很多优势。第一，科学方法的发展为其研究提供了理论框架和理论依据。第二，当时已经能识别大量元素，且用于分离和识别这些元素的方法也得以发展。他的原子观点，即：不同元素可通过各自相对质量来识别，是一个全新并被认可的概念。

时事快报

如今我们知道，希腊人无法测量的"不可分割"的原子直径约为三亿分之一英寸。把这一概念放在人类与度量术语里，可以这样解释，人类一根头发的直径大约是十分之一毫米，而一个原子的直径是一根头发直径的百万分之一。

科学箴言

"氧元素与氮气相结合时，其质量比可以是1:1，也可以是1:2，但绝不会是中间数量。"（不同元素化合时，原子以简单整数比结合）

——约翰·道尔顿（1766—1844）

当今时代对原子的看法

　　其实，古代对原子的看法与现在相比并没有什么不同。但当道尔顿提出原子理论后，这种认识开始改变。1897年，在位于英格兰的剑桥大学，当代原子结构观点得到了进一步深化，当时 J. J. 汤姆逊通过原子负电荷发现了电子。1913年，欧内斯特·卢瑟福发现每一个原子都有一个带正电的核，即原子核，占原子质量的99%。原子核本身是由带正电的质子和中子（不带电）组成的。大量带负电的电子围绕原子核旋转。每一个电子比最轻的元素氢大概还要轻2000倍。

　　丹麦科学家尼尔斯·玻尔进一步改进、完善了现代原子模型。他因对量子力学发展的贡献获得了1922年的诺贝尔物理学奖。玻尔和他人合作建立了原子轨道概念，即一个环绕原子核的有限空间区域。根据玻尔模型，一定的轨道代表着一个电子具有的不同能量水平。电子从一个轨道跃迁到另一个轨道，必须吸收或释放光子能量。一种元素的化学性质由围绕原子核轨道运行的电子决定。因为电子是持续运动的，所以原子并不能像自家房子的墙一样给人"坚固的"感觉。但由于电子运动的速度快，所以它们可以被模拟成一种坚固的壳。希腊哲学家们和约翰·道尔顿认为原子是坚固不可分的，与此相比，"现代"原子的特征则是持续运动、不断变化。

运动——一切都在按计划运行

　　尽管希腊哲学家亚里士多德通过细心的观察发现很多事物和规律，但他对运动的描述后来还是被证明有误。他提出物体保持运动需要一种力、下落物体的速度与其重量成正比。虽然这些观点持续了近2000年，但到17世纪它们还是被推翻了。

　　对亚里士多德的观点首次提出挑战的是波兰贵族尼古拉·哥白尼。经过长年的天体观察，他于1543年出版了巨著《天球运行论》，该书一直被认为是科学革命的开端。在这本书里，哥白尼提出了日心说，否定了地心说。基于这一观点以及对行星的细心观察，德国天文学家约翰尼斯·开普勒提出行星运动定律：

1.每一个行星都沿各自的椭圆轨道环绕太阳，而太阳则处在椭圆的一个焦点中（foci即"焦点"）。

2.在相等时间内，太阳和运动中的行星的连线所扫过的面积都是相等的。

3.各个行星绕太阳公转周期的平方和它们的椭圆轨道的半长轴的立方成正比。

现在，我们对运动的理解必须结合1687年出版的艾萨克·牛顿的《自然哲学的数学原理》，书中提出三大运动定律：

1.每一个处于匀速运动状态中的物体都会保持这种运动状态，直到受到其他外力的作用迫使它改变这种状态为止。

2.物体的加速度等于它所受到的合外力与该物体的质量之比。

3.两个物体之间的作用力与反作用力，在同一条直线上，大小相等，方向相反。

这三个定律是所有的运动科学与工程原理的基础。牛顿的运动定律完全取代了物体靠一个力保持其运动状态的观点。

时事快报

牛顿运动公式：Fnet＝m×a。Fnet表示作用于某一物体所有力的总量。m代表质量，a代表加速度。因此，如果用质量乘以加速度，就可得到运动中所有力的总量。这一点很重要，因为运用任何一条牛顿运动定律时，首先都必须知道合外力。

❓重力

众所周知，正是伽利略推翻了亚里士多德所谓的重的物体比轻的物体降落得快的观点。尽管大部分的历史学家并不完全相信从比萨斜塔投下不同质量的物体的故事，但伽利略坚决认为无论质量如何，下落的物体都具有相同的加速度。随后，牛顿又提出作用在地球和其他天体之间的引力同样也作用于太阳和行星之间。

牛顿站在苹果树下时，被一颗落下的苹果砸在头上，他就意识到苹果从零加速到撞击地面时的速度的变化。这个家喻户晓的故事也许并不真实。但通过观察苹果的降落，他同样是可以得出结论的。那么，是什么力引起了苹果的加速呢？正如古希腊人认为的一

非常识

一些人，如亚里士多德仍然认为，物体必须靠一个力来保持其运动状态。这与牛顿第一运动定律是相矛盾的。例如，一颗坠入地球大气层的流星就没有消耗能量。地球大气层摩擦力的存在导致其减速。倘若我们的星球没有大气层，那么流星根本就不会减速。

样，并不是探寻其"天然位置"的坚固天体。牛顿意识到由于万有引力的作用，月球正不停地向地球靠近，但它又与其轨道的加速度相平衡。正是基于这些天体之间的引力，牛顿才发现了万有引力定律。

你也曾经很想知道为什么宇航员在太空中会失重吧？其实这很简单的——因为他们正在与宇宙飞船同速下降。飞船的加速度与重力相平衡。倘若重力并未给运动的物体提供这种平衡的话，宇宙也就不会成为一体了。如果牛顿没有证明所有物体之间都有引力作用、引力等于两物体质量的乘积与两物体间距离的平方之比的话，那么也就没有人去研究太空项目了。

微生物理论（生源说）

如果想让众多医学专家列出在医学领域中最重要的理论，你很可能会得到相同的答案：疾病微生物论。在今天看来，很多疾病似乎都是由微生物引起的，但实际上微生物理论是一个相对新的概念。

大约200年前，医生们并不了解疾病的起因或疾病是如何传染的，但他们仍坚持治病救人。古代的解释主要依靠一些超自然的事物。而后来的解释则依赖于元生源论，即生命由无机物逐渐进化而来。在这种观点下，疾病是自发生成的，而不是由生长和繁殖的微生物造成的。

17世纪70年代，被誉为微生物学之父的安东·范·列文虎克首次直接观察到了微生物，但并不是在此之后就很快发现了微生物与疾病之间的联系。1847年，这一领域的研究有了重要突破。当时，匈牙利产科学专家塞梅尔魏斯发现在医院生产的妇女因罹患产褥热，死亡率较高，而在家生产的妇女患上这一疾病的概率较小。塞梅尔魏斯意识到一些传染其实是发生在医生的工作当中，且医生可能会传播这种疾病，于是他开始坚持要求医生在检查病人之前必须洗手。现在，因产褥热造成的死亡率已从最初的30%降到了2%。

19世纪60年代，路易斯·巴斯德证明了发酵物和肉汁里微生物的生长并未按照元生源论进行。加热肉汁能杀死微生物，但若密封肉汁避免其接触空气，就可抑制微生物的生长。这就是著名的巴氏灭菌法，至今仍用于食品工业。巴斯德进一步研究发现，某些疾病正是由微生物引发的。

大约10年后，罗伯特·科赫构建了一系列的实验去证实疾病微生物论。科赫证明了炭疽（病）是由名为炭疽杆菌的细菌引起的。

疾病微生物论指出微生物是很多疾病的根源。虽然这一说法最初引来诸多争议，但它现在是现代医学和临床微生物学的奠基石，也使得抗生素研究和卫生保健实践取得了重大创新和突破。

时至今日，一些曾经被认为是由遗传或环境因素造成的疾病已证明是由微生物引起的。现在，我们知道，人乳头状瘤病毒（HPV）能够引起宫颈癌；乙型或丙型肝炎是诱发肝癌的一种原因；胃溃疡是在治疗过程中细菌变异造成的。

进化生物学家保罗·埃瓦尔德提出一种假设：现在，很多传染性疾病都是由微生物引发的。例如，心脏病可能与肺炎衣原体有关，这是一种能够引发肺炎和支气管炎的病毒。他相信，终有一天，很多目前认为是遗传因素引发的疾病，可通过隔离和根除病毒源而达到治愈的效果。

板块构造论

1912年，德国气象学家阿尔弗雷德·韦格纳提出地球上的所有大陆曾是连接在一起的超级大陆，他命名为泛大陆。他展示了各种各样的证据来说明他的观点，包括生长于非洲、澳大利亚、印度和南美的古代羊齿类植物。还有这些大陆上岩层的相似性以及冰河作用的标记，并猜测正是因为这个巨型大陆块的逐渐爆裂，才使得南半球磁极发生位移。

1962年，有人提出地球大陆是由缓慢移动穿过软流圈的岩石圈（最外层的坚固岩层）板块组成，且位于上部的最热岩石带覆盖

时事快报

在对世界各地9～26岁的1.1万名的女性身上进行测试之后，宫颈癌疫苗于2006年在美国首次批准使用。得克萨斯州的地方长官瑞克·佩里（RickPerry）要求强制为女学生接种人乳头状瘤抗菌疫苗。虽然人们觉得这样做不够人性化，但在测试期间并未发现严重的副作用。在2007年10月，英国免费为12岁以上的女性接种HPV疫苗。

科学箴言

"令人惊奇的是，忽视病菌的世界观并不只局限于普通人当中；从历史发展的整体来看，医学界的大部分人都是这样的。只是在过去的20年间，才有研究人员强调关注病菌进化记分卡图的重要性。这一做法也对那些最易发炎、最具伤害性的疑难杂症提出了解决方案。这两类医学问题都很重要。"

——保罗·埃瓦尔德

在地球坚硬的外层下。科学家确定在洋中脊上，火山熔岩从长长的裂缝涌出，流向两边，因此板块分离并生成新的物质。

1965年，加拿大地球物理学家威尔逊将"板块"一词用于描述之前超级大陆的破裂部分。两年后，美国地质学家詹森·摩根提出地球表面是由12个板块组成；在那之后不久，法国地球物理学家泽维尔勒比雄发表论文揭示了板块的位置、类型及其位移方向方向。

宇宙大爆炸

对于宇宙起源说，人们普遍接受的观点是大爆炸论，即宇宙是由一个致密炽热的奇点于150亿年前一次大爆炸后膨胀形成的。从这一点的"大爆炸"开始进入宇宙膨胀和物质冷却的过程。然而，作为类似于炸弹爆炸的一个现象来说，宇宙大爆炸并不应该是想象的那种情况。相反，它是一个已经进行了数十亿年、且在今天仍继续膨胀的过程。在宇宙存在的最初100万年里，温度太高以致无法形成原子。随着宇宙的扩张，物质凝缩成原子，因引力的作用而形成最初的恒星和星系。随着扩张的继续，宇宙从整体上来看温度降低了。

关于宇宙大爆炸的最新证据是宇宙微波背景辐射（CMB）。CMB是充满整个宇宙的一种电磁辐射形式。CMB的特性说明宇宙的平均温度大约比绝对零度高出3度。这一信息帮助科学家确定了宇宙的年龄：140亿岁。有趣的是，"宇宙大爆炸（bigbang）"这一词最初出自宇航员佛瑞德·侯利之口，他是在1950年批判该理论时使用的。他本想使它成为一个调侃的词，结果大家一致同意用它来命名这一理论。

重要的科学家

"看世人之所看，想无人之所想。"

——阿尔伯特·圣捷尔吉(1893—1986)

　　对科学做出杰出贡献的重要人物数不胜数，本章无法列出其所有。有些是大家熟知的，几乎家喻户晓——如牛顿、爱迪生、居里夫人、爱因斯坦——也许还有一些是大家闻所未闻的，但他们同样功不可没。你能说出除居里夫人之外其他的著名女性科学家吗？阅读这一章，你将会发现一名对计算机运作有过卓越贡献的女性，是她使个人电脑成为可能。你知道科学方法是如何产生的吗？它产生于中东地区，但可能不是你想象的那个地方。还有零——延伸了数学的概念，你了解它吗？在叫作印度的那个地方，它始于一个点。

时事快报

埃拉托色尼认识到在夏至这一天，太阳正好垂直地照射埃及的西恩纳小镇（埃及现在的阿斯旺），亚历山大港位于西恩纳的正北方。他从以前的测量结果中得知太阳的仰角（倾斜角）是南部天顶圆周角的1/50（即7°12′）。利用两个城市间的距离（按照希腊标准为5000"希腊里"），他用5000希腊里乘以50，得到地球的周长为25万希腊里，这与现在的24900英里的测量结果相差无几。

定义

质数是任何一个大于1，且只能被1和它本身整除的数，如：2、3、5、7、11。质数很重要；很多用于计算机密码系统的算法就是基于大量的质数。

诞生于希腊的西方科学

尽管现代科学概念只有大约500年的历史，但古希腊哲学家们早已为西方科学思想奠定了基础。在这些哲学家当中，亚里士多德也许是最著名、最有影响力的一位，但仍有很多其他人，比如德谟克利特（在第21章曾提到），他提出物质最小微粒学说。很多科学历史家将现代科学的开端归功于米利都学派的泰利斯，因为他摆脱神学的束缚，合理的解释自然现象。例如，他主张闪电球并非宙斯从奥林匹斯山上扔下。下表简要列出希腊科学家的事例。

◆阿基米德原理说明：浸入某一液体的物体所损失的重量等于该物体排开的液体的重量。虽然他的"用一个合适的支点就能翘起地球"的著名言论并不实际，但他发明了一种机器，可使造船者将船从船坞下放到海里。

◆位于埃及南部的西恩纳小镇，在夏至这一天，正午太阳垂直照射之时，阳光可直射井底。埃拉托色尼通过比较落在埃及亚历山大城的极点阴影的角度，计算出了地球的周长。

◆欧几里得将数学知识系统化并提出一些数学原理，沿用至今，举足轻重。其中最重要的贡献是证明了质数数量的无限性。

◆盖伦最初只是治疗格斗士的乡村医师，但后来成为马可·奥勒留等罗马皇帝的宫廷御医。在盖伦之前，医师们认为体内动脉携带的是空气而非血液。他还详细指出了大多数的脑神经。他的著作影响力相当大，千年来都未被质疑。

◆希波克拉底撰写了希波克拉底誓言，并证明任何疾病都有一个符合逻辑且合理的病因，因此在治疗上要注意病人的个性特征、环境因素和生活方式对患病的影响。

◆托勒密的天文学书籍——《至大论》(*Big Explanation*)、总结了公元2世纪的天文学知识，并保留天文学最重要的西方著作长达14世纪之久。

❓ 先驱者——印度人

大部分科学理论都要用到数学知识。据印度学者所言，当今世界所使用的数学是很久以前起源于印度的。印度学校的教科书里将零的发明归功于一个名叫阿雅巴塔的人，他出生于公元476年。关于数学知识的文章，他命名为《阿雅巴提雅》（*Aryabhatiyam*），描述了日食计算的数字和几何规则。据印度学者所言，艾偌百特提出了零的概念，并将圆周率的值精确到了常用值——3.1416。

古印度还有一位重要的科学家叫巴卡拉萨雅，他的著作《球体的中心》描述了数学计算技巧，并进行相关天文学知识的讨论。他被誉为代数、算数和几何学领域的天才，同样他对地球也是博学多识，明确了在地球极点处大概有6个月的白天和黑夜。他计算了地球周长，与今天的实际周长相当接近。

历史记载表明，在19世纪阿拉伯学者将十进制传入西方，这是从印度科学家巴米哥塔翻译的《巴米哥塔算书》（*Brahmsphutasiddhanta*）一书中得知的。在采用这种阿拉伯数字体系之前，欧洲人一直使用罗马数字。

❓ 中王国时期（公元前2040—公元前1640）的大师们

虽然西方人渐渐习惯了诸如针灸的中医技术，但源于古代中国的诸多思想和实践一直在改变着世界，且已长达千年之久。在中国古代，很多学者和科学家是在古代君王的统治下工作，所以个人科学成就难以评价。例如，中国长城是一座伟大的建筑奇观，建于公元前220至前200年，当时是中国第一位皇帝秦始皇的统治时期，但其建筑师尚未人知。

 科学箴言

"物体掉到地面上其实是地球拥有吸引物体的本性。同时，这一本性也决定了地球、行星、星座、月球以及太阳这些天体所公认的位置。"

——巴卡拉萨雅（1114—1185）

非常识

1455 年，约翰尼斯·古腾堡因发明活版印刷术而享有盛誉，但其实中国的毕昇早在 11 世纪就有此发明。14 世纪欧洲人用于印刷的雕版就使用了一种类似于中国活字印刷术的技术。

时事快报

日月的吸引力作用于因地球自转而产生的赤道区鼓起部分，也正是因为这个原因，地球自转轴会在其轨道内（围绕一个圆周）摆动，且摆动一周需要 2.6 万年。天空中的背景星不能保持恒久，所以这一现象，即岁差，也影响着二分点(春秋分点）和二至点（冬至点和夏至点）。众所周知的北极星，可通过观察位于北斗七星里排成排的两颗星星而看到。古代时期，它是天空中的另一颗星星。4000 年前，北极星是天龙星座里的紫微右垣。

然而，我们确实有记载表明第一台用于观测地震的地震仪是由张衡（公元78-139）发明的。地震仪是一种观测仪器，通过仪器上方的小球落入一个像瓮的容器里，揭示出地震的时间和方向。据说，一个名叫蔡伦（公元50-118）的人最先发明了用于书写的纸；他的图像曾经还出现在一张1962年的邮票上。

公元618年至907年的唐朝是中国早期的鼎盛时期，四大发明渐渐融入人们的日常生活。尽管指南针、火药、造纸和印刷术发明较早，但却未成为普遍之物。这些东西改变了中国，随后从中国传到了阿拉伯国家，再传入欧洲及世界各地。

唐朝学者和发明家还还为科学进步做出以下贡献：铸铁技术、干船坞、马项圈、火柴、铁犁，甚至还有降落伞。唐朝也是文学和艺术的鼎盛时期，这是一个鼓舞人心、不断进步和安定繁荣的社会。雕版印刷术的发明让更多人共享信息（借助图解说明）成为可能。

公元725年，佛教僧人一行发明了世界上第一个具有发条装置的机械钟，它有一个每隔一小时就自动敲响的铃铛；这是现代钟表的雏形。

随后的几个世纪，即宋朝时期（公元960-1279），很多技术性突破也是在中国完成。这一时期有一位重要的科学家名叫沈括，他发现了真北(非地磁北)并计算出已运行数世纪的北极星的位置。还有一项著名发明是用于运河与江流上的"磅锁（水闸的一种）"，它使巴拿马运河的存在成为可能。虽然罗马人和其他国度的人可能都使用过这类机械装置，但淮南工程师谯透唷于公元984年发明的版本是现代水闸类型的雏形。

❓ 阿拉伯数字和科学方法

阿拉伯学者提出很多数学概念，例如零、代数等。零这一概念根深蒂固于数字体系，故只能将其描述为"大家熟知的一个自然概念"。不过奇怪的是，希腊人、罗马人都不使用这一概念，即使在罗马皇帝死后，它也不被欧洲文化所接受。中世纪，意大利数学家比萨·莱昂纳多（俗称"斐波纳契"）将阿拉伯数字传入欧洲。波斯数学家艾尔·卡瑞子密被誉为"代数之父"，他撰写了第一部关于系统求解线性方程和二次方程的书。艾尔·卡瑞子密经常被误认为是零概念的发明者，但他是在《关于印度数字的计算》一书中提到零，而这本书写于公元825年。

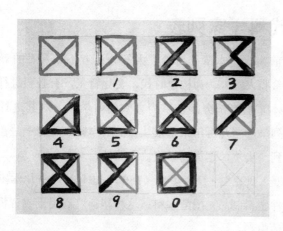

一位名为海什木（公元965-1039年）的博学之人（在众多研究领域享有盛名）开创了现代光学和科学方法。穆斯林科学家详细记载了海什木的辉煌成就，他1021年出版的《光学》一书中的实验被认为是现代科学方法的开端。他通过实验所收集的证据再一次系统地证明了古希腊的错误观点：（a）人眼能够射出光线（欧几里得支持的一种观点）；（b）人眼能够接收物体射出的物理微粒。他的证明步骤同于今天的科学方法：

1. 观察。

2. 陈述问题。

3. 提出假设。

4. 用实验检验假设。

5. 分析实验结果。

6. 数据解释和拟定结论。

7. 公布结果。

尽管令人难以置信，但海什木确实是证明光沿直线传播的第

非常识

大多数人认为不能用罗马数字进行乘法计算，因为它们没有零。其实，罗马数字可以进行乘法运算。用罗马数字进行乘法计算的方法在一些网站上有详细解释。浏览下列网站可得到一些启发：www.legionxxiv.org/numerals、www.phy6.org/outreach/edu/roman.htm。简而言之，罗马方法可归结成二进制记数法，每个数字都表示成2的次幂。

时事快报

在心理学术语中，视觉是阐释抵达人眼的可见光所携带的信息的能力。海什木是探索视觉心理学的第一人，因为他在《光学》第三册中提道：视觉其实发生在大脑中，而非人眼里。他认为，理解所见之物，完全取决于个人的观察经验。

一人。为此他研究数年，使用的方法是将直棍或拉紧的绳子靠近从针孔穿入黑暗房间的光束。他认为，视觉就是眼睛察觉到这些沿直线传播的光线。海什木对光学的贡献促进了望远镜的发展，他毕生的工作对科学进步都影响深远。

近代科学家列表

到目前为止，本章已讨论了大部分读者不太熟悉的一些科学家，当然希腊人除外。为构建时代、文化背景，有必要进行下一步的论述。本章后半部分涉及广为人知的科学家，对其进行简短介绍。下表列举一些几百年来都很知名的科学家。还有一些在前面的章节已提到。当然，这类列举欠缺全面性。

◆利奥·贝克兰·亨德里克（1863—1944）——化学家。他发明了第一件塑料制品：酚醛塑料。这种塑料广泛用于收音机、电话以及绝缘体中。

◆亚历山大·格雷汉姆·贝尔（1847—1922）——电话的发明者。他还发明了金属探测器，并在航空领域做出卓越贡献。

◆玛丽·居里（1867—1934）——波兰物理学家、放射性领域的先驱。她曾两次荣获诺贝尔奖，也是仅有的在两个不同科学领域获奖的两位科学家之一。

◆查尔斯·达尔文（1809—1882）——英国自然学家。1859年的《物种起源》一书重点解释自然界中的物种变化，奠基了进化论。

◆托马斯·爱迪生（1847—1931）——因发明留声机和灯泡而声名大噪的美国发明家。他是最早提出将大规模生产原理用于发明过程的一人，创下1093项美国专利。

◆阿尔伯特·爱因斯坦（1879—1955）——因相对论和能量守恒方程$E=mc^2$而家喻户晓的德裔理论物理学家。爱因斯坦的狭义相对论使得力学与电磁学相融合。广义相对论，通过将相对性扩展到非匀速运动中，开创了一种全新的万有引力理论，并预测了重力作用下的光线弯曲，这一现象后来也得以证明。

◆迈克尔·法拉第（1791—1867）——英国物理学家和化学家。他发现了抗磁性、电磁感应、电磁转动、场理论以及磁光效应。

◆恩里克·费米（1901—1954）——意大利物理学家。因对第一个核反应堆和量子论的重大贡献而闻名于世。

◆亚历山大·弗莱明爵士（1881—1955）——苏格兰生物学家和药理学家。他的成就很多，其中包括1928年发现的抗生素盘尼西林（青霉素）。

◆罗莎琳德·埃尔希·富兰克林（1920—1958）——致力于研究脱氧核糖核酸（DNA）的分子生物学先驱者。

◆弗洛伊德（1856—1939）——奥地利神经学家、精神病医学家，精神分析的创始人。

◆伽利略（1564—1642）——意大利科学家。提出自由落体基本法则，被誉为"现代物理学之父"。

◆海军少将格蕾丝·莫莱·赫柏（1906—1992）——美国计算机科学家。她是美国海军官员，开发了计算机程序语言COBOL的第一代编译程序。她使一种编程思想深入人心，即程序语言可用接近英语的语言来编写，并不一定必须是机器代码。

◆埃德温·哈勃（1889—1953）——美国天文学家。他发现了星系红移现象，推动了宇宙膨胀论的发展。

◆约瑟夫·利斯特（1827—1912）——首次提出无菌手术思想的英国外科医生。（利斯特漱口剂正是以他来命名的。）

◆马可尼（1874—1937）——因发明无线电报而知名的意大利发明家。（另一说法是尼古拉·泰斯拉可能是第一发明人。）

◆塞缪尔·莫尔斯（1791—1872）——美国电报发明者，同时与阿尔佛雷德·威尔合作发明了莫尔斯电码。

◆艾萨克·牛顿（1643—1727）——英国物理学家和数学家。因提出运动定律、万有引力法则而扬名于世。牛顿也因微积分的发明与布莱尼次共享盛誉。

◆阿尔佛雷德·诺贝尔（1833—1896）——瑞典化学家及商人，发明了炸药，创设了诺贝尔奖。

◆朱利叶斯·罗伯特·奥本海默（1904—1967）——美国理论

物理学家，主持了曼哈顿计划（原子弹计划），被誉为"原子弹之父"。

◆尼古拉斯·奥托（1832—1891）——德国发明家，四冲程式内燃机的第一发明人，奠定了当今汽车马达基础。

◆路易·巴斯德（1822—1895）——法国化学家、微生物学家。他证实了疾病生源说，开发了牛奶制作的安全流程，并创制了第一支狂犬疫苗。

◆路易斯·鲍林（1901—1994）——美国科学家。最早致力于分子生物学、正分子医学以及量子化学领域的研究人员之一；同时也是除了居里夫人外，唯一在两个不同领域获得诺贝尔奖的人。

◆维拉·鲁宾（1928— ）——曾从事于星系结构和转动率研究的美国天文学家。她的发现为暗物质研究提供了证据。

◆尼古拉·泰斯拉（1856—1943）——塞尔维亚/美国物理学家和发明家。曾在电学和磁学领域做出过重大贡献，主要包括电流的转换和交流电动机。

◆沃纳·冯·布劳恩（1912—1977）——在德国和美国均开发了火箭技术的德国科学家，被誉为"美国太空项目之父'。

◆詹姆士·沃森和弗朗西斯·克里克（1928— ；1916—2004）——DNA分子结构的发现者，这可能是20世纪最重要的生物学发现。

◆詹姆士·瓦特（1736—1819）——改良蒸汽机并推动工业革命的苏格兰发明家、工程师。

◆奥维尔·怀特和威尔伯·怀特（1871—1948；1867—1912）——他们是一对美国兄弟，发明并建造了世界上第一架成功飞行的飞机，并于1903年10月17日在北卡罗来纳州的基蒂霍克，首次完成了机体比空气重、持续滞空不落地的飞行。

上述列表极有可能遗漏你本想提到的某位科学家。即便是百科全书，本书也无法囊括对科学发展做出重大贡献的所有人。每天，在世界的每个角落，科学研究都在持续进行，数以万计的科学家致力于改善我们的生活。高校、工厂、医院，随处可见他们的身影。

"我们应该弄明白：科学能做什么，它又将要做什么；什么时间，什么地点，又会出现什么样的阻碍。"

——克里斯琴·德杜维（1917—　）

悬而未决的问题

"有十亿零一个物质粒子，就有十亿个反物质粒子。当两者相互作用以致完全湮灭时，就会剩余十亿分之一的物质粒子——那就是我们的宇宙。"

——阿尔伯特·爱因斯坦（1879—1955）

科学趣味十足，因为没完没了的问题。每一发现和进步都会衍生新的问题，总会有各种各样的问题摆在眼前、有待处理。

一些悬而未决的问题涉及方方面面。例如：宇宙是由什么组成的？这是大问题；但还有一些小问题，对日常生活至关重要，例如：我们如何思考？

❓ 宇宙是由什么组成的

这一问题看起来似乎应该有答案，但非也。我们知道，地球上大约有100种元素，而其他任何可能存在的元素都是不稳定的。元素本身由电子、中子和质子组成，而它们又一同构成了原子。质子和中子构成原子核，电子绕其旋转；而中子和质子由亚原子粒子，即夸克构成。一个中子或质子都是由三个夸克构成。

观察恒星及星系时，我们可探测到多种元素，但我们看到的所有东西几乎都是氢和氦。因此宇宙就是由那些我们熟悉的元素（主要是氢和氦）构成的，对吗？答案是否定的。

问题的关键在于宇宙中存在的元素多于我们所能观察到的。20世纪60年代，天文学家发现，除非星系的真实质量大于的实际测量，否则它们就会四散而开。于是，他们预测暗物质的存在。尽管我们无法观测到这种物质，但它却具有引力作用。现在也没有足够的已知物质来解释宇宙中的星系分布情况。宇宙学家推断形成宇宙的引力必然来自来其他物质形态，只是迄今尚未人之而已。据估计，这种神奇的暗物质约占宇宙的1/4——我们除了观测到它对物质的作用之外，其他的一无所知。

关于宇宙成分，已有的的最新数据来自威尔金森微波各向异性探测器（WMAP），它是美国航空航天局的一个探测项目。2008年，通过对宇宙微波背景辐射（CMB）（在宇宙大爆炸中剩余的"余辉"光线）的研究，WMAP揭示出最古老的光线已在宇宙中穿梭了近137亿年。WMAP项目中的数据同时也证明，整个宇宙的质量密度等同于每立方米中5.9个质子的质量密度，而原子本身的质量密度约为每4立方米中一个质子的质量密度。计算表明，原子仅占宇宙密度的4.6%。

让我们再来看看另一个复杂因素。对遥远星系的观测结果表明：宇宙是不断膨胀的。我们知道，宇宙中任意两块物质之间的引力会降低膨胀速度，正如星系间的相互拉力一样。数十年来，科学家一直想要证明宇宙的膨胀速度正逐渐缓慢下来。倘若答案是肯定的，那将有助于我们更好地了解相互吸引的物质的数量。探寻之路还很漫长，但WMAP已提供相关数据和信息。我们发现，宇宙的膨胀速度实际上在不断增加。这意味着另一个"神秘物"的存在，它对峙引力作用，促使宇宙分离——这与预期的完全相反。现在，宇宙学家推测存在一种促使宇宙扩张的能量形式，他们称为暗能量。没有人知道它是什么东西，而它的作用也仅出现在观测宇宙之时。普通物质与暗物质仅仅占每种东西的30%。剩下就是暗能量（记住，E=mc2说明物质与能量是同一物体的两种表现形式）。

所以，要回答"宇宙是由什么构成的？"这个问题，我们首先必须回答其他几个问题：

1.什么是暗物质（它在哪儿）？

2.是否只有一种暗物质？

3.什么是暗能量？

❓ 宇宙之外是否还存在物质

对这个问题最简单的回答就是"无人知晓"。让我们先来看看人择原理吧。这是一个物理术语，即正是人类的存在，才能解释我们这个宇宙的种种特性。简而言之，人类要认知的宇宙是一个孕育生命的宇宙，倘若它不能孕育生命，那么能够观测宇宙的人类就不可能存在。1973年，在波兰克拉科夫举行的纪念哥白尼诞辰500周年座谈会上，理论天体物理学家布兰登·卡特提出该术语。

这类问题很难通过实验来解决。第一个需要克服的阻碍就是如何定义"宇宙"。倘若遵循宇宙的最原始的定义，即"一切存在的物质"，那么宇宙之外就不存在任何物质。这当然是解答该问题的最简单的方式。

但如果将宇宙定义为"一切我们能观测到的物质"，那又会怎样呢？现在就冒出一个更加有趣的问题。如果某种东西存在于宇宙之外，我们无法观测到它，那么理论就必须建立在间接证据乃至某些哲学观点之上。我们知道，宇宙正在膨胀，由此而生一困惑：宇宙向何处膨胀。

宇宙确定了时间、空间的界限，这也为我们考虑该问题提供了一种途径，那就是宇宙不会向任何物质膨胀，因为宇宙之外不存在时间和空间。

还有一种理论提出了多元宇宙的概念——多元宇宙具有变化多端的特点，就像万花筒内的装饰物一样不断地转变、平移。该理论的宇宙膨胀观点是指繁殖力强的宇宙"孕育"其他的宇宙。

整体来讲，这更像是一个哲学问题，而不是科学问题，因为毫无证据可循。尽管这样，仍有一些科学家致力于研究大爆炸，试图探求大爆炸发生之前是否存在物质。如果情况确实如此，那就可根据物质的相互作用，更多地了解宇宙之外的事物。当然，这可能是最棘手的问题。

宇宙之外是否还有人存在

宇宙中的其他地方是否还存在着智慧生命，这一问题由来已久。在印度圣经中，至尊人格神创造了无数的宇宙，而犹太法典也指出至少还存在着1.8万个世界。从无神论的角度来推敲这个问题，我们应当知道，人体的95%是由氢、氧和碳原子构成的。所以，要想找到像人类这样的生命，我们或许需要找到存在类似分子结构的星球。但是，已有人提出可能存在硅晶体的生命形态，而且一些科学家认为氨对其他生命形态的作用，类似地球上水对人类的作用。

大多数生物科学家认为，地球上多细胞生命的生存环境在其他星球上出现的可能性几乎为零。再者，宇宙中拥有成百上千亿个星系，而每个星系又由数十亿个星体组成，这充分说明了零概率。然而，计算可能性和寻找证据是两种截然不同的事情。

寻找外太空星球智慧生命计划已实施四十多年，而到目前为止，仍未收到来自另一个世界的任何无线电信号。尽管如此，人们的兴致依存。欧洲航天局启动了旨在寻找类地球星体的达尔文计划，法国宇航局在2006年启动的COROT项目也是类似目的。写这本书的时侯，美国航空航天局的开普勒项目已定于2008年11月启动。

然而，迄今为止，科学家仅仅发现了几十个太阳系外行星体。系外行星是指环绕恒星运动的行星，并非是指可孕育生命的星球。至此，关于"宇宙外生命"的问题仍然"毫无证据可循"。

我们如何思考

通过运用机能磁共振成像技术(fMRI)，科学家可观察当大脑处于思考时的内部状况。fMRI是一种神经成像技术，利用血液中氧含量的程度来说明对于给定的心理活动，大脑会有怎样的反应结构。通过对可视化的活动及大脑皮层（大脑感觉处理器）的研究，他们发现我们人类的思维方式取决于生物的进化历史和大脑的发育方式。一些科学家认为，甚至我们的道德观对我们的"大脑处理"方式也会产生影响。

人类大脑是由被称为神经元的神经细胞组成，接受信息的树突和传递信息的轴突连接各神经细胞。想象一下冬天光秃秃的树木，你就会对树叉样的神经元有个大体的概念。树突和轴突不用接触就可以相互联系。它们之间是通过一种称为突触的间隙和发射的电脉冲相作用的。每个神经元拥有成千上万个突触，每个刺激的反应都以光速（大约是300毫秒）进行，所以正是因为大脑中有数以亿计的在这种状态下工作的神经元及无止境、无数的神经通道，大脑才能存储如此巨大的信息。

这种能力是否随着年龄的增加而降低?幸运的是，大脑自身可进行调整。德国康斯坦斯大学的心理学教授托马斯·爱迪生出版了有关大脑活动的大量书籍，且已证实成人大脑的适应能力强于儿童。这就意味着如果我们保持大脑的健康与活力，那么大脑就能更好地保持适应能力，而我们的学习能力也将永远持续下去。

然而，即使了解了神经元的生长过程，也不能回答一个重要

时事快报

2007年4月24日，南欧洲天文台的智利科学家声称他们已经发现了格利泽581c，该类地球行星在其恒星(在此指矮行星格利泽581)的可居住范围内沿轨道运动。他们最初认为该行星可能包含液态水源。随后，德国气候影响研究协会的一个团队利用计算机模拟仿真指出，该星球大气层的气体使得地表温度升高至水的沸点以上。如果持续下去，那会有一个不错的结果。

时事快报

显然，只有我们人类的思维才会有如此的速度。2004年，三位来自德国哥廷根马克思·普朗克流体研究所的理论神经物理学家发现了思维的速度上限。研究人员通过数学模型证实，神经连接的力学局限性使得转换速度有一个上限。打破该"速度上限"的唯一方法就是大脑中的每个神经元相互连接。

时事快报

神经发育是神经成长的一个过程，故成人大脑也有可能长出新细胞。2000 年，一项发表在《科学》杂志上的斯坦福大学的研究成果表明，将移植的骨髓细胞转移到大脑中就会形成神经元。更令人振奋的消息是，2006 年 11 月，在国家酒精滥用和酒精中毒例会的演讲中，北卡罗来纳州教堂山北卡大学的鲍尔斯酒精研究中心主任、药理学和神经病学教授富尔顿·克如斯，描述了大量的体育锻炼是如何加速实验老鼠神经发育的。人类的大脑结构类似于老鼠的大脑结构，因此可得出结论：体育锻炼可滋生新的大脑细胞。

的问题：什么是思想、它与大脑有何关系？对大脑活动的描述听起来很像电脑的运行方式。当然，电脑与人脑差异甚大。至今，没有人能制造出一台具有自我意识的电脑。为什么人类不仅仅能处理信息，而且可产生思想呢？这一问题尚无答案。

我们如何为身体器官制造替代细胞

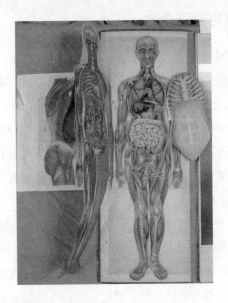

我们能否制造出可取代生长过程中损坏的身体器官呢？这是一个在科幻小说中用来延续生命的常用手段。但是如何来完成——或者说能否完成？

一些研究人员认为可以打印出新的身体器官的蓝图。由卡内基梅隆大学、匹兹堡儿童医院的生物学家杰德维克·菲利皮带领的研究团队在2006年创造出了一种生物打印技术。在圣地亚哥举行的美国细胞生物学联会上，她声称在该大学机器人协会的帮助下，他们制作了一台喷射式打印机，可以将化学混合物喷射到蛋白质覆盖的载片上，使其在皮氏培养皿中制造出了骨骼和肌细胞。培养皿中的干细胞取自成年老鼠的肌肉组织。尽管该团队并不认为培育身体器官的方法已经面世，但他们的"生物墨水"法确实展现了一个巨大的前景，并为如何将干细胞变成特殊细胞的研究提供了一种新的方法。

两年之后，由维克森林大学的博士安东尼·安塔拉带领的团队制造出了身体器官。2008年2月，在接受哥伦比亚广播公司"奇迹"节目的采访中，安塔拉透露他们已经制造出了18种不同的组织。他向观众展示了一种可移植到山羊身上的人造心脏瓣膜。他们的方法听起来非常简单；他们分离出具有再生能力的细胞并诱导他们生长。类似于卡内基·梅隆团队，维克森林团队的心脏细胞再生技术也始于一个喷墨式打印机。就像相片胶卷，老鼠的心脏显现出来，细胞被一层一层的喷涂。

然而，这并不仅仅只适用于动物。在费城的托马斯·杰斐逊医院的一个试验中，一位患者移植了利用他自己的膀胱细胞培育出的膀胱。

至此，我们似乎对这个问题有了一个答案，尽管培养身体器官的想法仍停留在科幻小说当中。有朝一日，是否可培养出所有的身体器官？答案只能是"可能"。

生命是怎样形成的

在所有的生命体内部，组织结构的生长和繁殖是蛋白质和核酸相互作用的结果。生命链锁式地不断繁衍着生命。但生命最初是怎样形成的呢？地球上的第一个生物是何时出现的？因为它不是生命繁衍的结果，那它又是怎样形成的呢？

尽管这也是未解决的问题，但毕竟还有一些提示。1828年，德国化学家弗里德里希·乌拉合成了尿素，大多数人曾经认为这种有机分子只能通过生物体产生。这证明了自然生成的分子和有机体生成的分子是没有区别的。在此之前，人们普遍认为有机化合物和无机化合物在本质上是截然不同的两种物质。

1953年，外空生物学（先于太空生物学，主要研究宇宙中的

科学箴言

"身体的每个细胞都按照特定程序来执行特定的任务，而我们的工作就是把这些细胞置于实验室的特定环境中，使他们知道自己的工作方向。对于我们来说，无论细胞来自于哪儿——不管是膀胱细胞还是血细胞——我们都可以用这些细胞来完成工作。"

——安东尼·安塔拉（1958— ）

非常识

查尔斯·达尔文的《物种起源》是生物进化的里程碑式著作，但那些想法并非完全出自他本人。法国生物学家让巴普蒂斯特·拉马克（1744—1829）的进化论观点在达尔文的著作中得到了认可。拉马克认为生物在生存中的经验教训是物种适应生存的原因，以至于这种必要的改变会传给子孙后代。虽然很多人仍然相信已有的特性可代代相传，但基因研究的结果已证明其实不然。

时事快报

脱氧核糖核酸（DNA）含有生物体发育和执行功能的基因指令。DNA分子就像一系列用于构建其他细胞结构的蓝图。那么，它们是什么的蓝图呢？存储于人类DNA当中的信息可以填满百万页的百科全书。

生命）的先驱之一斯丹利·L·米勒和哈罗德·C·尤里在芝加哥大学进行了一项生命起源的研究实验。该实验模拟了米勒和尤里所设想的早期地球的假想环境，证实了这种环境条件有利于化学反应，并可用无机元素合成有机化合物。

将氨气、氢气、甲烷和水密封在一排无菌的彼此相连的玻璃试管与烧瓶中。将水加热使其不断蒸发，并通过电极之间的火花来模拟穿过大气层的闪电。一周之后，2%的碳元素形成了氨基酸，而活细胞中要形成蛋白质需要一半多的碳元素。虽然DNA与RNA没有形成，但是残留的黏性物质类似于从陨石中发现的有机物——这就意味着它是一个自然变化过程。

1961年，休斯顿大学的生物化学、生物物理科学教授胡安·奥罗发现，氢、氰化物以及氨在水溶液中可合成氨基酸。这个实验意义重大，因为实验产生了大量的腺嘌呤，而腺嘌呤是构成RNA和DNA四种碱基中的一种。随后的实验证实RNA和DNA的其他碱基位可在大气不断减少的环境（按照米勒-尤里的实验）下，通过模拟生命起源化学来合成。

这些实验构成生命起源理论的基础。然而，生命所需分子的形成与生命本身的产生是不同的。除此以外，即使实验室中曾造出过生命，但还要有更多的证据来说明它在自然界中的可行性。直至今日，"生命是如何开始的"这一问题仍未解决。

"大脑是最近的、最重要的生物学前沿，也是目前为止在宇宙中发现的最复杂的东西。大脑包含了数以亿计的细胞，而细胞又是通过数以万亿计的脉路连接的。大脑的复杂程度是不可思议的。"

——詹姆斯·D·沃森（1928—　　）

未来技术

"我要建造10亿个微型工厂，每个工厂的模型都同时投入生产……至少依我看来，物理学的规律不排除一个原子一个原子地制造物品的可能性。这并不违背任何法则；理论上讲，它具有可行性；但事实上，可操作性渺然无望，因为我们太高大了。"

——理查德·费曼(1918—1988)

工程学与科学形影不离，促成新技术的诞生。有时，细微的变化和点滴的进步不易察觉，但改变却川流不息、永无止境。要想真正地感同身受过去几十年的变化速度，那就回顾一下刚刚逝去的50年吧。1960年，太空计划刚刚起步。当时，最大的计算器比现在的袖珍计算器速度还要慢。每个街角都设有电话亭，因为手机还未进入日常生活。商务旅游坐的是喷气式飞机吗？是的，当然有一些这样的飞机，但大多数还是螺旋桨式飞机。

科学技术的进步让我们的世界焕然一新。技术紧跟科学的步伐，日新月异。1960年以来发生的变化让我们应接不暇。

新的发现和进步为未来的技术发展构建了一个全方位的框架。下面强调几个技术领域，它们在不久的将来会崭露头角。

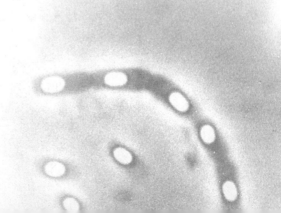

定义

根据纳米技术负责中心（www.crnano.org）的定义，纳米技术是指以分子来制造具有特定功能产品的科学技术。

纳米技术

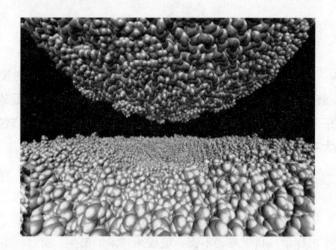

1959年，物理学家理查德·费曼在加州理工学院物理协会年会上的演讲标志着纳米技术的诞生。他的演说《在底部还有很大空间》可在www.zyvew.com/nanotech/feynman.html上查阅。

在这次演讲中，费曼详细叙述了如何将一整部大英百科全书轻易地写在大头针的头部。他提倡改善电子显微镜，并说明了所有问题都能迎刃而解的方法：从分子角度来研究物体结构。当时，计算机的体积还很大，可占满整个房间。费曼谈及电脑的微型化及由此带来的好处。他提出把"机械医生"注入血管中，从内部修复身体。最令人振奋的是，他设想一个原子一个原子地制造微型机器。有些人将书页做的很小，只有通过电子显微镜才能阅读。对于这些取得科技成就的人，费曼提供现金奖励。通过这次演讲，费曼开启了整个纳米技术领域，并且从那时起，科学界卷起一股研究"最底层的"狂潮。

纳米技术的操作范围到底有多小？设想一下将头发丝减小5万～10万倍，即可有个大致概念。十亿分之一米就是纳米级别了，差不多等同于3～6个原子并排在一块的长度。

最初，纳米技术指的是制造机器，例如电机、机器人，甚至只有几纳米宽的电脑。然而，随着时间的推移，这种意义发生了改变。如今，纳米技术是指通过将物质控制在原子或分子量级（小于100纳米的宽度）来制造材料，并使其拥有特殊性质。

纳米材料具有特殊性能，不同于宏观材料。美国国家纳米技术计划网站(www.nano.grov/html/facts/whatIsNano.html)指出了很多在纳米量级上进行的自然过程和生成的材料。蜘蛛网的强度、叶子的防水性以及苍蝇行走天花板的能力都是纳米级现象。

纳米技术的关键效益在于制造工艺的改进。该工艺局限于原子等级，故效率更高、费用更低。这是一个崭新的领域，没有人确切清楚它的未来发展方向。专家预测，纳米技术的应用范围极其广泛，可制造新型、优良的工具（如永远不会钝的刀具），还可制造能自我复制的机器人。这类机器人体积很小，只有一粒花粉般大小，甚至更小，但他们可不受操纵、自主地到处移动，并执行任务。

利用纳米技术，还有可能研制成更为高效的计算机。微型化是计算机设计的特点之一，而纳米技术会使微型化达到前所未有的程度。未来的计算机同现在最快的计算机相比，就像是现在的计算机同20世纪50年代庞大、烦琐的电子管驱动计算机相比较一样，即速度、存储量都无法相提并论。

分子医学

分子医学是粒子在实际应用中的另一领域。分子医学通过关注进行中的生化过程，从分子和细胞量级对疾病进行研究和治疗。研究儿茶酚胺就是对分子医学应用。儿茶酚胺不仅调节身体的免疫和炎症反应，而且可调节"争斗或逃避"反应。儿茶酚胺是大脑中的神经递质化学品，包含多巴胺、肾上腺素和去甲肾上腺素。生物化学家朱利叶斯·阿克塞尔罗德与伯纳德·凯特、乌尔夫·冯·奥伊勒因对儿茶酚胺的释放和摄取上的研究共享了1970年的生物与

科学箴言

"活细胞中存在着微小机械，能够将分子组合在一起来制造东西（如土豆、树木）。人们正在学习这种制造方法；一旦精通，我们就会拥有特定的制造机械，能够制造太阳能电池、电脑和宇宙飞船。就像在森林中制造树木的机械一样，这些机械也很廉价且无污染。"

——埃里克·德莱克斯勒(1955—)

时事快报

　　肾上腺素可用于心跳骤停的抢救，以及气喘患者的支气管扩张剂。它对免疫系统具有抑制作用，故接受免疫疗法的过敏症患者在提取过敏原之前，必须先清洗肾上腺素。

医学诺贝尔奖。他们的研究成果中最有趣的地方就是肾上腺素的可回收性（即"再摄取"）。

　　阿克塞尔罗德的经历是当今应用分子医学的榜样。1949年，他就职于国家心脏研究所，研究咖啡因的作用。与此同时，他对交叉神经系统产生了兴趣，开始研究肾上腺素和去肾上腺素。他对神经系统功能的研究集中在分子层面上，从而研制出百忧解这样的药物。百忧解可阻碍神经递质血清素的再摄取。

　　纳米技术在分子医学上的应用是一种系统，可用于进行台式层次上的 DNA 测试。利用金纳米粒子（通常是 13～20 纳米的直径），该过程简化了分子诊断测试技术，并为医院实验室提供结果，而在此之前，医院只能向院外大型实验室寻求帮助。这些仪器可用于诊断血液筛查、心血管疾病、神经变性阻碍和肿瘤等方面的疾病。

机器人技术

　　听到"机器人"这个词，你会想到什么呢？看过《星际大战》的人都会立刻想到机器人C3PO或R2D2。这些机器人具有影片人物特色，而真正的机器人则完全不同。通常，制造工厂中的机器人看起来和机器没什么两样，区别在于控制装置。机器由人来操作，但机器人在一定程度上可控制自身的活动。机器人内部装有计算机，且配备内置程序，设定指令，指挥机器人在特殊条件下执行特定操作。换句话说，机器人是用计算机程序控制的机械装置，该程序可以使机械装置在没有人直接操作的情况下运转。

所有的机器人都有三个基本组成部分：计算机、机械系统以及电子系统。计算机设定程序来控制机器人的其他部分，并做出相应判断。机械系统是机器人用来移动和操纵物体的装置。电子系统的作用类似于传感器，它将指令从计算机传递到机械部件和电子部件。

如今，许多机器人用于执行重复的任务，因而编程相对容易。机器人普遍用于简单、重复工作的装配线上。机器人能够判断出零件何时处于正确的位置，必要时先使其复位，然后再执行指令。机器人还用于执行危险性大、人类难以完成的任务。例如，机器人已被用来排除炸弹、探索切尔诺贝利核反应堆和海底世界。

机器人不同于其他机械，关键在于它具备判断能力。比如说，遥控玩具车就不是机器人，因为它是由人手中的遥控器无线电远程操纵的。再比如一辆汽车，倘若可感知障碍物，并改变方向、绕开障碍物，就被认为是机器人。

不管电影中的机器人如何能干，实际上，几乎没有机器人能像人一样。主要原因在于机器人用两条腿从一个地方走到另一个地方的效率并不高。很多机器人（例如，在自动装配线上的焊接机器人）根本不需要移动。对于确实需要从一个地方移动到另一个地方的机器人来说，通常需要轮子或轨道为其提供一个稳定高效的平台。在需要越过障碍物的情况下，抬腿的能力就显得十分重要，这时机器人设计者通常就会使用两条以上的腿。例如，用来探索火山内部的机器人——但丁2号，就有八条腿。与其说它像人类，倒不如说它像个蜘蛛。

对于机器人设计者来说，目前的挑战实际上在于人，而不在于机器人本身。机器人的使用日益广泛，它们很有可能落入未受过培训的人手中。许多设计者认为有效的互动需要自然的沟通方法。

时事快报

火星探测是机器人最惊人的用处之一。2003年，美国航空航天局发射了两个机器人——火星探测流浪者——来寻找火星上是否曾经存在水的证据。这两个机器人利用太阳能在火星表面上移动，并向地球传回照片。它们还用自身携带的多种仪器来分析岩石和土壤。尽管研究团队试图让流浪者号的工作时间更长一些，但他们最初设计的报废寿命是2个月。在2008年写这本书的时候，两个流浪者仍然在火星表面进行探测工作，并向地球发回信息。

为此，他们开始研究可进行口头问答的语音识别系统，这项任务意义重大。非语言交流在人际交往中占有重要地位，所以机器人专家也致力于开发机器人的手势和面部表情系统，以便于与大众沟通。同时，具有个人性格的机器人也在研制当中。

❓ 新能源

人类文明日益复杂，人们对能源的需求也与日俱增。在最早的农耕文化中，食物的生产、运输都依赖于人自身肌肉所产生的能量。随着社会复杂化程度的加深，能量的需求也随之增加。为此，人们通过役使动物、利用风力和水流来产生能量。如今，在发达国家中，大多数的能量来自于矿物燃料（煤、石油和天然气）的燃烧，而只有一小部分来自核能和水能。

不幸的是，这些能量的来源都有一些局限性。矿物燃料的燃烧不仅造成污染，而且是大气层温室气体的主要来源。核能产生放射性废料，而这些废料的危害会持续数千年。此外，矿物燃料和核能燃料的存储数量也是有限的。虽然现在它们还未耗尽，但将来终究会出现能源枯竭的情况。水能倒是没有污染，但巨大的水坝会改变河水的流向，引起其自身的环境问题。而且，许多国家可用于水能开发的地方也寥寥无几。

自人类历史之初起，最重要的科技发展都涉及产生或利用能量的新方法。这种情况会延续下去。人口的增长、科技的进步提升能源的需求量，而目前能源的局限性迫切需要新的能源技术的诞生。这将是未来研究和发展的主要焦点问题。

现已出现几种替代性能源，对世界上的一些地区意义重大。例如，丹麦几乎一半的电厂都是靠风力发电，而巴西40%的交通燃料是乙醇。但从总体上来看，世界所需要的能源仍然主要依赖于矿物燃料。使用替代能源的一个主要考虑因素就是它的可再生能力。与煤和石油不同，替代燃料使用的能源可被替代。

生物燃料来源于植物，故可通过种植新作物来取代。现如今，最常见的生物燃料乙醇可通过玉米、甘蔗或其他植物制造出来。这些燃料来源存在一些弊端，主要在于农业用地的使用妨碍了粮食生产。此外，由于在生产这些燃料的过程中需要使用能量，这也就降低了它们的整体效益。研究人员正致力于探索能量来源的另一方法，即从垃圾、农业废弃物、木材中生成燃料，从而避免干扰粮食生产。

还有一个研究焦点，即利用自然界中空气和水的运动来提供能量。从某种意义上来讲，这并不是新技术。几百年以前，风车和水磨坊就是主要的能量来源。只不过现代的技术更为高效而已。螺旋桨长达100米的风力涡轮机可用来发电，这些电能可通过现有的电线传输。

水力发电厂早已利用水的重力势能来产生能量。利用海浪和潮汐发电的小规模的电厂也已出现。20世纪30年代，人们想利用海浪发电机来产生能量。海浪能够引起椭圆形的运动，因此可用它来推动机械运动，从而产生电能，再通过海底电缆传输到海岸上来。世界上有众多规划、设计来产生能量。太平洋煤电公司在美国加利福尼亚北部海岸上建造了第一个发电厂。鉴于在近海2.5英里的海岸上只有8个浮标，这并不是一个大工程，但当它在2012年投入运营时，估计就可为1500个家庭供电。类似的计划也出现在英国、葡萄牙和苏格兰的海岸线上。尽管基础设施的成本投入昂贵，但一旦建成，风和水组成的系统能在不需任何成本的情况下产生电能。

地热能来自地底下。地球内部的热量源于放射性物质裂变（与核电站的能量来源相同）所产生的能量。这种热量缓慢地流向地表。地热发电厂利用这种热能产生水蒸气，带动发电装置的涡轮。地热能还可用于建筑物的采暖。将热水抽到一个热泵中，从而使热量传递到周围的空气中。

一种最古老的能源再次成为主要的能量来源——太阳。倘若找到利用太阳能的方法，那么太阳每天都可免费为我们提供能量。光伏电池在计算器和景观照明上十分常见。大型光伏电池已用于提供家庭、办公大楼用电。就目前而言，用光伏电池为大规模地区提

时事快报

世界上至少有一个国家几乎没有使用矿物燃料来发电。冰岛3/4的电力来自水电厂，而其余的1/4则来自地热发电厂。此外，绝大多数建筑物的采暖来自地表以下的热水。冰岛非常适宜使用地质能源，因为它坐落在数个火山之上。

定义

地热能是通过存储在地表下的高温而产生的能量。当前，地热发电厂提供的能量不到全世界能量总需求的1%。

时事快报

2007 年 11 月 7 日，国际能源组织 (www.iea.org) 发表声明：倘若各国政府继续推行现有的能源使用政策，那么，到 2030 年，全球的能源需求与现在相比会高出 50%。在提案当中，中国、印度共占所增能量的 45%，因为这两国在 2005 年到 2030 年之间的能量消耗会翻一番。

供电力是不经济的。今后，光伏电池效率的提升、生产成本的降低可能会为我们提供一个清洁、可靠、真正可再生的电力来源。

太阳能电池并不是利用太阳的唯一途径。太阳能烟筒利用阳光来加热空气，使其通过一个巨大的烟筒。流动的气体驱动涡轮，从而产生电流。某澳大利亚公司准备建造一个太阳能烟筒发电站，利用烟筒产生的200兆万瓦特的太阳能，为20万个家庭供电。

最终的新能源技术可能来自类似太阳燃烧的反应。在核聚变中，氢原子相结合形成氦原子，并释放出巨大的能量。但利用核聚变产生能量存在着巨大的挑战，其中最棘手的问题就是如何处理温度超过几百万度的材料。2006年，欧盟、印度、日本、中国、俄罗斯、韩国以及美国达成一致、联手研究项目——ITER。该项目将耗资90亿美元，旨在验证和平利用聚变能的科学和技术的可行性。

基因改造

每个生物细胞内部的基因都携带细胞活动指令。这些位于细胞DNA分子片段上的基因，含有指示如何合成蛋白质的编码，而这些蛋白质在细胞内执行多种功能。基金改造（或者称为基因工程）是在细胞内部直接对基因进行操作，旨在改变细胞的工作方式。

基因工程就是将基因从已有的生物体中分离出来，进行重组。该基因具有某种令人满意的特性编码。例如，许多植物会产生一些化学物质，可杀死昆虫。植物细胞中的一个或多个基因控制着这些杀虫剂的产生。基因工程的第二步就是将分离出来的基因注射到其他生物体的DNA中。如果将控制杀虫剂的基因移植到并不产生该物的植物DNA上，新的植物（以及它的后代）都会具备生成这种化合物的能力。

基因工程已用于培育抵制特定昆虫的植物。在农业生产中，基因工程用于培育可对某些除草剂免疫的农作物，如玉米。当麦田中使用除草剂时，它会杀死杂草，而不会伤及具有抵抗力的农作物产生。基因工程已广泛用于培育具有特性的植物，比如抵制某种疾病、抵抗严寒或延长新鲜度等。

　　今后，基因工程还会在医学领域大显身手。化学制造工艺很难制造出蛋白质，但活性生物却可持续合成蛋白质。我们或许可利用转基因器官合成许多蛋白质成分药物。在实验环境中，我们可以很容易地处理细菌和酵母菌。像牛、绵羊以及山羊之类的家畜可以产出富含蛋白质的奶，而基因工程可从这些动物的奶中分离出有用的化合物。

　　研究人员正努力探寻改造人类细胞基因的方法，这将使遗传性疾病的治疗另辟蹊径。基因疗法前景广阔、希望四射。它是将正常基因取代病变基因，从而表达所缺乏的产物，达到治疗某些遗传病的目的。2000年，法国科学家将一种治疗基因成功注入两个孩子的骨髓中，治愈了一种罕见的免疫缺陷症。

　　无论现在、还是将来，新技术日益涌现、比比皆是，而遗传工程只是其中的一分子而已。

 时事快报

　　糖尿病患者体内不能产生胰岛素，而胰岛素又是用于控制血糖水平的。20世纪80年代以前，他们不得不注射取自牛和猪的胰岛素。最早的转基因工程药品正是合成的人类胰岛素，它于1982年获得了美国食品和药物监督管理局的批准。科学家将指令注入用于生产胰岛素的细菌。然后，他们就可以利用这些细菌制造并收获人工胰岛素。现在，数百万的糖尿病患者可使用细菌或酵母菌产生的人工胰岛素，这些胰岛素和人类细胞产生的胰岛素是相同的。

附 录 A

科技网站

科学及其历史巨著名目繁多、比比皆是，人们可轻松获取一些信息，诸如宇宙的起源、宇宙的运行规律、人类探索问题的方式方法乃至未来世界。今天，大多数人将网络作为获取信息的主要工具。

仅此一本书，无法囊括最新的网站列表。下面列出一些我常常浏览的网站，希望对读者有所帮助。这一列表可作为获取科技信息的出发点。

搜索科技信息之时，切记：对没有事实依据的信息来源，请持怀疑态度。通常，获取科技信息的可靠渠道包括：科技类杂志、政府研究实验室、高等院校、科学和医疗协会（参见附录B）等。倘若对信息的出处一无所知，或信息的发布人、发布组织具有倾向性的话，你获取的信息就不准确、不可靠。

百科全书

阅读在线百科全书是获取科技信息的良好开端。

www.wikipedia.org　很多人把维基百科（Wikipedia）看成是最基本的百科全书。它是获取某一课题基本信息的始发站，在此可了解一些鲜为人知的术语。但是，开放式资源平台致使虚假信息轻松进入网站。有时，对某一课题，我会首先浏览维基百科，但并不就此止步。

www.britannica.com　该网站信息来源可靠，但通常需开户入网。

www.howstuffworks.com　该网站文章的问答模式简单易懂，而且可链接更多信息。

www.eol.org/index 生活百科全书旨在提供生物体各个物种的可靠信息。

链接

搜索引擎可帮助你找到众多科学信息来源。除此之外，还有一些特殊方法可搜索信息。

开通美国政府科技网站：www.science.gov

最新研究信息发布：www.eurekalert.org

来自政府、科学协会、专利局的论文：www.scitopia.org/scitopia

科技信息（公共图书馆网）搜索的最佳起点：www.ipl.org

国家数字科学图书馆：http://nsdl.org

欧洲科学基金会：www.esf.org

博物馆

很多博物馆开通网站，提供优质服务，尤其是与现有展品相关的信息。下面列出两家博物馆网站、网址，由此可链接百余家。

链接世界自然历史博物馆：www.lib.washington.edu/sla/natmus.html

链接全球多家科学博物馆：www.fi.edu/learn/hotlist/museums.php

史密斯研究所：www.si.edu

加州探索馆：www.exploratorium.edu/index.html

科技新闻

很多科技杂志都有在线出版物。有些网络作品不仅富有趣味性，而且有一定的实用价值。通过这些信息来源，可了解最新科研动态，并浏览各个领域的优秀文章。

BBC科学：www.bbc.co.uk/sn

探索频道：http://dsc.discovery.com

生活科学：www.livescience.com

美国国家地理：http://science.nationalgeographic.com/science

新科学家：www.newscientist.com/home.ns

新星（美国一家公共电视机构）：www.pbs.org/wgbh/nova

科技新时代：www.popsci.com

每日科学：www.sciencedaily.com

科学通讯：www.sciencenews.org

现代科学（美国科学促进会）：http://sciencenow.sciencemag.org

美国科学：www.sciam.com

天然之毒：www.seedmagazine.com

太空网站：www.space.com

科学评论：www.technologyreview.com

在线提问

很多网站允许读者向科学家在线提问。大多数这样的网站都是由高校或研究机构设置。下面列出几家网站，供读者以问答模式获取科学信息。

康奈尔材料研究中心：www.ccmr.cornell.edu/education/ask

牛顿BBS论坛：www.newton.dep.anl.gov/askasci/enc/98.htm

霍华德·休斯医学研究所：http://askascientist.org

威斯康辛大学：http://whyfiles.org

天文学教育协会：www.aae.org.uk/serv01.htm

美国政府主要研究项目

下列是美国政府主要研究项目网站。开通www.science.gov，即可链接多家网站，从而了解世界其他国家政府的主要研究项目。

国家海洋大气管理局：www.noaa.gov

美国国家航空航天宇航局：www.nasa.gov

哈勃望远镜：http://hubblesite.org

地球探测：http://earthobservatory.nasa.gov

国家卫生研究院：http://medlineplus.gov

美国国家食品药物监督局：www.fda.gov/oc/science.html

美国能源部：www.doe.gov

高等院校

高校网站的科技信息丰富多彩。浏览公共信息网页，或科技专科学校、特定院系网站，即可获取最新研究动向。麻省理工大学的开放课程计划将课程材料上传，供读者在线阅读。

重点研究性院校（大多数为美国学校）：www.ura-hq.org/universities/index.html

链接8000所高校：http://univ.cc

麻省理工大学开放课程计划：http://ocw.mit.edu/OcwWeb/web/home/home/index.html

附录 B

专业机构

专业机构是获取特定领域科学信息的最佳去处。通常，每一特定领域都有专业人士的组织机构。很多专业协会扩大服务范围，举办教育专题，为满足非专业人士的兴趣而提供相关信息。全球共有几千家这样的专业协会，下面列出几家大型机构。

大型专业协会机构可提供各个科技领域的相关信息，还有几家会提供更多的信息（例如，尼日利亚矮山羊协会）。科技协会公共图书馆网站：www.ipl.org/div/aon/browse/sci00.00.00

科普文化

美国科技促进协会：www.aaas.org

国家自然科学基金会：www.nsf.gov

英国皇家协会：www.royalsociety.org

物理学

美国化学学会：www.acs.org

美国物理研究院：www.aip.org

美国物理学会：www.aps.org

英国皇家化学协会：www.rsc.org

生物学

美国生物科学研究院：www.aibs.org

美国实验生物学学会联合会：www.faseb.org

地球学和空间学

美国天文学会：www.aas.org

美国地质学会：www.agiweb.org

美国地质物理联合会：www.agu.org

国际天文联合会：www.iau.org

技术与工程

美国电气和电子工程师协会：www.ieee.org

国际技术教育协会：www.iteaconnect.org

The Complete IDIOT'S Guide to The Science of Everything by Steve Miller

©2008 by Steve Miller

Published by the Penguin Group

图字01-2012-4702

© 2012 中国大陆地区中文简体专有出版权属经济科学出版社